I0778383

SUSAN WIGGS

Una casa junto al Lago

Editado por Harlequin Ibérica.
Una división de HarperCollins Ibérica, S.A.
Núñez de Balboa, 56
28001 Madrid

© 2005 Susan Wiggs. Todos los derechos reservados.
UNA CASA JUNTO AL LAGO, Nº 138 - 1.9.12
Título original: Lakeside Cottage
Publicada originalmente por Mira Books, Ontario, Canadá.
Traducido por Laura Molina García

Todos los derechos están reservados incluidos los de reproducción, total o
parcial. Esta edición ha sido publicada con permiso de Harlequin Enterprises
II BV.
Todos los personajes de este libro son ficticios. Cualquier parecido con alguna persona, viva o muerta, es pura coincidencia.
™ TOP NOVEL es marca registrada por Harlequin Enterprises Ltd.
® y ™ son marcas registradas por Harlequin Enterprises Limited y sus filiales,
utilizadas con licencia. Las marcas que lleven ® están registradas en la
Oficina Española de Patentes y Marcas y en otros países.

I.S.B.N.: 978-84-687-0429-6
Depósito legal: M-24861-2012

A Martha Keenan, mi editora y querida amiga, que tuteló
la publicación de doce de mis libros. Gracias por todo.

PRIMERA PARTE

… como bien saben, el Presidente está deseando visitar a nuestros valientes soltados de Walter Reed el día de Nochebuena. El Presidente tendrá oportunidad de dar las gracias a los miembros de nuestro Ejército que se han esforzado y sacrificado para que el mundo y los Estados Unidos sean lugares más seguros. También hará mención al personal médico de Walter Reed y les dará las gracias por la magnífica labor que llevan a cabo. No obstante, debido a problemas de espacio, habrá una sola cámara y luego los corresponsales podrán asistir…
Oficina de la Secretaría de Prensa de la Casa Blanca

A todo el mundo le gustan los héroes. La gente hace cola para verlos, los aclama, grita sus nombres. Y años después, contarán cómo estuvieron horas bajo la lluvia solo para poder ver fugazmente a aquel que les enseñó a aguantar un segundo más. Yo creo que todos tenemos un héroe dentro, que nos hace ser honestos, nos da fuerza, nos hace nobles y finalmente, nos permite morir con orgullo, aunque a veces haya que ser firmes y renunciar a lo que más deseamos. Incluso a nuestros sueños.
Spiderman 2

CAPÍTULO 1

Washington, D.C.
Nochebuena

La ambulancia que se acercó a la puerta de acceso del Edificio Uno parecía una más. Quizá volvía de una vuelta de rutina o estaba trasladando a un paciente. El vehículo llevaba las autorizaciones habituales para no tener problemas con seguridad y el personal llevaba el uniforme reglamentario, con las tarjetas de identificación colgando del bolsillo de la chaqueta. Incluso el paciente parecía uno más, cubierto con una sábana de hospital, una manta y una máscara de oxígeno.

Normalmente el sargento médico de las Fuerzas Especiales Jordan Donovan Harris no habría reparado en ellos, pero estaba aburrido y se había acercado a la cristalera del Pabellón Shaw, situada sobre el vestíbulo y desde la que se veía la puerta de acceso de las ambulancias y, más allá, el parque Rock Creek y la avenida Georgia. Los árboles desnudos sobre un manto de nieve, como dibujos de tinta negra sobre papel blanco. El tráfico que recorría lentamente las calles que conducían hacia los edificios oficiales de la capital del país. La capa de nieve en polvo recién caída sobre los edificios de ladrillo georgianos del enorme complejo médico le daba un aire atemporal y navideño al Hospital Militar Walter Reed. Solo la actividad que bullía en los accesos del centro médico daba cuenta de que aquel centro era el que más pacientes atendía de todo el Ejército.

A pesar de encontrarse completamente solo, Harris sabía que lo observaban porque allí había más cámaras que en un casino de Las Vegas, pero a él no le importaba. No tenía nada que ocultar.

El aburrimiento era una buena señal para cualquier técnico de urgencias médicas; el que no tuviera trabajo significaba que no había ocurrido nada malo, nadie había sufrido un accidente de circulación, una mala caída, una fiebre incontrolable o el ataque de algún desaprensivo. Por el momento, nadie necesitaba que lo salvaran. Pero, para una persona cuyo trabajo era salvar vidas, eso quería decir que no tenía nada que hacer.

Cambió de postura con una mueca, con aquellos zapatos le dolían los pies. Ese día todo el personal del centro llevaba el uniforme de gala porque el Presidente había acudido a las instalaciones a visitar a los soldados convalecientes y a propagar el espíritu navideño. Como era lógico, solo unos cuantos afortunados lograban ver al comandante en jefe en sus visitas al centro. La ruta que seguía estaba perfectamente orquestada y controlada por los miembros de seguridad y los agentes del Servicio Secreto que lo rodeaban eran como un muro que lo apartaba de la gente corriente.

Por eso Harris se sorprendió tanto al ver a todos aquellos hombres con trajes negros y condecoraciones militares saliendo del ascensor principal. Era muy extraño. Las visitas oficiales solían desarrollarse en el pabellón 57, donde estaban ingresados la mayoría de los veteranos heridos. Sin embargo parecía que ese día la visita iba a incluir aquella unidad, renovada hacía poco gracias a la generosidad de un donante.

Al ver que la comitiva avanzaba por el pasillo que salía del vestíbulo, Harris se cuadró de manera instintiva, aunque sabía que nadie se fijaría en si lo hacía o no. Era difícil perder ciertas costumbres.

Estiró el cuello para intentar ver al líder mundial desde su privilegiada posición, pero solo veía a los acompañantes. Poco después una civil saludó a la comitiva con una amplia sonrisa, cortés y acogedora. Debía de ser la encargada del recorrido de la visita y parecía estar deseando mostrar todo lo que había para ver.

Harris sabía que aquella mujer se llamaba Darnelle Jefferson y que llevaba trabajando allí un cuarto de siglo porque era algo que repetía a todo aquel que quisiese oírlo. Con solo mirarla, nadie imaginaría lo que sabían bien todos los que trabajaban allí habitualmente. Como el resto del personal civil administrativo, se pasaba el día importunando a todo el mundo y exigiendo todo tipo de papeleo con el que justificar su propia existencia. Sin embargo, parecía una mujer encantadora y eficiente cuya sonrisa se amplió de manera casi imposible cuando ocurrió algo completamente imprevisto. El presidente se separó del grupo y dio un paso al frente para dejarse fotografiar.

La señora Jefferson se colocó al frente de la comitiva y los guió por el pasillo resplandeciente mientras dos cámaras registraban lo ocurrido para los informativos de la noche. El grupo se detuvo en la primera habitación, donde descansaba un soldado recién trasladado de otro centro. Harris pensó que en las fotos y vídeos oficiales, el presidente aparecería con el soldado y su familia en un ambiente íntimo y tranquilo; las imágenes no mostrarían a los miembros del Servicio Secreto que los rodeaban, ni las jirafas con los micrófonos.

Así era el mundo del espectáculo. Harris no comprendía que hubiera gente capaz de soportar toda esa atención pública. Para él sería una tortura que todo el mundo lo observara.

El grupo se puso de nuevo en marcha hacia la sala Talbot, otra de las zonas recién renovadas, en la que se detuvieron para hacer más fotos junto al abeto de más de tres metros de altura que presidía la sala. Harris veía los flashes de las cámaras, pero había perdido de vista al presidente.

Mientras tanto, en otra parte de ese mismo pabellón, el paciente que acababa de llegar en la ambulancia esperaba a que alguien lo atendiera. Los operarios de la ambulancia estaban rellenando el informe de admisión y seguramente el personal sanitario estaría haciendo lo mismo que Harris, tomándose un descanso para intentar ver al presidente. Así pues, el paciente estaba solo, sin un amigo ni un familiar que lo acompañara en ese nuevo entorno. Había personas que no tenían absolutamente a nadie. De no ser por Schroeder, Harris habría sido una de esas personas. Sam Schroeder era su mejor amigo desde hacía años, cuando se habían conocido en la provincia de Konar, Afganistán, en medio de la guerra. Sam y su familia eran lo que Harris valoraba más de su vida y para él era más que suficiente.

Bajó las escaleras que conducían al piso inferior con la esperanza de poder mirar a la cara al presidente. No sabía por qué. Quizá porque había estado un año sirviendo a su país y llevaba cuatro años trabajando en aquel hospital, ayudando a que muriera menos gente. Seguro que podía verlo de cerca. Les habían comunicado que al final de la visita habría una recepción para todo el personal, con la actuación musical de los Gatlin Brothers, pero sin duda habría muchísima gente.

Harris se encontró con dos marines vestidos de gala flanqueando la puerta por la que debía pasar, pero les mostró la identificación con aire de profesionalidad y le dejaron pasar de inmediato. Una vez allí, sabía que debía parecer ocupado si no quería que se dieran cuenta de que solo estaba merodeando para ver al presidente, algo que no estaba bien visto.

Harris se detuvo en la sala de admisión en la que esperaba el paciente recién llegado, agarró el informe médico que había en la puerta y fingió estudiarlo.

Oyó los pasos y las voces que se acercaban por el pasillo, era la comitiva presidencial.

—… la nueva unidad cardiotorácica cuenta con equipos de última generación —explicaba la señora Jefferson con grandilocuencia—. En estos momentos, es el primer centro de atención, investigación y evaluación clínica… —continuó como si estuviera leyendo un guion.

Harris dejó de escuchar. El grupo se acercó un poco más, momento en el que Harris vio por fin la cara del comandante en jefe. Tenía esa expresión de compasión tan típica de él que le había hecho granjearse el cariño del país. El presidente y la administradora se apartaron del grupo. Darnelle Jefferson lo condujo a la sala en la que se encontraba el recién llegado.

«Maldita sea», pensó Harris. Había llegado el momento de desaparecer y tenía que hacerlo lo más rápidamente posible, pero tampoco demasiado rápidamente. Se metió en otra sala, comunicada con las siguientes por unas puertas de vaivén. Había una habitación entre la del paciente y la suya, pero las ventanitas redondas de las puertas le permitían verlo todo de lejos. Miró al paciente, seguro de que lo vería allí, inmóvil, asustado y sin sospechar que el presidente de Estados Unidos se encontraba a solo unos metros de distancia.

Pero no fue eso lo que vio. Para ser un paciente de cardiología, lo cierto era que no estaba en absoluto inmóvil, sino sentado en la camilla y quitándose la máscara.

Harris miró el informe que había agarrado de la puerta. Terence Lee Muldoon, veterano de guerra trasladado desde un hospital del Ejército estadounidense situado en Landstuhl, Alemania. En el informe se decía que tenía veinticinco años… muy joven para tener problemas de corazón.

Harris había visto miles de enfermos cardiacos y todos ellos tenían en común la tez pálida, casi gris, y una evidente fatiga.

Aquel paciente no mostraba ninguno de esos dos síntomas. A pesar de la distancia, Harris tenía la certeza de que su color de piel era perfectamente saludable y no parecía tener ningún problema para moverse.

En ese momento, la comitiva se detuvo en el pasillo y el presidente y la señora Jefferson entraron en la habitación acristalada de Muldoon, que era demasiado pequeña para que entrara nadie más. Los guardaespaldas se quedaron afuera, pero se asomaban constantemente y no dejaban de hablar por los micrófonos que llevaban ocultos. Dos fotógrafos pegaron sus cámaras contra el cristal para documentar el momento en el que el presidente saludó a Muldoon.

Harris no vio nada sospechoso. En los ojos del impostor no se observaba un brillo maléfico, ni soltó una de esas carcajadas de los malos de las películas. En la realidad lo malos no actuaban así. Todo era bastante… normal.

Tampoco hubo un momento particular en el que Harris decidiera actuar porque esa decisión habría conllevado una reflexión previa y ni Harris ni el presidente tuvieron tiempo para eso. Tras apretar el botón de alarma silenciosa de la radio que llevaba en el hombro, Harris entró a la habitación contigua, la que lo separaba de la de Muldoon. Sabía que las cámaras de seguridad estarían grabándolo todo, pero en la sala siguiente nadie parecía haberlo visto aún.

No gritó, ni hizo ningún movimiento brusco, pues no quería llamar la atención. Tenía que actuar con rapidez, antes de que los vigilantes repararan en él y pensaran que era un loco o, lo que era peor, una amenaza para el presidente.

Todo ocurrió muy rápido, como si fuera algo inevitable. Después, mucho después, Harris vería los vídeos de seguridad, pero no recordaría cómo había sucedido.

Antes de que nadie pudiera responder a la señal de alarma, el paciente retiró la manta que lo cubría y se levantó la bata de hospital, bajo la que apareció un buen cargamento de dinamita que llevaba pegado al cuerpo con cinta aislante.

—Si alguien intenta sacarme de aquí —gritó mirando hacia la cristalera—, exploto como los fuegos del Cuatro de Julio y me llevo la mitad del edificio conmigo —añadió con la mano agarrando el botón que haría explotar la dinamita, dispuesto a detonarla.

El presidente se quedó inmóvil, después de dar un respingo por el susto, Darnelle Jefferson miraba al falso paciente con el horror reflejado en el rostro. Harris observaba la escena, tenía demasiada experiencia como para sentir miedo. Enseguida reconoció el escudo que Muldoon llevaba tatuado en el brazo. El halcón de hierro y la espada del símbolo de una unidad de las Fuerzas Especiales.

Aquel tipo estaba tan entrenado como el propio Harris, estaba preparado para matar y acatar la disciplina, pero se había salido del redil. Él aún no lo había visto, estaba muy ocupado pavoneándose frente al cristal tras el cual le apuntaban media docena de armas.

Harris estudió el chaleco de explosivos que llevaba y se preguntó cómo demonios era posible que los técnicos de la ambulancia no lo hubieran visto. A menos que hubiera otro detonador que él no podía ver, parecía que la única manera de hacer explotar toda aquella dinamita era con aquel interruptor manual.

Fuera de la habitación acristalada, los guardaespaldas y marines habían entrado en acción según el protocolo habitual. Cerrarían el centro a cal y canto, sonarían todas las alarmas del enorme complejo Walter Reed y seguramente ya habría todo un escuadrón rodeando el edificio.

La señora Jefferson emitió un débil sonido que no encajaba con su gran envergadura y se desmayó, cayó al suelo llevándose consigo un monitor de constantes vitales. El ruido que hizo al caer sobresaltó a Muldoon y el susto le hizo soltar el interruptor por un momento.

Darnelle acababa de darle a Harris una oportunidad que no podía desaprovechar. Seguramente sería la única y, si la malgastaba, saltarían todos por los aires como confeti.

Cruzó las puertas de la habitación con la mirada clavada en la mano de Muldoon. Se abalanzó sobre él en un rápido movimiento que había practicado multitud de veces, pero nunca en una situación real.

Muldoon se puso a gritar cuando Harris le retorció la muñeca y cayeron los dos al suelo. Se oyó un ruido que parecía un disparo y luego sintió que algo le golpeaba. ¿Ese hijo de perra había detonado la dinamita?

No, Harris se dio cuenta enseguida de que el impacto había hecho que se apretara el interruptor del detonador, pero los explosivos no habían estallado. Esa era la buena noticia. La mala era que la fallida explosión estaba matándolo. Sintió que las piernas y los brazos se le habían quedado helados, como si algo le hubiese quitado toda la energía. Percibió el movimiento a su alrededor: alguien se interpuso entre el presidente y el peligro y los agentes del Servicio Secreto estaban haciéndose con los mandos de la situación. Se oían alarmas y gritos. El estruendo de una sirena le retumbaba en los oídos y el hedor de los químicos le quemaba la garganta.

Todo se volvió borroso, Harris estaba perdiendo la consciencia mientras la sangre inundaba el suelo, pero aún tuvo tiempo de oír a lo lejos.

—¡Que nadie se mueva!

Se vio a sí mismo en un charco de sangre mientras todos los interruptores de su sistema iban apagándose como las luces de un teatro tras la última función. Estaba temblando, o quizá era Muldoon, que se movía debajo de él. Pensó que morir así, a los pies del presidente, era una mierda, toda una ofensa para su propio orgullo. Por supuesto que no le importaría después de haber muerto, así que no debería preocuparle. Pero así era.

Harris vio su propia imagen reflejada en la lente de la cámara de seguridad que había instalada en el techo. Se dijo a sí mismo que esas cosas siempre parecían peores de lo que realmente eran. Era lo que solía decirles a sus pacientes.

Mientras una nube de hombres vestidos de negro se llevaban al presidente y al agresor, Harris sentía que algo se le escapaba de las manos sin que pudiera hacer nada por retenerlo. Tenía frío y todo estaba cada vez más oscuro.

—Abran paso —oyó decir a alguien—. Que alguien atienda a este hombre.

SEGUNDA PARTE

La mejor manera de huir de un problema es resolverlo
Alan Saporta, músico estadounidense

Port Angeles, Washington
Verano

—Todo el mundo sabe que cualquier mujer soltera con un hijo anda buscando marido —aseguró Mable Claire Newman observando a Kate Livingston como si estuviera desafiándola a que le llevara la contraria.

—Muy graciosa —respondió Kate—. Me lo dices todos los años.

—Porque todos los veranos vuelves aquí todavía soltera.

—A lo mejor me gusta estar soltera.

Mable Claire miró por la ventana de la agencia inmobiliaria, al muchacho que se peleaba con el perro dentro del todoterreno de Kate.

—¿Al menos sales con alguien?

—El problema no es salir, es conseguir que vuelvan a llamarme —admitió Kate con una sonrisa de resignación.

A los hombres solía sorprenderles que tuviera un hijo: había tenido a Aaron con veinte años y siempre había aparentado menos edad de la que tenía en realidad. Después, cuando veían lo travieso que era, normalmente salían corriendo.

—Entonces es que están locos. Lo que ocurre es que aún

no has encontrado al hombre adecuado —aseguró Mable Claire con un guiño—. Deberías conocer al hombre que se aloja en casa de los Schroeder.

Kate fingió estremecerse de manera exagerada.

—Me parece que no.

—Espera a verlo y vas a ver como cambias de opinión —abrió un cajón lleno de llaves y sacó la que llevaba el nombre de Kate en el llavero—. No os esperaba hasta mañana.

—Decidimos venir un día antes —se limitó a decir Kate, esperando que no le hiciera más preguntas. Conocía a Mable Claire de toda la vida, pero aún no estaba preparada para hablar de lo ocurrido—. Espero que no haya ningún problema.

—¿Qué problema va a haber por venir un día antes? La casa y el jardín ya están preparados. Pero pensé que aún quedaba una semana de clase —añadió mientras volvía a mirar al hijo de Kate por la ventana.

—No. Desde las tres y media de ayer, cuando sonó el último timbre del colegio, el curso de tercero ya no es más que un mal recuerdo para Aaron —Kate hundió la mano en el bolso en busca de su llavero. Tenía un montón de notas que se escribía a sí misma para acordarse de las cosas porque no se fiaba de su propia memoria. Así tenía la impresión de tener cierto orden y control sobre la situación, aunque en realidad no fuera cierto. Tenía varios proyectos para el verano: arreglar el cuarto de baño, pintar la valla del jardín… Además de recuperar la relación con su hijo y encontrarse a sí misma.

¿Lo había dicho por orden de importancia? Tenía que replantearse sus prioridades.

—¿Estaréis bien? —le preguntó Mable Claire—. ¿Los dos solos en esa casa tan grande?

—Sí, no hay problema —dijo Kate, aunque lo cierto era que le resultaba extraño ser la única de la familia que iba a ocupar la casa del lago aquel verano.

Todos los años, los Livingston hacían una especie de peregrinación a la vieja casa del lago Crescent, pero últimamente todo había cambiado mucho. El hermano de Kate, Phil, su mujer y sus cuatro hijos se habían trasladado a la Costa Este. Su madre, después de cinco años viuda, había vuelto a casarse y se había mudado a Florida. Todo eso quería decir que Kate y Aaron se habían quedado solos en su casa de Seattle, a miles de kilómetros de distancia de los demás. A veces daba la impresión de que alguna fuerza invisible hubiera agarrado a su unida familia y se hubiese empeñado en separarla.

Aquel verano estarían los dos solos en una casa de campo de seis dormitorios.

«Deja de lloriquear», se dijo Kate a sí misma y sonrió a Mable Claire.

—¿Qué tal te va todo? —le preguntó.

—Bien, teniendo en cuenta las circunstancias —Mable Claire había perdido a su marido hacía dos años—. Algunos días… la mayoría, me parece que no ocurrió, que Wilbur sigue estando conmigo. Otras veces, sin embargo, tengo la impresión de que estuviera muy lejos. Pero estoy bien. Mi nieto Luke va a venir a pasar el verano conmigo. Gracias por preguntar.

Kate rellenó el impreso con las fechas de su estancia para volver a activar el servicio de recogida de basura. Tenía por delante un largo verano, un sinfín de días maravillosos para hacer lo que quisiera. Podría aprovechar el tiempo para reorganizar su vida, pensar en su hijo y en su futuro.

Mable Claire la observó detenidamente.

—Estás un poco pálida.

—Supongo que será porque estoy cansada, nada más.

—Nada que no pueda curarse con un verano junto al lago.

Kate esbozó una sonrisa.

—Exacto —pero de pronto le pareció que el verano no sería suficiente.

—De buscar marido, nada —murmuró Kate mientras cerraba el coche frente a la tienda de comestibles. Había dejado una ventana un poco abierta para que le entrara aire a Bandit. Aaron ya había salido corriendo hacia la puerta de la tienda. «Dios», pensó Kate al ver a un hombre que estaba cruzando el aparcamiento, en esos momentos se conformaría incluso con una aventura de una noche.

Llevaba el atuendo típico del lugar: camisa de cuadros, botas de trabajo y gorra de John Deere. Era alto, de hombros anchos y caminaba con paso firme, con un aire casi militar. Cabello algo largo y gafas de sol. ¿Qué era eso que le asomaba bajo la gorra? ¿Era el pelo? Qué horror. Pero bueno, era solo pelo, nada que no pudiera solucionarse con unas buenas tijeras.

—¿Mamá? —una voz puso fin a su fantasía. Era Aaron, que la llamaba desde la puerta de la tienda, ya preparado con el carrito.

—Te comportas como un impaciente niño de ciudad.

—Es que soy un impaciente niño de ciudad —respondió Aaron.

Pasaron por debajo del símbolo de la tienda, un cerdito rosa gigante que Kate recordaba haber visto allí toda su vida, siempre riéndose. «¿Por qué estás tan contento?» pensó Kate, mirando al cerdito.

Aaron y ella estaban allí para comprar provisiones, pues la casa llevaba cerrada todo un año. A Kate le encantaba hacer aquella primera compra, era como empezar de cero, con todo nuevo y, esa vez, sería ella la que elegiría todo, pues era la única persona adulta ahora que no estaban ni su madre ni su hermano.

—¿Mamá? Ni siquiera me estás escuchando —la regañó Aaron.

—Perdona, mi amor —eligió unas cuantas ciruelas y las puso en el carro—. Estoy un poco despistada.

—Dime, ¿te echaron por algo, o es que ya no había más trabajo? —le preguntó mientras la observaba con gesto implacable junto a las estanterías de cajas de cereales.

Kate miró a su hijo de nueve años, sorprendida por aquella pregunta que parecía formulada por un adulto.

—A lo mejor lo he dejado yo —dijo ella—. ¿No se te ha ocurrido pensar eso?

—No, tú nunca dejarías un trabajo —Aaron agarró una bolsa de caramelos y la echó al carro.

Kate la sacó de inmediato. Aquellos caramelos habían hecho más daño a las dentaduras que cualquier mal dentista.

—¿Por qué crees que yo nunca dejaría un trabajo? —preguntó, de nuevo sorprendida.

A medida que su hijo iba creciendo y convirtiéndose en una persona con su propia personalidad, cada vez era más habitual que dijera cosas que la desconcertaban.

—Porque es verdad. Tú solo dejarías un trabajo si antes hubieras encontrado algo mejor, y estoy seguro de que no has encontrado nada.

—¿Y por qué estás tan seguro?

—Porque estás muerta de miedo —respondió.

—No estoy muerta de miedo.

En realidad era cierto. Estaba aterrada. Por las noches se quedaba levantada hasta muy tarde, mirando por la ventana hasta que se apagaban las luces de la terminal de ferrys de Seattle, después de que hubiera salido el último barco. Era el momento en el que se sentía más sola y asustada. Era entonces cuando Kate la optimista se dejaba aplastar por Kate la desesperada. Si le hubiera gustado beber, habría sido el momento perfecto para echar mano de la botella. *L'heure bleue*, como lo llamaban los franceses, la hora azul entre la oscuridad y el amanecer, cuando su habitual alegría desaparecía y caía en algo que detestaba, la autocompasión. Siempre acababa pensando en el pasado y en el futuro. Era el momento en el que el criar a Aaron sola llegaba a parecerle un esfuerzo demasiado grande para continuar. Pero cuando salía el sol cada mañana, se obligaba a respirar hondo y afrontar el día, dispuesta a seguir luchando.

—Deberíamos comprar comida del programa de ayuda a mujeres y niños —sugirió Aaron, agarrando una lata de atún marcada con la etiqueta verde y negra.

Kate volvió a poner la lata en la estantería como si le hubiera dado calambre.

—¿Cómo se te ocurre decir eso?

—Chandler me ha contado que su madre recibe un montón de cosas gracias al WIC. Es un programa federal… o algo así, para ayudar a mujeres y niños pobres —le explicó su hijo.

—Nosotros no somos pobres —espetó Kate.

No se dio cuenta de lo alto que lo había dicho hasta que un hombre se volvió a mirarla desde el otro extremo del pasillo. Era el mismo del aparcamiento, pero esa vez estaba mucho más cerca. Tenía la mandíbula ancha. Ahora en lugar de gafas de sol, llevaba unas gafas de ver de montura negra que había arreglado con un poco de cinta adhesiva. Tenía unos ojos profundos del color del whisky añejo. Pero, ¿lo de la cinta adhesiva? ¿Acaso era un fracasado, o un raro?

Kate se dio la vuelta rápidamente para ocultar el rubor de sus mejillas y echó a andar a toda velocidad.

—¿Lo ves? —dijo Aaron—. Por eso sé que nunca dejarías tu trabajo. Te da vergüenza ser pobre.

—No somos… —hizo un esfuerzo por detenerse y respirar hondo—. Escucha, hijo. Estamos bien, más que bien. En el periódico no iba a llegar a ninguna parte, así que de todas maneras era hora de cambiar de trabajo.

—¿Entonces somos pobres o no?

—No —aseguró, deseando que su hijo hablara más bajo.

Lo cierto era que su sueldo en el periódico apenas les habría dado para vivir, la mayoría de sus ingresos procedían del alquiler que recibía por las propiedades que le había dejado su padre al morir. Pero el trabajo le había dado una identidad. Era escritora y, ahora que la habían despedido, sentía como si tuviera que reinventarse.

—Eso quiere decir que nos vamos a pasar aquí todo el verano, los dos solos.

Kate observó a su hijo y respondió enseguida, antes de que aumentara la desesperación con que la miraba.

—¿Te parece mal?

—Es posible —dijo con cierta picardía.

Le dio un golpecito en la visera de la gorra de béisbol que llevaba y echó a andar de nuevo. Dios, cuando quisiera darse cuenta, su pequeño pelirrojo y pecoso sería más alto que ella.

Como solía ocurrir, el ataque de malhumor de Aaron fue repentino y sin causa aparente. De pronto se quedó pálido y se le oscureció la mirada.

—Es un asco —protestó—. Va a ser un verano aburridísimo, no sé ni por qué he venido.

—Aaron, no empieces…

—No empiezo —se quitó la gorra y la tiró al suelo, en medio del pasillo.

—Muy bien —dijo Kate, tratando de mantenerse tranquila—. Porque tengo que hacer la compra y, cuanto antes terminemos, antes iremos al lago.

—Odio el lago.

Kate continuó eligiendo comestibles como si nada, esperando no estar llamando demasiado la atención y tratando de que no se le notara lo nerviosa que estaba. Se negaba a que Aaron hiciese lo que quisiese con ella solo porque era incapaz de controlar su malhumor. ¿Cuándo acabarían aquellos ataques? Había acudido a médicos y psicólogos, había leído cientos de libros sobre el tema, pero nada ni nadie le daba ninguna solución sobre el genio de Aaron y el sufrimiento que le causaba. Hasta el momento, lo solución más eficaz parecía ser el tiempo, pero los minutos se hacían eternos mientras actuaba con aparente normalidad, sin hacerle el menor caso. A veces deseaba poder meterse en su cabeza, descubrir el origen de aquel sufrimiento y hacerlo desaparecer. Pero no había tiritas ni bálsamos para las heridas invisibles. Mucha gente decía que necesitaba un padre. «Muy listos», pensó Kate.

—Mamá —dijo una voz arrepentida a su espalda—. Lo siento, mamá. Te prometo que voy a intentar no enfadarme tanto.

—Eso espero —dijo ella mientras se le rompía el corazón, como le ocurría siempre—. Es embarazoso y me pone muy triste que pierdas los nervios y te pongas a gritar de ese modo.

—Ya lo sé. Lo siento —repitió él.

Kate conocía decenas de estrategias para aprovechar aquel momento de arrepentimiento para enseñarle algo, pero acababan de hacer un viaje de tres horas y estaba deseando llegar a la casa del lago.

—Aún nos falta todo lo necesario para hacer las galletas con chocolate y malvavisco —le dijo.

Una expresión de alivio suavizó el rostro de Aaron, que volvía a ser el mismo de siempre, el niño dócil y encantador, ese al que veían tan poco sus profesores. Los ataques de ira eran muy intensos, pero se pasaban con bastante rapidez, sin dejar rastro.

—Yo voy a buscarlas —se ofreció Aaron y salió corriendo.

En la casa del lago había ciertas costumbres basadas en tradiciones antiguas, casi místicas. Había cosas que había que hacer siempre del mismo modo. Las galletas con chocolate y malvavisco eran una de esas cosas; tenían que ser galletas integrales, no de canela, el malvavisco más pegajoso y pequeñas pastillas de chocolate. Las noches en que preparaban aquellos dulces en la playa solían jugar a las películas o a algo parecido. Kate trató de recordar otras costumbres casi obligatorias y se preguntó si sería capaz de cumplir todas las tradiciones.

Cada noche se anunciaba que la cena estaba lista tocando una vieja campana de barco que había colgada en el porche. En cuanto llegaba el mes de julio, había que comprar fuegos artificiales en el maltrecho puesto de la carretera para celebrar el Día de la Independencia. El día del solsticio de verano, siempre desempolvaban el equipo de cróquet y jugaban hasta que se ponía el sol a las diez de la noche, competían como si la vida les fuera en ello. Cuando llovía, había que jugar al Scrabble. Ese verano, Aaron ya era lo bastante mayor para hacer muchas más cosas, pero Kate no sabía muy bien cómo iban a hacer ciertas cosas los dos solos.

Todas aquellas tradiciones se remontaban a antes de que ella hubiera nacido y habían pasado de generación en generación con la solemnidad de un ritual milenario. Se había fijado en que Aaron y sus primos, los hijos de Phil, las aceptaban con la misma pasión con la que lo habían hecho Phil y ella.

Aaron volvió con las galletas, el malvavisco y el chocolate.

—Gracias —le dijo Kate—. Creo que ya está todo.

Al llegar al último pasillo volvió a ver al hombre de la gorra de John Deere, estaba mirando unos cebos para pescar. Esa vez Aaron también se fijó en él y se quedó mirándolo con una mezcla de curiosidad y admiración. El tipo se metió un dedo en el asiento trasero del pantalón y Aaron hizo lo mismo. Daba la impresión de que cada vez necesitaba más identificarse con los hombres, aunque se tratara de un completo desconocido.

De pronto Kate se descubrió observando también a aquel hombre. Tenía una extraña combinación de atractivo masculino y cierta tosquedad rural. Se preguntó si habría oído algo de su conversación con Aaron.

Meneó la cabeza y se dijo a sí misma que le daba exactamente lo mismo lo que pensara de ella aquel tipo con el pelo largo y las gafas pegadas con cinta adhesiva.

—Vamos, Aaron —se dio media vuelta para no cruzar la mirada con el desconocido y fingió estar observando el expositor de los periódicos.

A eso se reducía su relación con los medios de comunicación, lo cual era sin duda vergonzoso teniendo en cuenta que era periodista. Pero lo cierto era que no veía la televisión ni leía los periódicos. No se comportaba en absoluto como lo que se suponía que era. Otro defecto de su personalidad. Su labor como periodista se había limitado a escribir sobre el mundo de la moda de Seattle.

La portada de la revista *People* tenía el enorme titular ¿QUÉ HA SIDO DE LAS ESTRELLAS DE LA TELE?

—No podría seguir viviendo sin saberlo —murmuró Kate con sarcasmo.

—Vamos a comprar esta del bebé con dos cabezas —dijo Aaron señalando una de esas revistas sensacionalistas.

Kate meneó la cabeza, pero no pudo evitar fijarse en la fotografía que había también en portada, en la que aparecía un tipo de pómulos marcados, ojos profundos y corte de pelo militar. *Héroe americano atrapado en una secta terrorista*, decía el titular.

—Entonces vamos a comprar una guía de televisión —propuso entonces su hijo.

—Si no tenemos televisión.

—Para saber lo que nos estamos perdiendo. Mira, mamá —agarró un periódico de la estantería—. Tu periódico.

Kate agarró la publicación con las manos repentinamente frías. Odiaba sentirse así por un estúpido periódico. *Seattle News* no era más que un semanario de noticias locales. Durante los últimos cinco años, ella había sido la especialista en moda y había escrito mucho sobre las últimas tendencias, había analizado las ventajas del piercing sobre el tatuaje o la conveniencia de llevar calcetines con sandalias.

Pero parecía que no había sido suficiente, según Sylvia, la redactora jefe. En lugar de una medalla para agradecerle los servicios prestados, Kate había recibido una carta de despido.

Abrió el periódico por la página en la que siempre había estado su columna, pero lo que encontró fue la foto de una sonriente joven a la que no conocía y que firmaba con el seudónimo de Wendy Norwich. En realidad se trataba de Elsie Crump, que hasta hacía unos días había sido la encargada de repartir el correo. La columna de esa semana versaba sobre los salones de bronceado de la ciudad.

En la parte inferior de la página se podía leer en letra muy pequeña: *El periódico ha interrumpido la publicación de la Columna de Moda de Kate.*

Eso era todo. Aquella frase resumía toda su carrera profesional.

Devolvió el periódico a su lugar, odiándose a sí misma por el nudo que tenía en la garganta.

—¿Me compras un chicle? —le pidió Aaron, ajeno a su incomodidad—. Es sin azúcar —añadió, enseñándole un paquete que contenía más cromos de béisbol que chicles.

—Claro —dijo y lo puso sobre la cinta transportadora de la caja.

Detrás de ellos llegaron un hombre y una mujer que debían de llevar toda la vida juntos. Solo había que mirarlos para darse cuenta de que entre ellos había ese cariño y esa familiaridad que les permitía comunicarse con un simple gesto o una mirada, algo que solo se conseguía después de muchos años de convivencia.

Kate sintió una terrible nostalgia. Tenía veintinueve años y tenía la sensación de estar perdiéndose uno de los mayores placeres de la vida. Ningún hombre le había dicho nunca que la amase. No tenía la menor idea de lo que era tener un compañero de verdad, alguien que fuese su amigo y que siempre estuviese ahí ocurriera lo que ocurriera. Era cierto que tenía un hijo al que adoraba y una gran familia. Estaba muy agradecida por ello e incluso se avergonzaba de desear algo más, de querer que su vida fuese distinta.

Pero a veces, cuando veía a una pareja feliz, de pronto se sentía vacía. Enamorarse parecía tan sencillo y sin embargo a ella nunca le había pasado.

En otro tiempo había creído de corazón que Nathan y ella habían estado enamorados, pero había descubierto que lo que había entre ellos no tenía ninguna base sólida y por eso se había roto en cuanto habían tenido que enfrentarse a la realidad del embarazo.

Mientras vaciaba el carro, sintió la mirada del hombre de la gorra de John Deere. Estaba segura de que era él, podía sentir aquellos ojos furtivos clavados en ella. Cuando se volvió a mirar, vio que estaba dos cajas más allá, dándole la espalda, pero no tuvo la menor duda de que había estado mirándola. Seguramente quería saber si utilizaba cupones para pagar la compra.

«No es asunto tuyo», pensó Kate. «Tú llevas el pelo como un tipo de la América profunda».

Terminó de poner la compra en las bolsas y pasó la tarjeta por el lector. *Error de tarjeta*, leyó en la pantallita. La pasó de nuevo. *Avise a un cajero*, apareció en la maquinita.

Enseguida apareció una cajera que marcó el número de la tarjeta manualmente.

—Lo siento señora, pero rechaza su tarjeta.

Kate sintió una punzada en la boca del estómago, pero esbozó una sonrisa mientras sacaba la chequera.

—Me temo que no aceptamos cheques —le dijo la cajera al verlo.

Kate miró a la pareja que tenía detrás.

—Entonces pagaré en efectivo —murmuró—. Supongo que aceptaréis efectivo, ¿no?

—¿Tienes suficiente? —le preguntó Aaron sin bajar la voz lo más mínimo.

Kate pensó que el hombre de la camisa de leñador no debía de haber tenido ningún problema para oírlo. Apretó los labios mientras contaba el dinero. Cuatro billetes de veinte, uno de diez y dos de uno, además de treinta y tres centavos en monedas. Miró la cifra que había en la caja.

—Mírate los bolsillos, Aaron —le dijo a su hijo—. Me faltan dos dólares y nueve centavos.

«Qué horror», pensó mientras Aaron hundía las manos en los bolsillos de los vaqueros. «Qué horror».

Kate no dejó de sonreír en ningún momento, aunque tenía los dientes apretados y no miraba a la cajera ni a la pareja de detrás.

—Tengo veinticinco centavos —dijo Aaron dándole la moneda.

—Voy a dejar algo —Kate agarró una bolsa de Cheetos mientras deseaba que la tragara la tierra.

—No, mamá, los Cheetos no —protestó Aaron, esa vez susurrando.

—No lo haga —dijo una voz profunda a su espalda—. Yo le pongo lo que falta.

Kate supo quién era antes incluso de volverse a mirar. Era el hombre de la camisa de cuadros y las gafas con cinta adhesiva.

Respiró hondo y se dio media vuelta. «Váyase», habría querido decirle.

—No es necesario —dijo en realidad.

—No se preocupe —respondió él, le dio dos dólares a la cajera y salió por la puerta con su bolsa.

—Gracias —dijo Aaron.

El hombre no se volvió, se limitó a tocarse la visera de la gorra a modo de saludo.

Totalmente sonrojada, Kate metió las bolsas en el carro y salió a toda prisa con la esperanza de alcanzar al hombre antes de que se fuera. Solo tuvo tiempo de verlo marcharse en una camioneta verde.

—Qué amable, ¿verdad? —le preguntó Aaron.

—Sí.

—No le has dado las gracias.

—Es que estaba… sorprendida y se ha ido muy rápido.

—No estabas sorprendida, estabas avergonzada.

Kate abrió la boca para protestar, pero no lo hizo.

—Completamente humillada —matizó y luego sonrió por su hijo—. La verdad es que debería haberte dicho que es maravilloso y poco habitual que alguien que no conocemos sea tan amable.

—Maravilloso, poco habitual y humillante —matizó su hijo.

—Ayúdame a meter la compra en el coche, listillo. A ver si llegamos a casa antes de que se derrita el helado.

C A P Í T U L O 3

El todoterreno Cherokee de Kate había visto tiempos mejores, pero seguía siendo el vehículo ideal para moverse por el lago; lo bastante fuerte para transitar los caminos sin asfaltar que recorrían las montañas y los bosques de la península de Olympic. Bandit los recibió como si hubieran estado fuera un año, meneando la cola y ladrando de alegría.

—Y ahora, al lago —anunció Kate—. Tenemos toda la casa para nosotros, ¿qué te parece eso?

Nada más ver que Aaron no reaccionaba a los lametones de Bandit, Kate se dio cuenta de que había dicho algo que no debía.

—Va a ser un verano estupendo —aseguró.

—Sí, claro —respondió su hijo sin el menor entusiasmo.

Aunque no podía decirlo en voz alta, lo cierto era que Kate estaba tan preocupada como él.

De pronto, Aaron la miró con una perspicacia sorprendente.

—Te han despedido por mí, ¿verdad?

—No, me han despedido porque Sylvia es una persona muy inflexible e incapaz de valorar el verdadero talento. Lo único que le importa es llegar a las fechas de entrega, nada más —Kate se obligó a parar porque no tenía ningún sentido desahogarse con Aaron, pues él ya sabía que estaba enfadada.

Resultaba especialmente doloroso que fuera Sylvia la que la había despedido porque la redactora jefa también era madre

33

soltera. La diferencia residía en que Sylvia era la madre soltera perfecta, con dos hijos perfectos y, quizá por eso, pensaba que todo el mundo podía y debía compaginar el trabajo y la familia con la misma facilidad que ella.

Kate agachó ligeramente la cabeza para esconder la rabia que la había invadido. Aaron sabía mucho más de lo que la gente creía. Sabía perfectamente que uno de los problemas más habituales de la sociedad moderna era que una madre soltera a veces debía faltar al trabajo para cuidar de su hijo. ¿Por qué Sylvia no era capaz de comprenderlo? Seguramente porque ella tenía una niñera perfecta que cuidaba de sus hijos perfectos. Hasta el año anterior, la abuela y la tía de Aaron habían cuidado de él cuando no había podido ir al colegio. Ahora que se habían ido de la ciudad, Kate intentaba ocuparse de todo ella sola. Pero era evidente que había fracasado en su intento. Había fracasado rotundamente.

—Tengo que llamar al banco para averiguar qué ocurre con mi tarjeta —dijo al tiempo que sacaba el teléfono—. En el lago no hay cobertura.

—¡Qué aburrimiento! —dijo Aaron una vez más.

—Enseguida termino —marcó el número y luego tuvo que introducir una larga clave, pero descubrió que el banco, situado en la Costa Este, ya había cerrado—. No pasa nada —le aseguró a Aaron—. Lo solucionaré más tarde. Ahora tengo que llamar a Georgie.

Los cinco nietos, los cuatro hijos de Phil y Barbara y Aaron, llamaban Georgie a su abuela.

—No hables mucho —le pidió Aaron—. Por favor.

Kate marcó el nuevo número de su madre y esperó a que respondieran.

—Clinton Dow al habla —el nuevo marido de Georgie, viudo de su primera esposa y divorciado de la segunda, siempre contestaba al teléfono con un estilo muy formal.

—Aquí Katherine Elise Livingston —respondió Kate, bromeando.

—Kate, ¿qué tal estás? —el tono de Clinton se volvió mucho más cariñoso.

—Muy bien. Estamos en Port Angeles, ahora mismo nos vamos para el lago.

—Qué aventura —exclamó con toda la jovialidad del mundo.

Nadie habría imaginado que solo unos meses antes había intentado convencer a la madre de Kate de que vendiera la casa del lago. Aseguraba que suponía una carga económica y que la familia ya apenas la aprovechaba. Aquella opinión había estado a punto de hacerle perder el afecto de sus nuevos hijastros, pues la casa del lago pertenecía a la familia Livingston desde los años veinte.

—No vamos a vender la casa del lago, ni ahora ni nunca —le había asegurado Phil—. No hay nada más que hablar.

A Phil le daba igual el hecho de vivir en la otra costa del país y que eso significara que visitaría la casa mucho menos. Para él y para Kate, igual que ahora para sus hijos, aquella casa simbolizaba la magia de las vacaciones de verano y venderla habría sido un verdadero sacrilegio.

—Te paso a tu madre —le dijo Clinton por teléfono—. Me alegro de oírte.

Mientras esperaba, Kate movió el coche hasta el extremo del aparcamiento para poder ver el puerto desde allí. A lo largo de su vida, había estado cientos de veces en aquel lugar, admirando aquella vista. Nunca se cansaba de ella. Port Angeles era una ciudad extraña, una variopinta mezcla de cafeterías y moteles baratos, centros comerciales con la pintura cayéndose en pedazos, aparcamientos con el asfalto resquebrajado y restaurantes y tiendas frente al puerto. Unas cuantas veces al día, el ferry de Coho recorría con todo su esplendor el estrecho de Juan de Fuca hasta Victoria, en la Columbia Británica.

—Así que os vais al campo —le dijo su madre con alegría.

—Los dos solos —respondió Kate.

—Me habría gustado que trajeras a Aaron a pasar el verano con nosotros. Estamos solo a una hora de Disneylandia.

—Por eso precisamente no quería llevarlo —dijo Kate—. A mí no me gusta Disney.

—¿Y a Aaron?

—A él le encantaría —reconoció—. Y también le encantaría verte —miró a su hijo, que había encontrado el paquete de cerezas en las bolsas de la compra y se dedicaba a ver hasta dónde podía escupir los huesos de cada una de ellas. Bandit lo observaba con absoluta concentración—. Queremos pasar aquí el verano —le recordó a su madre—. Es aquí donde teníamos que estar.

—Si tú lo dices.

Georgina nunca había sentido tanto amor por la casa del lago como el resto de los Livingston, aunque, por deferencia a su difunto esposo y a sus hijos, siempre se había mostrado encantada de pasar allí los veranos. Pero ahora que había vuelto a casarse, estaba más que satisfecha de quedarse en Florida.

—Por fin puedo pasar un poco más de tiempo con Aaron y averiguar qué quiero hacer cuando sea mayor.

—Os vais a volver locos —le advirtió Georgina.

Kate pensó en la lujosa casa en la que vivía ahora su madre, situada dentro de un club de golf. Eso sí que volvería loco a cualquiera.

Después de que Aaron saludara a su abuela, llamó a Phil y le dejó un mensaje en el contestador.

—Ya está —dijo nada más colgar—. Ya he llamado a todos los que importan.

—Pues no son muchos.

—Lo que importa no es cuántos sean, sino cuánto importen —le explicó Kate.

No quería ni pensar en lo mucho que iba a echar de menos a su hermano y a su familia, y tampoco quería que Aaron lo supiese. Quería que su hijo pensase que aquel iba a ser el verano de su vida. A veces Kate pensaba que daría lo que fuera por tener un hombre sobre el que llorar, pero no estaba dispuesta a dejar que Aaron ejerciese tal papel; había visto otras madres solteras que buscaban apoyo emocional en sus hijos, pero a ella no le parecía justo. Los niños no estaban para eso.

El año anterior había consultado a un psicólogo que le había recomendado que ella misma fuera su compañera tanto en la vida como en la crianza de su hijo y la había animado a tener largas conversaciones consigo misma que la ayudarían a resolver sus indecisiones y sus problemas. No la había ayudado demasiado, pero al menos se había encontrado hablando con una persona que le gustaba.

—¿Preparado? —le preguntó a Aaron en cuanto hubo guardado el teléfono.

Salió del aparcamiento y tomó la autopista 101 en dirección al oeste. El bosque de abetos y cedros se iba haciendo más y más denso a medida que se adentraban en la península Olympic. Las copas de aquellos enormes árboles creaban un efecto casi místico, como de catedral, que siempre la había fascinado. La luz del atardecer iluminaba los distintos tonos de verde y proyectaba unas sombras cambiantes sobre el pavimento.

Cuanto más se alejaban de la ciudad, más tenía la sensación Kate de estar entrando en otro mundo. En aquel lugar, el silencio era tan grande y profundo como los bosques milenarios que rodeaban el lago. Gracias a la labor de vigilancia del departamento de parques, el paisaje no había cambiado.

Aaron estaba viéndolo todo con la misma fascinación con la que lo habían observado Phil y Kate y su padre y sus abuelos antes de ellos. Kate se recordaba a sí misma, sentada en el asiento trasero del coche de su padre, con la ventanilla bajada, sintiendo el viento frío en la cara y el olor a musgo y a cedro. Phil, cuatro años mayor que era, siempre había tenido el don de ponerla nerviosa hasta hacerla llorar, pero hacía ya mucho tiempo que Kate lo había perdonado por todos los tormentos que le había ocasionado durante la infancia porque, con el paso de los años y como si de algo mágico se hubiese tratado, su hermano se había convertido en su mejor amigo.

A siete kilómetros del lago pasaron por la última colina donde tendrían cobertura en el teléfono, en el aparcamiento del café Grammy, donde servían la mejor tarta de arándanos del mundo.

Kate vio una camioneta verde parada junto a la carretera y aminoró la velocidad. El conductor estaba agachado al lado del coche, quizá cambiando un neumático.

Era el tipo de la gorra de John Deere. El que había acudido en su ayuda en el supermercado.

Pisó el freno y echó marcha atrás para después detenerse en el arcén. No tenía la menor idea de cambiar ruedas y seguramente aquel hombre ni quería ni necesitaba ayuda, pero se detuvo de todas maneras porque, le gustara o no, le debía una.

—¿Qué haces? —le preguntó Aaron.

—Quédate aquí y no dejes salir a Bandit —dijo antes de salir del coche y dirigirse a la camioneta.

Rodeado de la frondosidad del bosque cubierto de helechos, le pareció aún más interesante que en el supermercado, quizá porque parecía estar en su entorno. De pronto se sintió vulnerable. Era un tramo de carretera muy solitario por lo que, si intentaba algo, estaría en un buen lío. Su hermano a menudo le decía que era demasiado ingenua y confiada, pero Kate no sabía ser de otra manera. Era cierto que confiaba en la gente y rara vez acababa defraudada.

—No se acerque —le dijo él sin siquiera levantar la mirada—. Tengo un animal herido.

No era un recibimiento muy halagüeño.

Kate vio un cachorro de mapache tumbado en el asfalto, respiraba con dificultad y hacía unos ruidos horribles mientras aquel tipo intentaba meterlo en un saco.

A pesar de lo que le había ordenado Kate, Aaron salió del coche. Kate lo agarró del hombro y lo apretó contra sí.

—¡Maldita sea! —dijo el tipo.

—¿Le ha mordido? —le preguntó Kate.

—Lo ha intentado —por suerte llevaba guantes de leñador.

—¿Lo ha atropellado? —preguntó Aaron, a punto de echarse a llorar. Odiaba ver sufrir a cualquier tipo de animal.

—No, lo he encontrado así —respondió el hombre antes de levantar la mirada hacia ellos por primera vez.

Las gafas de sol impedían ver bien su reacción, pero Kate se dio cuenta de que la había reconocido. Vio algo en su cuerpo, una ligera tensión.

—¿Se va a morir? —preguntó Aaron.

—Espero que no. Si consigo llevarlo al centro de protección de la fauna salvaje que hay en Port Angeles, estoy seguro de que podrán salvarlo.

—¿Cómo puede luchar así? —quiso saber Kate—. Si está medio muerto.

—No tanto. Además, el instinto de supervivencia es muy fuerte.

—Podría meterlo en nuestra nevera —pensó Aaron antes de volver corriendo al todoterreno para sacar una nevera portátil de ciento setenta litros de capacidad.

Kate le ayudó a vaciarla y a sacarla del coche. Entre los tres la colocaron sobre el animal y luego el hombre de la gorra le puso la tapadera y los ayudó a darle la vuelta con mucho cuidado.

—¿No se ahogará? —preguntó Aaron.

Kate abrió el agujero porque el que se vaciaba el agua cuando se ponía hielo dentro.

—Así podrá aguantar un buen rato.

El hombre cargó la nevera en su camioneta, llena de herramientas, algunos botes de barniz y cañas de pescar. Cuando se dio la vuelta, Kate pudo verle bien la cara. Desprendía esa clase de masculinidad que hacía que le temblaran las piernas: rasgos marcados, músculos fuertes y barba de un día. «Dios mío, Kate, qué lástima das», se dijo a sí misma.

—Gracias —les dijo él.

Aaron se hinchó de orgullo, como solía hacer cuando estaba con algún otro miembro del sexo masculino.

—Encantados de ayudar —dijo Kate.

—¿Vivís por aquí? Podría llevar la nevera en cuanto deje al mapache.

Kate titubeó. No era buena idea decirle a un desconocido dónde vivía, especialmente si se trataba de una casa aislada, donde nadie podría oírla gritar.

—Yo estoy viviendo en la casa de los Schroeder —dijo él, como si le hubiera leído los pensamientos—. En el lago Crescent.

La casa de los Schroeder. De niña, Kate había jugado a menudo con Sammy y Sally Schroeder. Entonces se dio cuenta de que Mable Claire Newman había mencionado a aquel hombre: «Espera a verlo», le había dicho. Un hombre que rescataba mapaches heridos. ¿Qué mal podría hacerle?

—Nuestra casa está a quinientos metros —le dijo después de unos segundos—. Hay un cartel en el camino que dice LOS LIVINGSTON. Soy Kate Livingston y este es Aaron.

—Encantado. Os daría la mano, pero acabo de tocar a un animal herido.

Por algún motivo, A Kate le pareció una respuesta graciosa y se echó a reír como una quinceañera. Enseguida se dio cuenta de que era ridículo e hizo un esfuerzo para ponerse seria.

—¿Es usted uno de los Schroeder? —le preguntó.

—No, solo un amigo —dijo él—. Me llamo JD Harris.

—¿JD? —preguntó Aaron.

—Para ti, señor Harris —matizó Kate.

—Todo el mundo me llama JD —insistió él—. Aaron también puede hacerlo.

Aaron se hinchó aún más. Kate no podía apartar la mirada de JD Harris. Era una locura, pero tenía la sensación de que, tras las gafas de sol, estaba observándola detenidamente y quizá incluso le estaba gustando lo que veía. En lugar de ofenderse, Kate se sintió halagada. El interés era mutuo.

—Será mejor que me lleve al mapache —anunció JD—. Os llevaré la nevera después.

Mientras lo veía meterse en la camioneta, Kate pensó que quizá lo había interpretado mal. Pero no pudo quitarse su imagen de la cabeza. Había despertado su curiosidad.

«Déjalo», se dijo a sí misma. Seguramente tenía esposa e hijos. Eso estaría muy bien, pensó, así Aaron tendría con quien jugar.

—¿Crees que sobrevivirá? —le preguntó su hijo, aún mirando hacia atrás, por donde se alejaba la camioneta.

—La verdad es que parecía quedarle mucha fuerza.

Hacia el extremo este del lago, la carretera se estrechaba. Como Brigadoon, aquel lugar parecía detenido en el tiempo. En su momento, el presidente Roosevelt había declarado el lago Crescent parque nacional, por lo que solo se mantuvieron las casas que ya había, pero no se podría vender ni construir nada más, incluso las obras de mejora estaban muy controladas.

Las familias del lago eran un grupo muy diverso entre el que había varias que solo utilizaban las viviendas como casas de vacaciones de las que se encargaba la agencia de Mable Claire Newman. Entre esas casas se encontraba la de los Livingston.

Kate dejó la carretera y se detuvo para que Aaron saliera a abrir la puerta. Bandit salió corriendo tras él, encantado de haber llegado por fin. Incluso aquello era una especie de ritual familiar. El abrir la puerta de la finca era como la ceremonia de inauguración del verano, una labor que siempre se encomendaba al pasajero más joven del primer coche. Aaron abrió el cerrojo y dejó caer la cadena sobre el camino de grava. Se echó a un lado y extendió el brazo en una especie de anticuada reverencia.

Kate le dio las gracias y pasó. El verano quedaba oficialmente inaugurado.

Aaron recorrió corriendo el camino hasta la casa, seguido de Bandit. El suelo estaba lleno de piñas y alguna que otra rama arrastrada por el viento. Kate sintió una impaciencia infantil al ver la casa de lejos. Junto al camino había helechos del tamaño de un coche pequeño, a cuyas hojas llegaban algunos rayos de sol que les daban un aspecto mágico. La abuela de Kate, Charla, siempre les había dicho que aquel lugar estaba lleno de hadas y Kate lo había creído.

Aún seguía creyéndolo, pensó mientras veía corretear de alegría a su hijo y al perro.

Al final del camino, como una joya sobre un cojín de seda color esmeralda, se encontraba la casa del lago.

Siempre le había fascinado el modo en que la casa aparecía ante la vista del recién llegado. Primero el cobertizo del jardín, con el techo cubierto de musgo, luego el de los botes, donde además de botes había un alambique casero que sobrevivía desde los tiempos de la Ley seca. Como de costumbre, el agua del lago estaba clara e inmaculada, de hecho, era de allí de donde extraían el agua potable.

Gracias a los cuidados de la agencia de Mable Claire, la casa parecía estar despertándose. Con el césped recién cortado y las persianas a medio subir. Sobre la puerta principal había unos números, 1921, el año en que se había construido la casa, encargada por Godfrey James Livingston, un inmigrante que había hecho fortuna cortando madera. Quizá debido a eso, la vivienda, que realmente distaba mucho de ser una simple «casita de campo», estaba construida con enormes vigas de madera y esas ventanas mirador tan típicamente inglesas. La fachada era ligeramente curva, como si quisiera abrazar la vista del lago con las montañas de fondo, una vista que se podía admirar desde el porche de la vivienda.

El hijo de Godfrey, llamado Walden por el ensayo *Walden, la vida en los bosques*, era el abuelo de Kate, un alma cándida que había permitido que la fortuna de la familia se redujera ostensiblemente debido, sobre todo, a su condición de conservacionista en una época en la que el cuidado por la naturaleza era algo completamente desconocido. La gente había murmurado de la pasión que sentía por los bosques como si fuera algo aberrante. En la década de los treinta decir que un hombre amaba los árboles era como decir que le gustaban los hombres. Pero su abuelo había luchado denodadamente por proteger aquellos bosques y, tras ganar una medalla al mérito en la Segunda Guerra Mundial, se había servido de su condición de héroe de guerra para exigir al Congreso que tomara cartas en el asunto de la tala de árboles. En los años cincuenta, sus enemigos los habían denunciado, acusándolo de comunista.

En la década de los sesenta, su esposa Charla y él habían seguido protestando contra la destrucción del medioambiente junto a hippies y anarquistas. Para vergüenza de sus propios hijos, habían estado en Woodstock y habían fumado marihuana. Walden se había convertido en un héroe del pueblo y había escrito un libro sobre sus experiencias.

Se había quedado viudo cuando Kate era una niña y se había ido a vivir con su familia. Kate lo había querido sin reservas de ningún tipo y había pasado horas y horas charlando con él. Con la paciencia de un santo, Walden la había escuchado atentamente mientras ella le había relatado el último libro que había leído o cualquier otra aventura. Durante la adolescencia, había escuchado con igual interés todo lo que ella había querido contarle, desde partidos de fútbol a fiestas y citas con chicos. A él le había confiado todos sus sueños y secretos, y había sido el primero al que le había confesado su ambición de convertirse en corresponsal de noticias. También había sido al primero al que le había contado que la habían admitido en la Universidad de Washington y al que le había anunciado el acontecimiento que le había cambiado la vida para siempre.

—Estoy embarazada, pero Nathan no quiere que lo tenga —le había dicho.

—Da igual lo que diga Nathan —le había respondido su abuelo desde la silla de ruedas, pero aún con jovialidad—. ¿Qué es lo que quieres tú?

Kate se había llevado las manos al vientre y le había respondido.

—Yo quiero tenerlo.

En los ojos del anciano, tras las gafas bifocales, había aparecido un brillo de emoción.

—Te quiero, Katie, y voy a ayudarte en todo lo que pueda.

Aquel hombre le había dado lo más importante del mundo, su aprobación sin reservas y sin juicios de valor. Eso había significado mucho para ella. Sus padres también la habían apoyado, porque eso era lo que creían que debían hacer. Pero de vez en cuando Kate había percibido su frustración, como si pensaran que la habían criado para ser algo más que una madre soltera.

Solo su abuelo sabía la verdad, que no había carrera o vocación más emocionante, gratificante y exigente que la de criar a un hijo.

Kate quería a su abuelo por su enorme corazón y por ser tan abierto, por su pasión y su honestidad. Lo quería por aceptarla tal y como era, con todos sus fallos. Le había dado muchos consejos a lo largo de los años, pero el que más se le había grabado en la cabeza se reducía a tres palabras: «No te conformes».

Por desgracia no siempre había seguido ese consejo, al menos en el terreno profesional. Se había conformado con un trabajo en un periódico popular pero insignificante que le exigía muy poco, solo tener buen ojo para la moda y la capacidad para escribir mil ochocientas palabras que pudieran publicarse una vez a la semana.

Mientras aparcaba frente a la puerta trasera decidió que iba a aprovechar aquel verano para encontrar algo por lo que sintiera pasión. Lo haría por sí misma, en homenaje a su abuelo.

Salió del coche con algunas bolsas, metió la llave en la cerradura y la giró, pero no oyó el cerrojo.

Le pareció extraño, pero pensó que seguramente los limpiadores se habían olvidado de cerrar la puerta con llave. También se habían dejado la radio encendida. Tendría que decírselo a Mable Claire porque, aunque por allí no había mucha delincuencia, no estaba bien que fueran tan descuidados.

Aparte de eso, la casa estaba en perfectas condiciones, todo estaba reluciente y olía a limpio. Kate respiró hondo y se acercó a la ventana del salón. Cada persona que llegaba a la casa redescubría el lugar a su modo. A Kate le gustaba abrir los armarios y ver que estaba todo en orden, comprobaba que el reloj estaba en hora, el calentador de agua encendido y las camas hechas. Hasta que no hacía todo eso, no salía al jardín a admirar el césped y la vista del lago.

Aaron fue directamente al exterior, corriendo de un extremo a otro de la finca con Bandit tras sus pasos.

Kate tuvo que morderse la lengua para no lanzarle un grito de advertencia al verlo al borde del embarcadero sobre el agua. Sabía que no era necesario recordarle que no se acercara demasiado, puesto que era él el que se negaba a aprender a nadar por miedo al agua. Kate no sabía el origen de aquel temor, nunca había tenido ningún accidente. De hecho, le gustaba salir en barca e incluso meterse al agua donde no le cubriera, pero jamás metía la cabeza.

A Kate le daba mucha lástima porque aquella fobia cada vez le impedía hacer más cosas. Cuando algún amigo quería celebrar su cumpleaños en la piscina, él ponía la excusa de que estaba enfermo para no ir. El verano anterior se había pasado horas sentado en el embarcadero mientras sus primos, incluso los más pequeños, jugaban en el agua. Aaron los había observado con envidia, pero esa envidia nunca había sido lo bastante fuerte como para tratar de superar el miedo. Kate tenía la impresión de que deseaba aprender a nadar, pero sencillamente no se lanzaba a hacerlo. Se contentaba con quedarse en el embarcadero o salir a remar.

Deseaba decirle que no se conformara. Ese verano le enseñaría a nadar. Su instinto de madre le decía que, si conseguía superar el temor al agua, podría superar muchas otras cosas.

Quería hacerle ver que no debía conformarse hasta que cumpliera todos sus sueños.

Era cierto. Aaron tenía ciertos «problemas». Según sus profesores, el psicólogo del colegio y el pediatra, no sabía controlar su genio ni sus impulsos. Le habían hecho un sinfín de pruebas, pero no parecía tener ningún tipo de trastorno de atención o de aprendizaje. A Kate no le había sorprendido el resultado, pues ella sabía lo que quería su hijo.

Aaron ansiaba tener un padre, una figura masculina. Se lo decía muchas veces sin imaginar que, cada vez que se lo oía decir, a ella se le rompía el corazón.

—Tienes a tu tío Phil —le recordaba ella siempre.

Pero desde que Phil se había mudado, el comportamiento de Aaron había empeorado. Ella había entregado tarde muchos artículos por atender a su hijo y por acudir a reuniones con sus profesores, hasta que Sylvia la había despedido.

Sintió un nudo en la garganta y ganas de llorar. Sabía que debería sentirse agradecida de que su hijo estuviese sano, de que la quisiese a ella y a su familia y de que la mayor parte del tiempo fuera un muchacho encantador. Pero había otras veces en las que no sabía muy bien qué hacer con él.

Quizá por eso se solía criar en pareja, así cuando un miembro de la pareja llegaba al límite de sus fuerzas, el otro tomaba el relevo.

O eso creía. No podía saberlo con certeza porque nunca había compartido la crianza de Aaron con nadie. Había compartido su creación, claro, pero después de eso, Nathan había desaparecido en un abrir y cerrar de ojos.

Salió a buscar el resto de la compra.

—¿Qué te parece si me echas una mano con esto? —le gritó a Aaron.

Su hijo se volvió hacia ella y aplaudió.

—Muy gracioso. Entonces voy a dejar que se te derritan los helados.

Aaron acudió corriendo, con la cara sonrojada y oliendo ya a hojas y a aire fresco.

—Ya estoy aquí —dijo.

Dejaron las bolsas sobre la mesa de la cocina. En el fregadero había un vaso con un poco de agua. Probablemente también lo habían dejado los limpiadores. Al abrir el frigorífico para colocar la compra, vio que había un envase de comida preparada con un tenedor de plástico.

—¿Qué demonios…? —murmuró Kate. Sacó el envase y lo tiró directamente a la basura. Dios sabía cuánto tiempo llevaría allí.

—¿Qué era? —le preguntó Aaron.

—Nada. La gente que vino a limpiar se dejó algunas cosas. Se lo diré a la señora Newman —mientras ella guardaba el resto de las cosas, dejó que Aaron saliera otra vez al jardín a jugar con Bandit.

Una vez colocada la compra, subió al primer piso con dos de las maletas. Como estaban solos Aaron y ella, Kate decidió utilizar el dormitorio principal, que tenía unas preciosas vistas al lago. Kate nunca se había alojado en aquella habitación porque nunca había sido la mayor del grupo. Además, el dormitorio principal solía estar reservado para parejas: sus abuelos, luego sus padres y más tarde Phil y Barbara. Pero esa vez lo tendría todo para ella durante todo el verano.

Abrió la puerta sin soltar las maletas. Los limpiadores también habían olvidado abrir las cortinas de aquella habitación, así que estaba en penumbra.

Dejó las maletas con un gesto de exasperación. La vista aún no se le había acostumbrado a la oscuridad, pero logró ver una sombra que se movía.

La sombra adquirió forma humana y se lanzó hacia ella.

Kate solo pensó una cosa: Aaron.

Con ese pensamiento en mente, salió corriendo escaleras abajo.

JD veía los ojos de aquella mujer clavados en él. Se le aceleró ligeramente el pulso al darse cuenta de que estaba observándolo algo más de lo normal.

—¿Necesita que le dé más información? —le preguntó al tiempo que le daba el impreso.

—No, con eso es suficiente. Gracias, señor… —miró el impreso— Harris.

Le dedicó una sonrisa que JD no supo cómo interpretar. Últimamente desconfiaba de todas las miradas, de todas las sonrisas.

Leyó el nombre de aquella mujer joven y guapa, con aspecto de universitaria que estaba atendiéndole en el centro de recuperación de fauna salvaje. *Darla T, voluntaria*, decía la tarjeta que llevaba prendida en la camisa.

JD esperaba que no le hablase a nadie de él. Por mucho que estuviera en el rincón más recóndito del país, seguía estando paranoico. Sam le había asegurado que en Port Angeles podría escapar del bullicio que se había apoderado de su vida desde el incidente de las Navidades pasadas, especialmente si cambiaba un poco de aspecto y trataba de no llamar la atención.

Después de que lo abordaran de todas las maneras posibles, y de algunas que jamás habría imaginado, JD trataba de ser precavido. Cuando había descubierto a aquel fotógrafo de un periódico sensacionalista agazapado a la puerta de su apartamento para poder hacerle una foto en pijama cuando sacara la basura, había sabido que su vida no volvería a ser la misma. La certeza se hizo absoluta por culpa de una mujer tan obsesionada con él que había llegado a autolesionarse solo para que él la atendiera. El día que había recibido el prototipo del muñeco del soldado Jordan Donovan Harris, ataviado con traje de soldado de las Fuerzas Especiales y con un arma que el verdadero Harris no había visto en su vida, había sido el día en que había solicitado una baja temporal en el hospital. Después de eso, una lluviosa noche de abril, había recibido la llamada de un periodista que quería preguntarle por su madre.

JD había arrancado el cable del teléfono. Ya estaba bien. Una cosa era que lo acosaran a él y otra muy distinta que acecharan a su madre como una manada de lobos.

Se había dado cuenta de que, si seguía soportando todo aquello, acabaría tan loco como el tipo al que le había impedido que detonara la bomba.

Necesitaba desaparecer durante un tiempo, hasta que se pasara aquel furor. Sam le había ofrecido la casa de verano de su familia sin pedirle nada a cambio. Así era su amigo.

Por el momento su escapada había sido todo un éxito. Su madre estaba recibiendo la ayuda que necesitaba y en aquel lugar a cinco mil kilómetros de Washington, nadie parecía reconocerlo. Aunque estaba seguro de no parecerse en nada al militar de aspecto pulcro que había sido en otro tiempo, a veces tenía sus dudas. Como en ese momento, al ver el modo en que lo miraba aquella joven. Ya no confiaba en la sonrisa de ningún desconocido. Quizá había habido un tiempo en el que una joven le sonriera solo porque le gustaba, pero ahora eso parecía pertenecer a otra vida. Ahora cualquier saludo amable, cualquier gesto o invitación le parecían sospechosos. A la gente ya no le importaba quién era, lo único que les importaba era que había impedido que un terrorista suicida saltara por los aires junto al presidente.

Las cámaras de seguridad y de los medios habían grabado todo lo ocurrido en el hospital. El incidente había durado tan solo unos minutos, pero cuando había acabado, había acabado también su vida de siempre. Las televisiones de todo el mundo habían puesto una y otra vez las imágenes, que aún podían verse en Internet. La prensa le había dado el título de «Héroe de América» y, para su pesar, a la gente le había gustado.

—Soy yo el que debo dar las gracias —le dijo a Darla mientras agarraba la nevera en la que había llevado al mapache—. Es bueno saber que existe un lugar como este cerca.

La joven asintió.

—No podemos salvar a todos los animales, pero hacemos todo lo que podemos —le dio un impreso—. Siempre vienen bien los voluntarios. Aceptamos gente de cualquier edad.

Salió del edificio y se dirigió a su camioneta. A la camioneta de Sam. Todo lo que tenía se lo había dejado Sam: la camioneta, la casa, la privacidad. JD miró el impreso para ofrecerse como voluntario y se lo guardó en el bolsillo de atrás del pantalón. Decidió ir al lavacoches, sería mejor lavar la nevera de esa mujer antes de devolvérsela.

Estaba saliendo del aparcamiento cuando oyó una sirena de lejos, no tardó en comprobar que pertenecía a una ambulancia que se dirigía a toda velocidad al hospital del condado. Los coches que se habían apartado para permitirle el paso volvieron a la carretera, gente corriente que seguía con sus vidas corrientes. El anonimato era algo muy simple en lo que uno nunca se paraba a pensar hasta que lo perdía.

Observó la ambulancia y pensó que eso era lo que se suponía que debía hacer él, ayudar a los demás en lugar de esconderse como un fugitivo y salvar mapaches.

El problema era que, desde que su cara había aparecido en las portadas de todos los periódicos, se había convertido en un obstáculo para cualquier servicio de emergencias porque allá donde fuera atraía demasiados curiosos.

No había tenido tiempo para adaptarse a aquella nueva vida

en la que de pronto había perdido el anonimato y la intimidad. Al despertar del coma que le habían inducido había descubierto que iba a sobrevivir a las heridas, pero que todo había cambiado. Poco después del incidente, su imagen había aparecido en un enorme cartel de neón de Times Square mientras él permanecía inconsciente. Muchos medios habían dicho que estaba «luchando por sobrevivir», aunque en realidad él no había luchado en absoluto: se había limitado a estar allí tumbado mientras los médicos hacían su trabajo.

Si hubiera sabido lo que estaba sucediendo, seguramente habría optado por seguir durmiendo algunas décadas con la esperanza de que el mundo se hubiese olvidado de él al despertar.

Pero no había tenido esa suerte. Jordan Donovan Harris había despertado convertido en el nuevo héroe del país. Era ridículo, una completa locura. La prensa siempre se refería a él con sus tres nombres, igual que hacían con los asesinos famosos: John Wayne Gacy, Coral Eugene Watts, John Wilkes Booth, o el asesino al que había conseguido frenar JD, Terence Lee Muldoon.

Nadie había sospechado de él. Nadie podría haberlo hecho, por eso Muldoon había conseguido llegar tan lejos. Tenía varias condecoraciones de guerra y un historial intachable como militar. Todo el mundo había dicho de él que era un hombre callado y reservado, que era lo que se solía decir sobre los asesinos. Nadie decía nunca «estaba loco como una cabra, uno no se podía fiar de él porque estaba para que lo encerraran».

No. Como sucedía con muchos locos, la gente lo describía como «un hombre muy trabajador» o «un ciudadano modelo»… Lo más aterrador era que nadie hubiese adivinado sus planes ni le hubiese impedido seguir adelante, nadie excepto JD, que, literalmente, había evitado el desastre con su propio cuerpo.

Ahora todo eso había quedado atrás, pensó mientras terminaba de limpiar la nevera. No había recuperado su vida anterior, pero al menos disfrutaba de tranquilidad y privacidad. «No lo estropees», se dijo a sí mismo, pensando en Kate Livingston y en su hijo. No debían saber nada, pero la conversación que había tenido con ellos era la más larga que había mantenido con nadie desde que estaba en la casa de los Schroeder.

Durante esos minutos junto a la carretera en medio de ninguna parte, JD se había sentido cómodo, casi había vuelto a sentirse él mismo. No era más que un tipo que estaba pasando unos días de vacaciones junto al lago, charlando con una pelirroja con las piernas preciosas y un niño muy simpático. Una mujer que había hecho que echara de menos cosas que nunca había tenido.

Penny, la esposa de Sam, que era una romántica sin remedio, siempre estaba diciéndole que tratara de encontrar a alguien que le hiciera sentirse especial, alguien con quien formar una familia. Pero desde las Navidades, JD había descubierto que no quería sentirse especial, solo quería ser él mismo.

Cuando había ocurrido el incidente de Walter Reed, había habido una mujer en su vida. Tina, asesora del congreso, decía que lo adoraba y todo parecía ir bien hasta que JD se había hecho famoso. Entonces había ido a la televisión a decir cuánto lo quería y lo había repetido en varias revistas y en un programa de radio, pero eso no había sido todo. Había revelado algunos de los aspectos más íntimos de su relación; había contado la primera vez que él le había dicho que la amaba, el primero regalo que le había hecho, incluso las posturas que prefería para hacer el amor. Hasta había relatado su supuesta adoración por él en un estúpido libro titulado *Cómo salir con un hombre de verdad*.

JD recordaba aún la sensación de impotencia que había sentido al ver a su novia desde la cama del hospital, relatando en televisión los detalles más íntimos de su vida juntos. Aquella traición le traía a la memoria el recuerdo de otras traiciones.

¿Por qué se sorprendía? Eso era lo que hacía la gente. Aprovechaban lo que les interesaba de él y luego desaparecían.

Hasta Janet había aparecido de pronto en su vida, aceptando de nuevo su papel de madre. Había llorado junto a su cama y había aparecido en todas las noticias, rezando por que se recuperara.

Lo más irónico era que él ya no necesitaba que aquella mujer lo quisiese o rezase por él. Lo habría necesitado de niño, cuando había buscado desesperadamente su cariño y su aprobación. También la había necesitado de adolescente. Pero entonces ella no había estado ahí y, al cumplir los dieciocho, JD había hipotecado su futuro para meterla en un centro de desintoxicación. Se había gastado en aquella clínica todo lo que había ahorrado para la universidad, para estudiar Medicina… sí, sus sueños habían sido muy ambiciosos. Lo realmente milagroso había sido que, después de noventa días en el centro Serenity House, Janet Harris había salido limpia, sobria y muy agradecida con el hijo que la había salvado de una sobredosis que lo habría dejado huérfano.

Janet era otra persona. JD se había dado cuenta de inmediato y ella había sido la primera en admitirlo. «Necesito empezar de nuevo», le había dicho. «Tengo que alejarme de todo, y de todos, los que formaban parte de mi vida cuando era drogadicta».

JD había tardado en darse cuenta de que eso también lo incluía a él, además de todos los chulos y traficantes con los que se había codeado siendo él niño.

Se había convencido a sí mismo de que debía sentirse agradecido de que su madre lo hubiese abandonado de esa forma. Era cierto que había gastado en ella todos sus ahorros, pero al menos había abierto los ojos y ahora ya sabía cómo sería su vida en adelante. Estaba solo ante el mundo y le parecía bien.

Entonces se había hecho famoso y Janet había vuelto a su vida, la madre ideal de un héroe americano. Había sido un error por su parte. Debería haber sabido que los periodistas no eran amigos suyos, se habían cebado con ella y lo que habían descubierto de su pasado la había convertido de nuevo en la mujer que había sido durante toda la infancia de JD, una drogadicta. Por suerte para ella, ahora JD tenía todos los recursos del mundo y, antes de desaparecer, lo había organizado todo para que entrara en el mejor centro de desintoxicación de California. Esperaba sinceramente que Janet se recuperase y no tirara por la borda todos esos años de abstinencia con los que habían acabado los periodistas. ¡Cómo odiaba a la prensa!

De niño, JD siempre había pensado que quería ser médico de familia para poder cuidar de la gente desde la cuna hasta la tumba.

Pero se había equivocado. Su verdadera vocación era ser técnico de emergencias médicas, como los hombres y mujeres que habían salvado a su madre de aquella sobredosis. JD no había vuelto a verlos ni sabía sus nombres. Era el trabajo ideal: salvar a gente y luego dejarlos libres. Experimentar la emoción y la satisfacción de salvar a alguien de la muerte sin tener que preocuparse después de dónde estarían al día siguiente o diez años después. Un técnico de emergencias pasaba una media de trece minutos y medio con cada paciente y, en ese poco tiempo, podía cambiarles la vida.

«Es perfecto para mí», le había dicho JD al oficial de reclutamiento del Ejército. Después de que su madre lo abandonara para marcharse a California en busca de una vida mejor, JD se había alistado al Ejército, donde le habían prometido un trabajo con ingresos fijos, viajes, aventuras y dinero para formarse.

A veces JD se lamentaba de no haber leído mejor la letra pequeña. Había llevado a cabo la preparación militar más dura y, después de dieciocho meses de auténtico infierno, había conseguido el título de Técnico médico de las Fuerzas Especiales, el especialista médico más preparado del Ejército.

Aparcó la camioneta frente a una tienda donde necesitaba comprar algunas cosas: barniz, alquitrán, contrachapado, resina, pegamento de fibra de vidrio. Cuando le había ofrecido la casa del lago, Sam había insistido también en que utilizara la barca que su difunto padre había construido con sus propias manos.

Su amigo le había contado miles de anécdotas sobre los paseos que había dado con su padre en aquella barca, anécdotas que seguramente recordaba como momentos perfectos de su infancia. Pero en aquel cobertizo para barcos no había nada perfecto. JD lo había encontrado lleno de telarañas y la barca medio podrida.

Inmediatamente había decidido convertirlo en su proyecto personal; arreglaría el cobertizo y la barca para que Sam lo encontrara en perfecto estado cuando volviera allí con su familia.

Después de comprar todo aquello, pasó por la oficina de correos. Sam se encargaba puntualmente de enviarle todas las cartas que recibía en Washington y tenía total libertad para abrir y tirar a la basura cualquier cosa que le pareciera extraña, lo que incluía la mayor parte del correo que recibía porque le habían llegado cosas tan disparatadas como invitaciones para rezar en grupo o propuestas de matrimonio. Su buzón estaba lleno de fotos de mujeres y de algún hombre que querían conocerlo; las imágenes solían dar un poco de lástima y a veces verdadero miedo.

Al principio de la tortura de la fama, JD había cometido el error de firmar un acuerdo con Maurice Williams, un abogado que le había prometido representarlo y proteger sus intereses durante aquella odisea. Pero lo que había hecho en realidad había sido tratar de convencerlo de que asesorara a una productora que quería hacer una película sobre su vida y sobre lo que había dado en llamarse «el incidente». Según le había contado Sam, Williams estaba como loco por su desaparición y había amenazado incluso con demandarlo, algo que a Sam y a él les parecía completamente descabellado.

Mientras caminaba por la calle principal de Port Angeles, consideró la idea de cruzar de acera para no pasar por la oficina de reclutamiento de las Fuerzas Armadas, pero se resistió a la tentación. Penny y Sam le habían dicho que debía estar tranquilo y pensar que nadie iba a reconocerlo, pero le resultaba muy extraño, casi surrealista, ver su rostro en folletos y carteles en los que se pedía a los jóvenes que se alistaran al Ejército. Las Fuerzas Armadas habían utilizado su imagen sin su permiso, porque no lo necesitaban, y lo habían convertido en uno de los soldados modelo de ese año. En el escaparate principal del local había una fotografía suya de casi un metro de altura en la que aparecía vestido de uniforme y bajo ella se leía: *Héroes reales para el mundo real.*

Allí estaba él. Era tan real que estaba a punto de estrenarse una película sobre él que no contaba con su autorización, tan real que no dejaba de recibir ofertas para anunciar una línea de ropa de montaña, gafas de sol, incluso preservativos. Según afirmaba la biografía que había salido a la luz unas semanas después del ataque, era «el héroe más atractivo del país», un héroe que solo había «hecho su trabajo».

Tina había participado en aquella biografía que tampoco había autorizado JD, y también Janet. Jessica Lynch había ganado el premio Pulitzer como coautora, pero él no. El supuesto biógrafo era Ned Flagg, un periodista fracasado con grandes dotes para la invención y muy buena conexión a Internet. El libro había tenido tal promoción y era tan sensacionalista que en pocos días había alcanzado las listas de los más vendidos.

JD se detuvo frente a la oficina de reclutamiento con ganas de rebelarse. A través de la puerta abierta vio a un muchacho de rostro redondo hablando con un empleado de la oficina que sin duda estaría prometiéndole las mismas aventuras y emociones que le habían prometido a él años atrás.

Se colocó justo delante del cartel con su fotografía, observándola mientras el reflejo del cristal le ofrecía su imagen actual.

Lo curioso era que ni siquiera había tenido que esforzarse demasiado en disfrazarse. Siguiendo los consejos de Sam y Penny, se había dejado crecer el pelo y se había sorprendido al ver aquellos mechones rubio oscuro porque había estado tantos años llevándolo casi rapado, que había llegado a olvidar de qué color lo tenía realmente. Se había afeitado el bigote, había sustituido las lentes de contacto por unas gafas viejas y se había dejado barba de dos días. Penny había descrito su nueva imagen como «chic rural» y le había asegurado que nadie imaginaría que el nuevo héroe americano se escondía detrás de aquella facha. Con la gorra de John Deere para completar el atuendo, se parecía más al cazador que perseguía a Buggs Bunny que al Capitán América.

—Puedo estropearte un poco los dientes —le había ofrecido Sam—. Quitarte esa sonrisa de anuncio de dentífrico.

—Prefiero limitarme a no sonreír —había respondido JD.

Algo que le había resultado tremendamente sencillo. Hasta ese día. Hasta que habían aparecido Kate Livingston y su hijo. No recordaba haberles sonreído, pero quizá lo hubiera hecho.

En ese momento pasaron por la oficina dos chicas adolescentes comiendo chicle y se detuvieron frente al cartel.

—Dios, qué bueno está —murmuró una de ellas.

JD se dio cuenta de que estaban mirándolo. Estaba tan orgulloso de su disfraz, y ahora lo habían pillado.

—Disculpe —le dijo la chica al pasar de largo rozándole el brazo.

JD soltó el aire que había estado conteniendo y echó a andar en dirección contraria. Era absurdo. La gente proyectaba todos sus deseos sobre un póster sin ver siquiera la persona de carne y hueso que tenían delante.

Siguió su camino hacia la oficina de correos meneando la cabeza. Sam le había enviado unas cuantas facturas, pero debajo de todos los sobres que le había hecho llegar su amigo había uno más grande que no mandaba Sam. Aquel lo había pedido JD. Lo agarró con manos inseguras y el corazón acelerado.

No podía creer lo intimidado que se sentía. Después de todo lo que había vivido, era absurdo que le intimidara una cosa así. Era algo que siempre había deseado. Siempre.

Abrió el sobre y sacó un folleto de papel satinado.

Pasó la mano por encima del logotipo: Escuela de Medicina David Geffen de la Universidad de California.

JD se dijo a sí mismo que aún no había decidido si iba a enviar los resultados del examen de acceso para estudiar Medicina y empezar así los trámites de matrícula para el curso siguiente. Era posible que lo hiciera, pero aún tenía todo el verano para pensarlo.

Por el momento decidió centrarse en otra cosa. Mientras conducía hacia el lago sintió una impaciencia a la que no estaba acostumbrada. Su madre se encontraba bien y él empezaba a sentirse persona otra vez.

Kate cerró la puerta justo a tiempo porque la persona que había descubierto en el dormitorio iba tras ella.

—¡Aaron! —gritó en cuanto salió de la casa—. ¡Métete en el coche, Aaron!

Su hijo seguía jugando con el perro en el jardín y, en lugar de reaccionar a sus gritos de pánico, se limitó a mirarla y preguntar:

—¿Qué?

—Súbete al coche ahora mismo, maldita sea, hay alguien en la casa —explicó Kate utilizando la palabra más fuerte que podía salir de su boca—. Trae a Bandit. Estoy hablando en serio, Aaron.

Tuvo la impresión de que habían tardado horas en llegar al coche, aunque seguramente fueron solo unos segundos. Aaron y el perro se montaron en el coche al mismo que ella se sentó al volante.

Echó la mano al contacto.

Dios.

—Las llaves —dijo, aterrada—. ¿Dónde están las llaves del coche?

Aquello era una pesadilla, peor que cualquier película de miedo. Una de esas en las que un personaje llamado Julie (siempre se llamaba Julie, sin apellido) se subía al coche, desesperada por huir, pero el coche no arrancaba y lo siguiente que se veía era que la pobre Julie acababa hecha cachitos.

—Qué estúpida —protestó Kate al acordarse de que había dejado las llaves del coche sobre la mesa de la cocina.

De pronto se abalanzó una sombra sobre la ventanilla del conductor. Bandit empezó a ladrar.

—No nos hagas nada —farfulló Kate—. Te lo suplico, no…

—Mamá —le dijo Aaron desde el asiento trasero al tiempo que trataba de calmar al perro.

—Calla, hijo —respondió ella—. Tengo que hablar con…

El monstruo del que huían tenía las llaves del coche.

—¿Está buscando esto? —le preguntó el monstruo.

Pero resultó no ser un monstruo, descubrió Kate en cuanto el terror le permitió ver lo que tenía ante sí en realidad. Era… una chica. Una chica que parecía tener miedo al perro.

—Por el amor de Dios —dijo Kate mientras bajaba la ventanilla. Bandit aprovechó para sacar la cabeza, lo que hizo retroceder a la muchacha—. ¿Qué hace aquí?

La chica parecía estar tan avergonzada como Kate. Se había sonrojado y estaba mirándose los pies, descalzos y sucios.

—No quería asustarla.

—Pues lo has hecho —el miedo de Kate se convirtió en enfado—. ¿Qué estabas haciendo en mi casa?

La chica se puso recta y se retiró el pelo alborotado de la cara.

—Estaba… limpiando. He estado trabajando con Yolanda para la señora Newman, limpiando las casas de los veraneantes.

A juzgar por la cara de dormida que tenía aún la muchacha, había estado limpiando igual que lo había hecho Ricitos de Oro para los Tres Osos. De hecho, se parecía un poco un poco a Ricitos de Oro; tenía el pelo rubio, pero era mayor que el personaje y más gordita. Igual que la niña del cuento, parecía completamente inofensiva y arrepentida. Kate se olvidó del enfado.

—¿Cómo te llamas?

—California Evans. Callie. ¿Me he mentido en un lío? —la muchacha se sonó la nariz. Tenía la piel mal y se movía de un modo extraño.

Kate sintió compasión por ella, pero prefirió actuar con cautela.

—Aún no lo he decidido.

—¿Podemos bajarnos del coche ya? —preguntó Aaron.

Kate seguía sin estar segura. Allí no había teléfono ni funcionaba el móvil, pero lo cierto era que la muchacha parecía muy avergonzada por lo ocurrido. Se impuso en Kate su habitual impulso de confiar en la gente.

—Bueno.

Callie dio otro paso atrás al ver salir a Bandit y se quedó lívida cuando se le acercó meneando el rabo.

—Me dan miedo los perros —explicó.

—Bandit no hace nada, te lo prometo —le aseguró Aaron.

—De todas maneras, sujétalo —le pidió Kate al ver la cara de pánico de la muchacha—. Soy Kate Livingston y este es mi hijo, Aaron. Y este es Bandit.

—Es muy bueno, lo llamamos Bandit porque parece que lleva una máscara negra —le explicó Aaron señalando la original mancha que tenía el perro en la cara, pero la chica se apartó aún más—. ¿Qué haces aquí? —quiso saber Aaron.

Parecía mareada y tenía la frente empapada en sudor.

Kate se alarmó. ¿Estaría enferma? ¿Sería drogadicta? Aquello no tenía buena pinta.

Por otra parte, también se podía pensar que era una situación interesante. Se recordó a sí misma que ahora era una periodista que trabajaba por su cuenta y tenía que buscar historias que contar. Quizá acabara de toparse con una.

—Vamos dentro —sugirió—. Bandit puede quedarse fuera.

Callie la miró con cierta aprensión, pero finalmente asintió. Ya en la cocina, se le abrieron los ojos de par en par al ver la cantidad de comida que habían comprado. Kate sirvió agua fría para todos y puso un cuenco con cerezas Rainier, la mayor delicia de la temporada.

—Siéntate —le dijo a la chica—. Y háblame de ti, Callie. ¿Cuánto tiempo llevas trabajando para la señora Newman?

—Varios meses —dijo, mirando las cerezas con evidente deseo.

Kate le acercó el cuenco. Se fijó en que la vieja mesa de pino estaba más clara de lo habitual y le habían dado una buena mano de cera. También el suelo estaba impecable y los muebles resplandecían. Si era obra de Callie, había hecho un buen trabajo. Aunque debía aprender un par de cosas sobre el respeto a la propiedad privada.

—¿Va a decírselo? —le preguntó la muchacha.

—Debería hacerlo —dijo Kate.

—Mamá —protestó Aaron. Le daba mucha rabia que la gente se metiese en líos, seguramente porque era algo que él hacía a menudo.

Kate no tardó en mostrarse más comprensiva, después de todo, acababan de despedirla injustamente.

—No, no voy a decírselo —aseguró—. Pero me gustaría que me dieras una explicación.

La joven bebió un sorbo de agua.

—Pues… llevo algún tiempo quedándome en las casas que limpio, en las que están vacías, claro —confesó—. Nunca molesto a nadie y siempre lo limpio todo antes de irme. Les prometo que no sabía que fueran a venir hoy. Pensé que llegarían mañana.

—Adelantamos el viaje —Kate la miró a los ojos, parecía preocupada y nerviosa—. ¿Dónde está tu familia, Callie?

—No tengo familia —dijo sin rodeos.

—Vas a tener que explicarte un poco más.

—Mi madre no está y no conozco a mi padre —volvió a apartarse el pelo de la cara, actuando como si no le importase.

—¿Entonces no tienes casa? —intervino Aaron.

Callie se llevó una cereza a la boca.

—Se supone que tenía que estar en una casa de acogida, pero me marché. No podía quedarme allí.

—¿Por qué? —siguió preguntando Aaron.

La mirada gris y turbulenta de Callie ocultaba una verdad que no iba a decir delante de Aaron.

—No me llevaba bien con la familia —se limitó a responder.

—Puedes quedarte con nosotros —dijo Aaron.

Kate estuvo a punto de ahogarse con la cereza que estaba comiendo.

Por suerte, Callie adivinó su reacción.

—No puedo hacer eso —dijo y se levantó de la mesa—. Voy a subir a recoger mis cosas y enseguida me marcho.

Mientras la veía subir las escaleras, Kate se dio cuenta de que había algo en esa chica que la conmovía. Llevaba un chándal varias tallas más grande de lo que le correspondía e iba agazapada como si esperase que en cualquier momento fuese a caerle un golpe. Pero a pesar de la ropa y de los pies sucios, se veía que también era presumida como cualquier adolescente porque llevaba las uñas de los pies y de las manos perfectamente pintadas con un bonito esmalte rosa.

Aaron miró a su madre con gesto de reproche.

—No lo digas —le advirtió Kate al tiempo que se ponía en pie—. Voy a hablar con ella.

—Lo sabía —dijo su hijo con alegría.

—Puedes salir a jugar con Bandit mientras soluciono todo esto.

Callie había abierto las cortinas del dormitorio principal para que entrara la luz de la tarde y estaba poniendo unas sábanas limpias en la cama. En el centro de la habitación, había una mochila grande abierta.

—He dormido dentro de mi saco, se lo prometo —le dijo nada más verla—. No he utilizado sus sábanas.

Kate la ayudó a poner la sábana de abajo.

—Las sábanas no me preocupan lo más mínimo —dijo—. Pero tú sí. ¿Qué edad tienes, Callie?

—Cumplo… dieciocho en julio —respondió sin mirarla a la cara—. Por fin seré mayor de edad y podré hacer lo que quiera.

Kate se preguntó qué querría hacer, pero decidió empezar con otra clase de preguntas. No aparentaba tener casi dieciocho años; aún tenía el rostro redondeado y una mirada que hacía pensar que era más joven.

—Te prometo que no te voy a denunciar, ni nada parecido —le aseguró Kate—. ¿De dónde eres?

Callie sacudió la sábana de arriba para desdoblarla y la habitación se llenó de olor a ropa limpia y de motitas de polvo que quedaron suspendidas en el aire. Otra vez parecía que la casa estuviese despertando.

—De California —dijo por fin.

—¿Podrías decirme por qué estabas en una casa de acogida?

—Porque mi madre estaba en una especie de comuna muy rara —le contó sin rodeos—. Estaba cerca de Big Sur y se suponía que era un lugar utópico y autosuficiente —Callie debió de ver la cara de sorpresa de Kate—. Recibíamos clase allí mismo y algunos hasta recibimos una buena educación. El hermano Timothy, que fundó la comuna, tiene un doctorado en Antropología Cultural de la Universidad de Berkeley —abrió el baúl de madera de cedro que había a los pies de la cama—. ¿Pongo este edredón?

Kate asintió y la ayudó a desdoblar el colorido edredón que había cosido alguna integrante del clan Livingston hacía varias generaciones.

—¿Y ese hermano Timothy…? —tanteó Kate, percibiendo la antipatía que Callie sentía por él.

—En realidad no es hermano de nadie y estoy segura de que la Universidad de Berkeley se avergüenza de haberlo tenido como alumno. Ahora está en la cárcel por abusos a menores.

Kate sintió un escalofrío.

—¿Tú fuiste una de sus víctimas? —le preguntó.

Callie siguió haciendo la cama con absoluta perfección.

—De niña me parecía divertido vivir en la comuna. Pasábamos el día al aire libre, nadando y corriendo, incluso tuvimos algunos profesores buenos. Pero cuando llegamos a la pubertad todo cambió. El hermano Timothy nos llamaba sus ángeles a las chicas jóvenes.

Kate se sentó al borde de la cama y le hizo un gesto a Callie para que hiciera lo mismo.

—¿Y tu madre no…? —titubeó antes de continuar, pues sabía que debía elegir con cuidado las palabras—. ¿Crees que la gente de la comuna sabía lo que pasaba?

Callie resopló y meneó la cabeza.

—Ninguna madre hacía nada por detenerlo. Todas ellas estaban fascinadas por él, las había convencido de que nosotras éramos como un regalo que tenían que hacerle. Cuando una chica se ponía histérica y trataba de oponerse, las madres la enviaban al hermano Timothy. Hacían todo lo que él les decía.

—Es horrible —murmuró Kate.

—Dígamelo a mí.

Kate se dio cuenta de que no había llegado a decirle si había sido una de las víctimas del hermano Timothy.

—Y esa comuna… ¿sigue existiendo?

—No. Una chica llamada Gemma O'Donnell nos salvó a todas hace como tres años —Callie se quedó mirando el suelo—. Gemma llevaba tiempo intentando contarle a alguien lo que ocurría y de vez en cuando venía alguien de servicios sociales o del colegio de la zona, pero nunca encontraban nada. Para alguien de fuera, aquello parecía un paraíso… con huertos, jardines llenos de flores, vacas que nos daban leche y todo el mundo leyendo a William Carlos Williams. Nadie hizo caso a Gemma hasta que encontró la manera de hacerse escuchar —tomó aire antes de proseguir—. Se fue a la Agencia de Ayuda a la Familia de Big Sur y amenazó con suicidarse si no la creían —Callie bajó la voz hasta que se convirtió en un susurro—. El hermano Timothy la había dejado embarazada. Se lo llevó la policía y yo no volví a ver a Gemma, así que no sé qué fue de ella y de su hijo.

Kate le puso una mano en el hombro, pero al ver que se sobresaltaba, la apartó de inmediato.

—Lo siento mucho. Espero que las cosas mejoraran después de eso.

—Para algunos sí —dijo—. Y para mí, durante un tiempo, pero la última casa en la que estuve… bueno, no estaba bien y tuve que marcharme.

—¿Dónde está ahora tu madre?

—Hace más de un año que no la veo —dijo, clavando de nuevo la mirada en el suelo.

—¿Crees que estará preocupada por ti?

—Debería haberse preocupado por mí cuando vivíamos con ese pervertido —respondió con rabia, pero luego volvió a bajar la voz—. ¿Va a llamar a servicios sociales?

—No si has sido sincera conmigo.

—Puede comprobarlo todo en Internet —dijo Callie—. Solo tiene que poner comuna Millennium y le aparecerá todo.

—Aquí no hay Internet, tendría que ir a la biblioteca de Port Angeles.

—Bueno, le aseguro que he sido sincera —levantó los ojos del suelo para mirar por la ventana.

Kate estaba segura de que aún había más secretos. La observó detenidamente. Era guapa, aunque no lo pareciera por culpa del acné y de una ropa que no favorecía a una muchacha rellenita. Necesitaba una buena ducha y un corte de pelo, pero, iluminada por la luz del sol que se colaba por la ventana, Kate vio que seguía siendo una niña a pesar de lo que dijera el calendario.

El instinto de protección se apoderó de ella y supo que tenía que darle una oportunidad.

—¿Te gustaría quedarte en la habitación de invitados? —se oyó decir a sí misma.

En otros tiempos, la familia Livingston había viajado hasta

el lago acompañada por un ama de llaves y una cocinera que ocupaban una pequeña habitación del primer piso. Las siguientes generaciones habían convertido el dormitorio en habitación de invitados, donde las visitas tenían más intimidad que en los dormitorios de arriba.

Callie la miró fijamente.

—¿Dónde está la trampa?

—No hay trampa. Tú necesitas un lugar donde quedarte y yo aquí tengo mucho espacio…

—No creo que deba.

—Acabarás por quedarte sin casas en las que quedarte —le advirtió Kate—. Ahora que ya ha empezado el verano todas las casas están ocupadas.

—Tengo todo lo necesario para acampar.

—Y yo tengo una casa con seis dormitorios.

—¿Por qué? Tiene que haber una trampa —insistió Callie.

—No la hay, ya te lo he dicho. Dices que has sido sincera conmigo. Has debido de pasarlo mal, así que, ¿por qué no te quedas un tiempo en un lugar donde vas a estar a salvo?

Callie se echó a reír suavemente.

—¿Te parece divertido? —le preguntó Kate.

La joven meneó la cabeza.

—Me quedaré esta noche, después ya veremos.

Kate estuvo a punto de decirle que no hacía falta que le hiciera ningún favor, pero enseguida se recordó a sí misma que, si la historia que le había contado era verdad, aunque solo fuera en parte, debía de haber vivido una auténtica pesadilla. Por eso no se ofendió por su reacción.

—Llamaré a la señora Newman y le diré que vas a quedarte con nosotros.

La muchacha parecía atónita, como si acabaran de ofrecerle un plato de comida después de haber estado a punto de morir de hambre.

—No va a haber ningún problema —le prometió Kate—. Ya lo verás.

Callie se quedó inmóvil durante unos segundos. Seguramente no estaba acostumbrada a ese tipo de gestos.

—¿Espera a alguien? —le preguntó, desde la ventana.

Kate oyó el motor de un coche que se acercaba por el camino y luego una puerta que se cerraba.

—¿Quién es? —le preguntó a Callie.

—Un tipo guapísimo. ¿Es su novio?

Por algún motivo, la simple idea hizo que Kate se sonrojara mientras se acercaba a la ventana.

—Es el hombre que vive en la casa de al lado. Ven a conocerlo.

Cuando Kate y Callie salieron al jardín, Aaron estaba corriendo alrededor de JD y hablando a mil por hora. El recién llegado parecía algo incómodo, posiblemente estaba arrepintiéndose de haber pasado por allí.

Kate sintió una punzada al ver el empeño de su hijo en captar la atención de aquel hombre. Aaron quería un padre con todas sus fuerzas. Ya de pequeño había intentado alejarse de ella en algún centro comercial o en un partido de béisbol y lo había sorprendido tratando de seguir a algún hombre como un patito que siguiera a su madre.

JD se había convertido en el ideal de Aaron desde que había salvado a ese mapache. Llevaba vaqueros gastados, unas botas como las de Lobezno y tenía una camioneta llena de herramientas. ¿Qué más podía pedir un niño?

Kate se descubrió observando sus hombros. Eran anchos pero sin hacerle parecer demasiado corpulento y se movía con la majestuosidad de un atleta, con la que se movería alguien con una buena forma física natural, no conseguida tras horas de gimnasio. JD tenía algo. Kate no sabía decir qué. La ropa que llevaba hacía pensar que carecía por completo de vanidad, sin embargo transmitía una curiosa dignidad.

—Hola —dijo al tiempo que le hacía un gesto a Callie para que la siguiera—. ¿Qué tal está la víctima?

JD se dio la vuelta hacia ella y Kate sintió que el corazón le daba un vuelco. Era una locura. No era en absoluto su tipo y sin embargo no podía apartar su vista de él. Lo observó de nuevo y pensó que quizá no llevara el corte de pelo de la América profunda, solo lo tenía largo, como Brad Pitt en sus mejores películas.

—En el centro de recuperación de fauna salvaje me han dicho que se recuperará —señaló su camioneta—. He limpiado la nevera.

—Gracias. JD, esta es Callie Evans. Se va a quedar con nosotros.

Aaron levantó las cejas de manera casi cómica, pero no hizo ningún comentario.

—Encantado —dijo JD.

Callie se sonrojó con timidez y Kate se preguntó si, con todo lo que le había ocurrido, tendría algún problema con los hombres.

—¿Quieres venir a ver el embarcadero, JD? —Aaron sentía verdadera fascinación por el embarcadero y por el agua—. Y tú también, Callie.

—Claro —dijo ella—. Cubre lo bastante para poder tirarse.

—Sí. Mis primos siempre se tiran desde el muelle.

—¿Y tú?

—No —se limitó a decir, con las mejillas sonrojadas, pero no explicó nada más.

Kate supuso que no habría sabido cómo hacerlo porque no tenía el vocabulario para expresar con palabras sus emociones. Quizá aquel verano aprendiera a nadar por fin.

Callie echó a andar alejándose del perro lo más posible.

—Un kayak —dijo la joven—. ¿Sales a pasear en él?

—Mucho —respondió Aaron, claramente encantado con la atención que estaba recibiendo—. Tiene dos plazas, ¿ves?

A pesar de su empeño en no aprender a nadar, siempre le habían gustado mucho los barcos. Los ferrys de Puget Sound o una zódiac, le fascinaba cualquier cosa que flotara, aunque lo acercara tanto a algo que temía.

—A lo mejor podemos sacarlo.

—Claro que vamos a sacarlo —le aseguró Kate, que estaba decidida a hacer que su hijo se divirtiera mucho ese verano aunque no estuvieran sus primos.

Aaron presumió de su kayak, que llevaba allí desde que habían prohibido utilizar embarcaciones a motor en el lago. Kate se apartó un poco y observó a aquel muchacho cuyos profesores aseguraban que era un mal estudiante incapaz de controlarse y sin embargo no parecía tener ningún problema en detallar una a una las características de la canoa.

Kate se paró a pensar en que nunca habían conocido a dos personas nuevas en el mismo día y desde luego era la primera vez que topaban con una adolescente huida y un hombre callado, pero sorprendentemente interesante. Lo miró junto a su hijo y le gustó mucho la paciencia y el respeto con que escuchaba las explicaciones de Aaron.

La mayoría de los hombres a los que había conocido perdían el interés por ella en cuanto se enteraban de que tenía un hijo o descubrían la fuerte personalidad de Aaron. Por el momento a JD no parecía molestarle que Aaron no parara de hablar y también se mostraba muy sensible con Callie. Kate se fijó en que le daba todo el espacio que necesitaba la muchacha y no le hacía preguntas.

Todo un diamante en bruto en las orillas del lago Crescent. Quién sabía…

«No te precipites», se dijo Kate. «Lo único que ha hecho es utilizar tu nevera».

Aaron, sin embargo, no tenía tantas reservas.

—¿Entonces salimos ahora, después de cenar? —preguntó.

—Quizá otro día.

También era diplomático, pensó Kate. Parecía saber que uno no podía salir a remar en un lago con un niño al que acababa de conocer.

La decepción oscureció el rostro de Aaron. En ese momento apareció Bandit, que parecía regresar de alguna importante tarea perruna, con el pelo lleno de ramitas y respiración jadeante. Callie volvió a alejarse de él, pero tratando de ser discreta.

—Bueno —intervino Kate—. Yo tengo que ir a colocar la compra.

—Yo también debería irme —dijo JD en el mismo tono.

—Venga, quédate un rato —le pidió Aaron.

—Nos vamos a ver por aquí —le aseguró JD—. Gracias otra vez, Kate. Cuídate, Callie.

La muchacha lo miró con desconfianza antes de responder.

—Claro.

Aaron lo acompañó hasta la camioneta, dando botes junto a él como si fuera una pelota.

—¿Sabes una cosa? Cuando tenía seis años hice toda el camino de la vía Spruce yo solo.

—No me digas.

—Sí. Tenemos cinco bicis en el cobertizo. Podríamos salir algún día —no esperó a que contestara—. Me encanta esta camioneta —comentó al llegar al vehículo—. ¿Es de los Schroeder?

—Sí, me la han prestado durante el verano. Ellos ahora viven en la Costa Este.

—Mis primos también viven allí —volvió a pegar botes—. Los cuatro que tengo. Solo tengo cuatro primos y ningún hermano. ¿Tú tienes hijos?

«Muy bien, Aaron», pensó Kate, conteniendo la respiración mientras esperaba su respuesta.

—No —dijo tranquilamente mientras sacaba las llaves.

—¿Estás casado?

—No.

—¿Tienes novia?

—Aaron —lo reprendió Kate.

—Solo intento averiguar todo lo que quieres saber —le dijo su hijo y luego se dirigió de nuevo a JD—. Si estuviéramos en casa, buscaría tu nombre en Internet, pero aquí no hay conexión.

—Ya está bien, Aaron —le dijo ella—. ¿Por qué no vas a jugar por ahí y dejas de ponerme en vergüenza?

Aaron levantó la mano y salió corriendo.

—Lo siento —se disculpó Kate con JD mientras él se metía en la camioneta.

—No pasa nada —apoyó el codo en el marco de la ventanilla. Daba la impresión de que quería decir algo más, pero se quedó en silencio un buen rato, mirando al lago, como si no tuviera ninguna prisa por marcharse—. ¿De verdad haces eso de poner el nombre de la gente en Internet?

—Claro. ¿Tú no?

—Supongo que, si quisiera saber algo de alguien, se lo preguntaría.

—¡Qué ocurrencia!

—Preguntaría por ejemplo qué pasa con el padre de Aaron.

—¿Qué? —lo había oído perfectamente, pero necesitaba tiempo para pensar.

—¿Qué papel tiene en vuestra vida?

—Ninguno, no lo ha tenido nunca —respondió Kate y luego no pudo evitar preguntarle—: ¿Por qué quieres saberlo?

—¿Tú qué crees?

Aún no le había sonreído ni una sola vez, pero Kate percibió cierto sentido del humor en su mirada, o al menos eso creyó.

Cuando vio el modo en que la miraba, sintió… no sabía muy bien cómo explicarlo. ¿Como si lo reconociera? Pero eso era imposible porque no lo había visto nunca hasta ese día, ¿no?

Lo observó detenidamente, tratando de descubrir qué era lo que le llamaba tanto la atención de él, además del evidente potencial que había bajo ese aspecto desaliñado.

—Creo que quieres saberlo porque te intereso —dijo—. ¿Me equivoco?

—Habría que estar en coma para no interesarse por ti —aseguró él, casi molesto.

Al poner el motor en marcha se encendió la radio y se oyeron las noticias de la única emisora que se oía desde el lago. JD la apagó, se despidió de ella con un movimiento de mano y se marchó.

Kate se quedó allí mirándolo durante un rato.

—¿Entonces por qué no pareces un poco más contento de conocerme? —preguntó en voz alta.

Todos los años después de llegar al lago Kate necesitaba unos días para relajarse. Al principio seguía despertándose y levantándose inmediatamente, con la lista en mente de todo lo que tenía que hacer. Normalmente era una lista bastante larga: entregar el artículo correspondiente y otros quehaceres y citas relacionados con Aaron. Cuidar de su hijo conllevaba revisar las tareas del colegio, hacerle la comida, prepararle la mochila y llevarle a clase. Después del colegio, no había un hueco libre en su horario entre el kárate, los Scouts, los deberes e ir a casa de algún amigo.

Era triste, pero lo cierto era que la vida social de Aaron era mucho más animada que la suya. Los demás niños lo querían mucho a pesar de que sus madres pensaran que era un terremoto.

El tercer día después de llegar al lago, Kate se levantó por la mañana y puso el agua para hacer té. Allí nunca tomaba café, el café significaba hora punta, trabajo y estrés. El té, por el contrario, era serenidad.

Había decidido no apresurarse ni agobiarse por no tener trabajo. Recibía unos buenos ingresos procedentes de las propiedades que tenía en Seattle, gracias a la maravillosa herencia de su padre. Si se organizaba bien, podría aguantar algún tiempo sin el sueldo del periódico. Lo que sí echaba de menos era su identidad porque el trabajo de periodista y de escribir la definía. Quería volver a sentirse ella misma, escribiendo y publicando lo que escribía.

«Para», se dijo a sí misma. «Tienes todo el verano para pensar». Respiró hondo y miró por la ventana. Solo con ver el lago se sentía más tranquila. Sus aguas eran claras y lisas como un espejo donde se reflejaban las montañas cubiertas de vegetación, con algunas manchas de nieve en las cumbres más altas. Miró la temperatura, diez grados y medio a las siete y media de la mañana. Perfecto. Quizá llevara a Aaron y a Bandit a dar un paseo por el campo.

Como le había sucedido a menudo en los últimos días, sus pensamientos viajaron hasta JD Harris. Probablemente no era buena idea pensar tanto en él, pero su mente desobediente no parecía dispuesta a aceptarlo. A sus veintinueve años, Kate seguía siendo una romántica empedernida capaz de imaginar lo que sería tener un romance o incluso una verdadera relación y planear el futuro junto a otra persona. Mientras sus amigos de la universidad salían de fiesta, se enamoraban y rompían con sus respectivos, ella había estado gestando. Después de que naciera Aaron, le había dado de mamar. Había sido mucho más productiva que sus amigas, pero nunca había tenido una aventura amorosa. La maternidad no le había dejado tiempo para eso.

Pero eso no le impedía seguir soñando. Se hacía muchas preguntas sobre JD Harris, quién era, cómo había acabado allí en el lago. Estaba segura de que la atracción que había sentido entre ellos era real. Él mismo había dicho que cualquier hombre sentiría interés por ella, pero Kate no estaba segura de si había sido una broma o no.

Aunque no había prometido nada, Kate esperaba que volviera a pasar por allí.

Pero, ¿cuántas veces la habían decepcionado los hombres a lo largo de su vida?

El agua estaba hirviendo. Unos minutos después, se sentó

con su taza de té y abrió el ordenador portátil. El día anterior había redactado un mensaje para una vieja amiga de la universidad. Tanya Blair tenía una carrera de éxito como redactora de la revista *Smithsonian* y era la gran esperanza de Kate. Sabía que era muy ambicioso pretender pasar de un semanario local a una gran revista de tirada nacional, pero había decidido pensar a lo grande. Hasta entonces siempre se había conformado con pequeñas cosas y solo tenía que ver cómo había acabado.

Leyó lo que había escrito el día anterior y, cuando estuvo satisfecha con el texto, lo imprimió y metió la carta en un sobre, pero se le quedó una ligera sensación de inseguridad. Le había escrito a Tanya que se ofrecía como freelance, pero lo cierto era que no tenía material alguno que enviarle. Al menos por el momento. Tenía que ponerse a escribir, pero no sabía muy bien sobre qué.

Acababa de cerrar el sobre cuando apareció Callie en la cocina, ya vestida con su ropa deportiva de siempre, pero aún con cara de dormida.

—Buenos días —dijo entre bostezos.

—Hola —la saludó Kate—. ¿Té?

—Creo que voy a desayunar directamente —dijo antes de servirse un cuenco de cereales. Le ofreció la caja a Kate.

—Voy a esperar a Aaron.

Callie señaló a la ventana.

—Él lleva ya un rato esperándote.

Efectivamente, su hijo estaba en el jardín jugando con Bandit con lo que Kate esperaba fuera una toalla vieja.

—Ni siquiera le he oído levantarse —Kate meneó la cabeza—. ¿Qué planes tienes para hoy?

—Yolanda viene a buscarme para ir a limpiar tres casas —hizo una mueca—. No me apetece nada trabajar.

Kate se fijó en que estaba un poco pálida, aunque estaba claro que no le había afectado al apetito. Adolescentes, pensó. Se quedaban despiertos hasta altas horas de la madrugada sin pensar en si tenían que madrugar o no. Pero Kate no tenía nada de que quejarse sobre ella. Ayudaba mucho en la casa y Aaron la adoraba.

Al volver a servirse un segundo cuenco de cereales, se dio cuenta de que Kate estaba mirándola.

—Sé que no debería porque me estoy poniendo como una foca —le dijo, pero de todas manera añadió la leche y el azúcar—. ¿Y tú, qué planes tienes?

—Estaba pensando en subir a las cascadas Marymere. ¿Lo conoces?

—No, pero he oído que son muy bonitas. Podría ir en mi día libre.

—En realidad también tendría que trabajar un poco —admitió Kate mirando la pantalla del ordenador.

—¿Has pensado ya qué vas a escribir?

—Tengo algunas ideas.

—Sigo pensando que deberías escribir sobre Walden Livingston —opinó Callie—. Es muy famoso dentro de la cultura alternativa.

—Lo sé. Siguen llegando cartas de admiradores suyos —dijo Kate.

—Por eso elegí esta casa para quedarme —le contó la joven—. Me quedé impresionada cuando vi la foto que le había hecho Annie Leibovitz y deduje que esta debía de ser su casa. Sus libros son sagrados para todos aquellos a los que les importa la Naturaleza.

Aquella muchacha no dejaba de sorprenderla. Tenía una combinación de inteligencia de adolescente huida y de ingenuo idealismo, sabía mucho de ciertos temas y sin embargo sobre otros lo ignoraba completamente todo.

—No creo que muchos jóvenes conozcan a Walden Livingston. ¿Dónde oíste hablar de él?

—Estuve en una casa de acogida con una pareja de ecologistas que lo admiraban profundamente. Tenían una copia dedicada del libro que escribió y otro libro que recopilaba todas sus citas. Ya sabes, cosas como «No dejes huellas para el futuro viajero, deja que encuentre el camino solo». ¿De verdad hablaba así?

Kate apoyó la barbilla sobre la mano y observó el retrato que le había hecho Leibovitz y que ahora colgaba de la pared del salón. La imagen había conseguido capturar el brillo de sus ojos, el brillo de su cabello blanco, que en otro tiempo había sido tan pelirrojo como el de ella. La orografía de su rostro era tan inconfundible como la de la propia tierra y Leibovitz había sabido reflejarla a la perfección. ¡Cuánto lo echaba de menos!, pensó antes de volver a mirar a Callie.

—Ni siquiera sé si realmente dijo todas esas cosas.

—¿Parecía una persona completamente diferente al resto?

—Buena pregunta —Kate sonrió al acordarse de él—. Puede que sí. Para mí solo era mi abuelo y era tan especial como lo es un abuelo para cualquier niño.

—Yo solo he visto a mis abuelos una vez.

—¿Y te gustaría volver a verlos algún día?

Callie se llevó una cucharada de cereales a la boca y la miró con cierto recelo.

—No pretendo entrometerme —aseguró Kate.

—¿Entonces por qué lo preguntas?

—Reconozco que siento curiosidad. Quiero saber más cosas sobre ti.

Callie se quedó pensando un momento, después dejó la cuchara y apartó el cuenco.

—Te diré todo lo que sé de mis abuelos maternos. A mi padre nunca lo encontraron, así que mucho menos a sus padres. Cuando detuvieron al hermano Timothy y la comuna se disolvió, mi madre y yo nos fuimos a Washington. Ella estaba sin un centavo, por eso fue a Tacoma a ver a sus padres y me dejó allí. No se despidió de mí, ni me dijo adónde iba.

A Kate se le encogió el corazón de lástima.

—Lo siento, Callie.

—No pasa nada —dijo la muchacha, encogiéndose de hombros—. Ya está superado. El caso es que llamaron al Servicio de Protección de Menores y dijeron que no se podían quedar conmigo. Supongo que tu abuelo no era así.

—No —dijo Kate—. Él era… mágico y me siento muy afortunada de haberlo conocido.

—¿Eras consciente de que era alguien diferente?

—Creo que nunca me paré a pensar en su trabajo. Sabía que tenía muchas cosas que hacer y que viajaba mucho durante el curso —se levantó para sacar un álbum encuadernado en piel de la estantería.

Callie y ella estuvieron viendo las fotografías y los recortes de prensa sobre la trayectoria vital de su abuelo. Había toda una página con imágenes en las que se le veía estrechando la mano a distintos presidentes de Estados Unidos, desde Lyndon Johnson hasta Ronald Reagan. Había conseguido que todos ellos firmaran alguna ley para proteger el medioambiente.

—¡Vaya! —exclamó Callie—. ¿Qué se sentirá sabiendo que has hecho algo tan importante?

—Me parece que simplemente él no concebía la vida de otro modo.

Walden siempre había sido muy admirado por los ecologistas, sin embargo para sus propios padres había sido una decepción que no quisiera hacerse cargo del negocio familiar. Teniendo en cuenta que el negocio de su familia era la madera, había tenido que ser muy duro que el hijo mayor se dedicara a la conservación de la naturaleza, sobre todo cuando se gastó gran parte de la fortuna familiar en dicha causa. Pero todo eso había ocurrido antes de que Kate hubiera nacido. Miró a Callie, que tenía algo más de color en la cara ahora que había comido, y se dio cuenta de que, tras la pregunta sobre Walden, se escondían otras dudas. ¿Quién soy? ¿Realmente importo?

—¿Cómo es tu madre, Callie? —Kate sabía que era una pregunta un tanto arriesgada, pero tenía la intuición de que su madre era el origen de muchos de los problemas de la muchacha—. Si no te importa que te lo pregunte, claro.

—No, no me importa. Pero tampoco tengo mucho que contarte. Es una fracasada y no la echo de menos ni lo más mínimo —en ese momento se oyó el claxon de un coche y Callie se puso en pie de un salto—. Tengo que irme —dijo—. Volveré a las siete.

—No te dejes la comida —le recordó Kate, acercándole una bolsa de papel.

Callie la miró con absoluta gratitud y después salió corriendo.

Kate sabía que aquella muchacha no había recibido muchas muestras de amabilidad en su vida, por lo que era lógico que hasta el menor detalle le sorprendiera. De repente Kate pensó que ojalá alguien hubiese querido a Callie de niña, le hubiese preparado la comida y hubiese estado ahí para despedirse de ella todas las mañanas. Estaba convencida de que, si todo el mundo pudiera disfrutar de ese tipo de cosas, el mundo sería un lugar mejor. La idea hizo que mirara al ordenador. No, pensó. No, con un activista en la familia ya había sido suficiente. Antes de pensar en salvar el mundo debía aclararse un poco sobre su vida.

Cerró el álbum y limpió la cubierta con un paño. Su abuelo había hecho grandes cosas y se suponía que ella debería haber hecho lo mismo. Pero las cosas habían salido de una manera diferente.

Justo en ese momento Aaron irrumpió en la casa, llamándola.

—¡Mamá! —gritó.

—Estoy aquí, no hace falta que grites.

—He encontrado un fósil —fue corriendo hasta ella y le mostró una piedra con una marca que parecía el caparazón de un escarabajo.

—Es cierto —dijo Kate—. ¿Dónde lo has encontrado?

—En el bosque —se lo dio—. Quédatelo si quieres. Te lo regalo.

—Muchas gracias —dijo al tiempo que apartaba el álbum. Claro que estaba haciendo algo importante con su vida, pensó mirando a su hijo. ¿Qué podía haber más importante que eso?

—Kate Livingston —dijo JD en cuanto Sam respondió al teléfono—. ¿Qué puedes decirme sobre ella?

Había ido al pueblo a comprar algunas cosas para ir a pesar con mosca y a recoger el correo. Para no tener nada que hacer, lo cierto era que estaba muy ocupado. Antes de subirse a la camioneta, había hecho un alto en el camino para llamar a su amigo.

—¿Katie Livingston está en la casa grande? —le preguntó Sam y luego soltó un silbido—. Hacía años que no me acordaba de ella. ¿La has conocido?

—Sí. Dime qué sabes de ella.

Hubo una breve pausa y un poco de ruido, como si Sam estuviese apartándose de su mujer y de sus hijos para hablar más tranquilo.

—Que estuve locamente enamorado de ella —dijo en un susurro.

—¡Vaya! —JD se echó a reír, meneando la cabeza.

Sam era un tipo con un corazón enorme y sin ningún miedo a sus propias emociones. Desde que JD lo conocía, su amigo se había enamorado y desenamorado media docena de veces, pasando de la euforia a la desesperación sin contenerse. Por fin, hacía unos años, se había enamorado de Penny y le había comunicado a JD que había encontrado a su alma gemela. Había cumplido la promesa de quererla y cuidarla, tanto a ella como a sus hijos, por los que se desvivía.

—Yo estaba en séptimo —siguió contándole—. Ella era un año más joven que yo y me volvía loco. Con doce años y las hormonas completamente revueltas, solo con verla en bikini perdía la cabeza. Dios, era guapísima, pelirroja y con pecas. Y luego, cuando estaba en el instituto... —silbó de nuevo.

—No estás contestando a mi pregunta —solo había conseguido que en su mente apareciera la imagen de Kate, de adulta, en bikini.

—Todos los veranos me enamoraba de ella. ¿Sigue estando tan guapa?

«Desde luego», pensó JD.

—Te recuerdo que eres un hombre casado.

—Y tengo intención de seguir siéndolo. Dime.

—Pues... —JD miró por la ventana. Las aguas del estrecho Juan de Fuca eran una superficie lisa y brillante salpicada de buques de carga que se dirigían a mar abierto. Intentó pensar en una manera de describir a Kate Livingston—. Digamos que está para comérsela.

Otro silbido.

—Dios. Cuánto tiempo hacía que no pensaba en ella.

—Me dejó una nevera. Es una larga historia. El caso es que tiene un hijo de unos diez años.

—¿Y marido?

—Yo no lo he visto.

—Si sigue utilizando el apellido Livingston, seguramente es que está soltera. Su familia lleva mucho tiempo en el lago y la casa es ya legendaria, debe de tener casi cien años. Los Livingston hicieron fortuna en los años de la Ley Seca, gracias a la madera y al whisky canadiense. Quizá no fuera políticamente correcto, pero se hicieron famosos, al menos durante un tiempo. Tengo entendido que las generaciones posteriores se gastaron todo el dinero, pero nunca perdieron la casa del lago. Yo perdí el contacto con Katie, pero oí que había oído en la universidad. Era una especie de genio, todo el mundo pensaba que haría algo grande —hizo una breve pausa—. ¿Está allí toda la familia?

—No —respondió JD—. Tuvo un hijo, eso es hacer algo grande.

—Me cuesta creer que se casara..

—¿Por qué?

—Ya la has visto. ¿Tú qué crees? ¿Cómo es ahora?

Preciosa, pensó JD. Amable, divertida y algo vulnerable. Y completamente inapropiada para él. Claro que el mundo entero era inapropiado para él, matizó. El problema de haber hecho lo que había hecho era que ahora no encajaba en ninguna parte, aunque eso no quería decir que lo lamentara.

—Parece una buena persona —se limitó a decirle a su amigo.

—No hace falta que me des tantos detalles —respondió Sam con sarcasmo.

—Ya te he dicho que solo la he visto un día.

—Pues tienes mucha suerte de tenerla como vecina, amigo mío.

JD no dijo nada, pero estaba completamente de acuerdo. A juzgar por lo que había visto, era el tipo de mujer con la que fantasearía cualquier hombre.

—Creo que mejor me voy a dedicar a mis cosas durante todo el verano —decidió.

—No digas tonterías. Está claro que te gusta, pero mucho me temo que no puedo ayudarte porque hace mucho tiempo que no la veo, así que vas a tener que arreglártelas solo.

JD reconoció el desafío que le estaba lanzando.

—Paso. No he venido a eso. Además, tengo un historial que… da miedo, la verdad.

—Vamos, no rechaces a toda la población femenina por unas cuantas locas y acosadoras.

—Parece que es a las únicas a las que gusto. Por cierto,

¿cómo está mi admiradora número uno? —JD se preparó para escuchar la respuesta.

—Sigue disfrutando de sus largas vacaciones pagadas por el estado. No he tenido noticias, así que supongo que la recuperación va bien.

JD respiró aliviado. Desde el incidente, habían ocurrido distintas cosas que lo habían empujado a un estado en el que finalmente se había venido abajo y le había pedido a Sam que lo ayudara a desaparecer. Una joven llamada Shirlene Ludlow se había hecho un corte a sí misma que había estado a punto de costarle la vida, solo para poder llamar al teléfono de emergencias y que Jordan Donovan Harris acudiera a su casa. Poco después había recibido aquella llamada desde California en la que le decían que su madre estaba consumiendo drogas otra vez. Esa noche se había dado cuenta de que no solo había perdido su intimidad, además se había convertido en un peligro para otras personas como su madre y Shirlene Ludlow.

—¿Entonces tu tapadera sigue funcionando? —le preguntó Sam.

—Eso parece.

—Lo sabía. Puede que Katie Livingston te hiciera más llevadero el exilio.

«O quizá haga más patente mi soledad», pensó JD. Lo cierto era que Kate no parecía de las que se cortaban las venas para llamar la atención.

—Me parece que no —le dijo.

—Pero tienes que divertirte.

—No estoy aquí buscando diversión —dijo JD—. Se supone que estoy tratando de recuperar mi vida de antes, ¿soy un ingenuo por creer que es posible hacerlo?

—Después de que la revista *People* te nombre como una de las cincuenta personas más guapas, me parece que es un poco difícil volver al anonimato.

—No tiene gracia, Sam.

—Escucha, comprendo que tengas miedo después de lo de

Tina —Sam había estado a su lado en todo momento, había sido el único al que habían llamado después del incidente. JD no tenía ningún pariente cercano con el que quisiera ponerse en contacto, ni siquiera en caso de emergencia—. Pero tengo la impresión de que Kate no se parece en nada a Tina.

JD sabía perfectamente que no estaba preparado para tener una relación, pero era cierto que Kate tenía algo que lo atraía, casi contra su propia voluntad. Algo de ella y de su mundo tiraba de él. Apenas la conocía, pero era increíble lo mucho que había pensado en los minutos que había estado con ella.

—Hay una adolescente con ella —le dijo a Sam—. ¿Conoces a una tal Callie Evans?

—El nombre no me suena —Sam lo dejó esperando un instante para decirle a uno de sus hijos que sacara la mano de la pecera—. ¿Alguna vez has oído hablar de Walden Livingston? —le preguntó al volver.

—No.

—Era el abuelo de Kate, una especie de activista que se convirtió en ídolo de los sesenta.

—¿Y qué?

—Pues que Kate sabe de primera mano que un famoso es como cualquier otra persona.

—No voy a contárselo —dijo JD.

Solo con pensar en ello se le llenaba la cabeza de recuerdos. Después de varias semanas recuperándose y sometiéndose a fisioterapia, había esperado impaciente el momento de salir del hospital. Había tomado la decisión de empezar una nueva vida y cumplir su sueño de estudiar Medicina. Siempre había creído que algún día se convertiría en médico y su experiencia con la muerte le había hecho recuperar el deseo. Lo ocurrido con Muldoon le había hecho darse cuenta de que no podía postergar sus sueños eternamente. Pero en cuanto le habían dado el alta en el hospital, había descubierto que sus problemas no habían hecho más que empezar.

—No puedes pasarte la vida escondido.

—Esperemos que no sea necesario hacerlo.

JD se apoyó en la camioneta. Por delante de él pasó una familia de cuatro miembros sin verlo siquiera. La mujer empujaba un carrito de bebé mientras el hombre llevaba a otro niño sobre los hombros. Iban riéndose mientras el niño daba palmas.

JD había presenciado cosas horribles que se hacían entre sí las familias y sabía que el amor podía convertirse en un veneno tan peligroso como el ántrax. Aun así, todo eso no había podido hacer que dejara de albergar la esperanza y el deseo de tener su propia familia.

—En realidad no creo que vayas a tener que estar mucho tiempo escondido —le aseguró Sam—. Tus quince minutos de gloria están llegando a su fin.

—Me alegro.

—Pronto encontrarás que venden fotos de Jordan Donovan Harris en eBay a precio de saldo.

—No me tomes el pelo.

Sam se echó a reír.

—Disfruta del verano. ¿Necesitas algo?

—No, estoy bien. La verdad es que no creía que existiera un lugar como este.

—Es increíble, ¿verdad? —dijo Sam—. Deja de preocuparte por el futuro, vas a ver que todo sale bien.

Hubo un cambio de tono tan sutil en su voz que solo alguien que lo conocía tan bien como JD se habría dado cuenta.

—¿Qué ocurre?

—¿Te acuerdas del soldado Glaser?

—Claro —Glaser era la primera víctima a la que habían atendido Sam y él en el campo de batalla—. ¿Por qué…? —de pronto sintió una presión en el pecho y se fijó en el sobre de papel manila que había entre el correo, lo abrió y se encontró con una revista sensacionalista en cuya portada había una fotografía suya vestido de soldado en Afganistán—. ¿Qué demonios es esto? —preguntó, furioso.

—Veo que ya lo has descubierto —dijo Sam.

En la imagen aparecían tres jóvenes: JD, un marine que habían sacado a rastras del campo de batalla y Sam.

—Dios mío —murmuró, sin apenas dar crédito a lo que veía.

—Pensé que debía enviártelo. La mayoría de las cosas que publican sobre ti son pura invención, pero a esto quizá quieras echarle un vistazo.

Con la frente empapada en sudor, JD abrió la revista y miró por encima el artículo, ilustrado con más fotografías y exagerados titulares.

—Es la historia de Glaser, ¿no? —miró la imagen del hombre al que habían salvado la vida Sam y él en las montañas de la provincia afgana de Konar. No habían vuelto a verlo después de aquello, pero parecía que había decidido ganar un poco de dinero vendiendo la historia de que había sido rescatado por Jordan Donovan Harris.

—¿Sigues ahí? —le preguntó Sam después de un largo silencio.

—Sí —JD cerró la revista y respiró hondo. Le daban ganas de limpiarse la mano después de haber tocado esa basura, pero optó por mirar a lo lejos, a las cumbres nevadas—. Pensé que habías dicho que mi momento de gloria estaba acabándose.

—¿Sabes lo que creo? Me parece que estás viendo las cosas desde un punto de vista equivocado. Deberías aprovechar todo esto para conseguir lo que quieres.

¿Como por ejemplo que su madre acabara en una clínica de desintoxicación?

—Hablas como Maurice Williams —protestó JD y al mismo tiempo se dio cuenta de que también había algo de dicho abogado entre el correo.

JD había firmado el acuerdo con él porque le había prometido poder controlar el proyecto cinematográfico que querían poner en marcha para contar su vida y el incidente de Walter Reed. Había sido tan ingenuo de creer que eso significaba que podría decidir si la película se hacía o no. JD había rechazado el proyecto, pero no había tardado en descubrir que la productora había decidido seguir delante de todos modos.

—Tiene cierta razón —dijo Sam—. Gracias a lo que hiciste podrías conseguir muchas cosas. ¿Has visto los fondos que tiene tu fundación?

—No es mi fundación —era una fundación sin ánimo de lucro que se había creado para gestionar las numerosas donaciones que habían empezado a llegar poco después del incidente.

Una de las consecuencias positivas de la fama había sido que la gente había sentido la necesidad de enviarle dinero por motivos que muchas veces no aclaraban y sin que él lo hubiese solicitado. Llegaban cheques e incluso dinero en efectivo sin explicación alguna, ni dirección a la que devolverlo, pero acompañados a veces con breves notas como: *En agradecimiento*, o *Como reconocimiento*. Resultaba algo inquietante recibir dinero por haber hecho lo que habría hecho cualquiera en su situación. Había intentado devolverlo, pero había demasiados envíos y muchos de ellos no daban la información necesaria para hacerlo. Muy pronto se había visto superado por la avalancha de correo.

Finalmente había decidido crear la fundación y ponerlo todo en manos de un administrador desinteresado, con lo que no había tenido que seguir haciéndose cargo de un dinero que no le pertenecía. Quería dedicarlo a ayudar a cualquier técnico médico que hubiese resultado herido realizando su trabajo y a que niños con pocos recursos pudiesen ir a la universidad.

—Te he enviado los estados de cuenta —le dijo Sam—. Tienes que tomar algunas decisiones. Puedes hacer cualquier cosa que desees, ¿qué eliges?

Había tantas cosas y al mismo tiempo se conformaría con que todo aquello acabara y volver a ser el mismo de siempre. También querría cambiar el pasado, haber contado con la presencia de su padre y que su madre hubiese sido una madre.

Quería el sueño americano de tener una vida normal y corriente. También quería que Janet se pusiese bien.

Había tenido que ir a la guerra para reunir el dinero necesario para pagarse los estudios. La fundación ofrecía otra alternativa a los niños que se encontraban en la situación en la que había estado él. Habría un buen número de niños que iban a tener la educación pagada gracias a la sorprendente generosidad de la gente.

A JD solo le estaba costando tener que renunciar a su vida de siempre.

Kate apagó el teléfono móvil y sonrió a Callie, que estaba sentada a su lado en un banco frente a la biblioteca de Port Angeles.

—Ya está —anunció.

Callie sonrió también.

—¿De verdad?

—Sí. A mi amiga Tanya le ha encantado la idea de hacer una retrospectiva sobre mi abuelo. Pasó el proyecto a sus superiores y le han dado luz verde. Así que parece que tengo mucho trabajo —sintió verdadera euforia al decirlo. Había empezado el verano derrotada, pero parecía que su suerte estaba cambiando—. Tengo que darte las gracias por darme la idea —le dijo a Callie.

La muchacha de sonrojó y apartó la mirada. Siempre se avergonzaba cuando la alababan.

Aaron estaba en la biblioteca infantil en un taller de aviones de papel. Kate no pudo evitar la tentación de asomarse para comprobar si estaba portándose bien. Por el momento parecía estar muy concentrado en la tarea de doblar papel, por lo que Kate suspiró aliviada y se dirigió a los ordenadores.

Pasó media hora buscando en los archivos artículos e imágenes sobre su abuelo, algunas de las cuales no había visto nunca. Después se acordó de Callie y buscó información sobre la comuna Millennium y sobre Timothy Stone. Unos minutos después, estaba completamente absorta en todos los detalles escabrosos de la comuna. Todo lo que le había contado Callie era cierto, pero había aún más cosas que no le había dicho, como que, cuando el hermano Timothy había decidido violar a una chica como rito de mayoría de edad, fue la madre la que se la ofreció después de haberse encargado de bañarla y vestirla de novia precoz.

Se topó con el nombre de Sonja Evans y el parecido le confirmó que era la madre de Callie. La muchacha le había dicho que hacía más de un año que no la veía. Siguió buscando, un enlace la llevó a otro y a otro, hasta que encontró una fotografía de un informe del sheriff de Pierce County, Washington. Lo cierto era que no parecía una delincuente; de hecho, era muy guapa, tenía un aspecto dulce y vulnerable.

Kate se puso nerviosa. Sonja Evans se encontraba en el Centro Penitenciario de Mujeres del Estado de Washington, adonde la habían llevado tras ser acusada de robo. «Me alegro mucho de que te hayan encerrado», pensó Kate. «No mereces que nadie te llame madre».

Guardó sus cosas y fue a buscar a Callie. La encontró hojeando un libro enorme.

—¿Has encontrado algo interesante? —le preguntó.

—Sí, este libro de Cake… es mi grupo preferido. Voy a llevarlo a la estantería donde estaba.

—Puedes llevártelo en préstamo.

—No tengo carné de la biblioteca.

—No importa, podemos hacértelo ahora mismo.

Callie salió de la biblioteca con el carné en la mano, lo agarraba como si fuera un objeto muy frágil. Al ver que Kate la miraba, esbozó una sonrisa.

—Nunca había tenido un carné de biblioteca.

Kate sintió ganas de abrazarla, pero se contuvo porque la muchacha no parecía sentirse cómoda con tales muestras de afecto. Salieron a la calle. Los niños estaba probando los aviones de papel, por lo que se quedaron allí de pie, viendo cómo Aaron lanzaba el suyo una y otra vez.

—He mirado la comuna Millennium en Internet —le contó Kate—. Espero que no te moleste. Es que… tenía curiosidad.

—No es ningún secreto. Salió en todos los periódicos de California.

—Es horrible, Callie. Si hay algo que yo pueda hacer, o simplemente quieres hablar…

—Ya fui a terapia —dijo encogiéndose de hombros como si fuera algo irrelevante.

Kate le puso una mano en el brazo.

—No me contaste lo de tu madre.

—Vaya, lo siento —dijo, irónicamente—. Normalmente es lo primero que cuento, que mi madre está en chirona.

—¿Te dejan ir a visitarla?

—Sí, pero no lo hago.

—Yo podría llevarte —se ofreció Kate—. Si quisieras ir, claro.

—No.

Retiró la mano de su brazo.

—Lo siento. Lo que más siento es que no has hecho nada para merecer todo eso.

—¿Por qué estás tan segura?

—Porque mereces algo más, Callie. Eres joven y muy inteligente, deberías tener una vida mucho mejor.

La muchacha la miró con incredulidad.

—¿Lo dices en serio?

—¿Qué problema hay en que quiera lo mejor para ti?

—Que no tiene sentido —murmuró Callie.

—No estoy de acuerdo. ¿Y si hubiese decidido que no tenía sentido pensar que pudiera escribir un artículo para una revista de tirada nacional? —insistió Kate—. ¿Y si ni siquiera me hubiese molestado en intentarlo? Seguiría metida en casa, convencida de que no tengo futuro como escritora. No es malo querer algo y pensar que lo mereces. Dime, ¿tú qué es lo que quieres?

—Otra vida —espetó Callie—. Quiero ser otra persona, no una gorda fracasada y llena de granos —bajó la mirada al suelo de inmediato—. No me puedo creer haber dicho eso.

No era lo que Kate habría esperado. Adolescentes, pensó mirando a Aaron y al resto de niños que jugaban en el césped.

—Yo no quiero que seas otra persona y creo que tú tampoco lo quieres de verdad.

—Sí, en realidad todo es maravilloso.

Kate obvió el comentario.

—Por si te sirve de algo, yo también me consideraba una fracasada cuando tenía tu edad. Me pasé toda la universidad saliendo con el mismo chico porque pensé que no podría encontrar nada mejor. Nathan no era nada del otro mundo, pero yo creía que, si me dejaba, me quedaría sola, así que me aferré a él. Hasta que me dejó, claro, sin siquiera haber visto a Aaron.

—Menudo cretino.

—Yo tardé años en llegar a esa conclusión —admitió Kate al tiempo que le hacía un gesto a Aaron para decirle que era hora de irse. Por un momento olvidó lo que trataba de explicar—. Él es el único hombre de mi vida —añadió mirando a su hijo.

—¿Cómo? ¿No sales con nadie por culpa de una mala experiencia? ¿No crees que mereces algo más? —le preguntó imitando su tono de voz.

—Yo no he dicho eso. Salgo de vez en cuando, lo que ocurre es que… no he tenido mucha suerte.

—¿Y qué hay de ese tipo?

Kate sintió que se le aceleraba el pulso.

—¿Quién?

—Ya sabes a quién me refiero.

Kate se dio media vuelta y echó a andar hacia el coche. Claro que lo sabía. Lo sabía perfectamente.

Mientras se acercaba caminando a la casa de los Schroeder, Kate pensaba que seguramente era la treta más obvia y desesperada que se le había ocurrido a una mujer. Él se iba a dar cuenta de inmediato y lo peor de todo era que no había conseguido convencerse a sí misma de no hacerlo. La conversación con Callie la había dejado inquieta y finalmente no había tenido más remedio que reconocer que, a pesar de lo joven que era y lo confundida que estaba con su propia vida, la muchacha tenía cierta razón. Ahí estaba, animando a Callie a arriesgarse y a luchar por lo que quería, mientras ella se reprimía y se comportaba como si estuviese bien.

Bueno, pues no lo estaba. Tenía veintinueve años y algunas noches se sentía tan sola que tenía la sensación de que iba a romperse en mil pedazos que se derretirían en el aire hasta hacerla invisible. Quizá fuese algo rebuscado, pero el caso era que no estaba bien y ya iba siendo hora de dejar de fingir que lo estaba. Había llegado el momento de probar algo nuevo.

Quería conocer mejor a su vecino del lago y no iba a conseguirlo esperando a que él diera el primer paso. No obstante, iba a actuar con cautela. Le había preguntado a Mable Claire Newman, que le había asegurado que, según los Schroeder, JD Harris era una magnífica persona. Le habían contado que iba a tomarse el verano libre después de recibir una baja con honores del Ejército. A Kate le había parecido prometedor. Nunca había conocido a ningún militar, pero el hecho de que hubiese servido a su país hacía que lo viera como alguien valiente y fiable.

La casa de los Schroeder era sin duda rústica. Enclavada entre los enormes abetos de Douglas, constaba de una vivienda principal con capacidad para un pequeño ejército, un cobertizo para barcos y otro de jardín. Como sucedía en la mayoría de las casa del lago, no tenía televisión por cable, ni cobertura telefónica; casi todo el mundo prefería que fuera así, para que siguiera siendo uno de los pocos lugares que quedaban en los que uno podía desconectar realmente y descansar. Esa era la magia de aquel lugar. Permitía recargar energías y hacer de la vida algo más sencillo.

La puerta estaba abierta, así que lo vio al otro lado de la mosquitera, trabajando sobre la mesa de la cocina, enfrascado en algo con la concentración de un cirujano en el quirófano. Era la primera vez que lo veía sin la gorra de John Deere. Le daba el sol en el pelo. De perfil tenía una belleza que no había apreciado ante. Movía las manos con una delicadeza sorprendente. Solo con pensar en aquellas manos grandes y en su delicadeza, a Kate se le disparó la imaginación.

«Contrólate», se dijo a sí misma.

Tenía la música puesta a todo volumen, estaba escuchando una canción de Ben Harper llena de sentimiento. Algo inesperado para un hombre que parecía más aficionado a la música country. Tenía la mala costumbre de juzgar a la gente apresuradamente, algo que debía reconsiderar.

—Hola —dijo al tiempo que llamaba a la puerta mosquitera.

Le provocó un buen sobresalto que le hizo levantarse de golpe. Salieron volando varias plumas.

—Por el amor de Dios —dijo antes de bajar el volumen de la música.

—No quería asustarte —entró sin esperar a que él le invitara a hacerlo—. Lo siento mucho. Yo… madre mía, mira lo que te has hecho.

—Lo que… maldita sea —levantó la mano izquierda. Se le había clavado un anzuelo en la palma de la mano y estaba sangrando.

—Es culpa mía —reconoció Kate y se acercó a él—. Lo siento muchísimo. Siéntate y deja que te ayude.

—No hace falta —la miró con desconfianza a través de los gruesos cristales de la gafas.

—Siéntate —repitió ella, poniéndole una mano en el hombro.

Hacía mucho tiempo que no rozaba siquiera a un hombre y fue una sensación sorprendente.

Una vez lo hubo dejado sentado, Kate fue a humedecer un paño y puso un cazo con agua a calentar.

—No es necesario —insistió en cuanto volvió junto a él.

—Se te ha clavado mucho —le agarró la mano para verlo bien. Incluso en esas circunstancias, le pareció un gesto demasiado íntimo—. ¿Quieres que te lleve al pueblo para que te vea un…?

—No. Ya te he dicho que no es necesario, Kate. Puedo solucionarlo solo.

Kate fingió no notar el tono de voz tan tajante que había empleado.

—¿Es un anzuelo de una o dos lengüetas?

—De una. Los de doble lengüeta están prohibidos.

—Lo sé, pero muchos pescadores hacen trampas.

—Hacer trampas a las truchas. ¡Qué lástima!

Desde luego él no daba ninguna lástima con esos hombros anchos y aquella mandíbula. Una mandíbula que, por cierto, tenía apretada como si estuviera enfadado.

—No debería haber venido —dijo Kate con el corazón encogido—. Estabas tan a gusto preparando las moscas y yo te lo he estropeado.

—Sí.

Lo miró frunciendo el ceño.

—Deberías haber dicho que no.

—Está bien —dijo apoyando el codo sobre la mesa—. Si quieres ayudar, voy a empujar la lengüeta hacia dentro para que aparezca por el otro lado, tú tienes que cortar la punta para que pueda sacar el anzuelo.

—No puedes hacer eso —dijo, horrorizada—. Te va a doler...

Ella seguía hablando cuando él hizo lo que acababa de decir y, al meterse más el anzuelo en la piel, maldijo entre dientes. La herida empezó a sangrar más.

—Trae las tijeras que hay en el botiquín, en el armario de encima del fregadero —le ordenó—. Necesito que cortes la lengüeta del extremo del anzuelo. Lo haría yo mismo, pero soy zurdo.

—Pero te va a doler muchísimo cuando se mueva.

—Hazlo, Kate.

—No quiero hacerte daño.

—Date prisa y te aseguro que podré soportarlo.

—Quiero que sepas que me siento fatal —abrió el armario y buscó el botiquín.

—Ha sido un accidente —dijo él.

—Un accidente que he provocado yo —encontró el botiquín, que resultó ser un pequeño maletín increíblemente bien equipado—. ¿Eres médico?

—No —se limitó a responder.

—¿Un neurótico de la supervivencia? —se aventuró a decir.

—Ese soy yo.

Fue dándole indicaciones para que encontrara unas extrañas tijeras metidas en un sobre estéril. Él las llamó tijeras de trauma. Kate abrió el sobre, respiró hondo y cortó la punta de la lengüeta poniendo gesto de dolor por él. JD no hizo el menor ruido, solo tomó aire. A Kate, sin embargo, le temblaba la mano cuando soltó las tijeras sobre la mesa.

Le vio retirar el anzuelo con un movimiento tan rápido y certero que casi se le escapó, después fue al fregadero y puso la mano bajo el chorro de agua. Una vez lavada la herida, la desinfectó y se la vendó con absoluta profesionalidad.

—¿Qué eres entonces… veterinario? —le preguntó, acordándose del mapache.

Por algún motivo, las preguntas estaban poniéndolo nervioso.

—No —dijo.

—¿Entonces… a qué te dedicas?

—Pretendía pescar con mosca, pero la cosa no va muy bien.

—Me refiero a cuando no estás en el lago.

—He decidido tomarme el verano libre.

Estaba claro que estaba ansioso por contarle su vida. Quizá se lo mereciera por presentarse allí sin ser invitada.

—¿Libre de qué? —siguió preguntándole.

—De todo.

Se echó a reír, pero Kate sintió que lo decía en serio.

—La señora Newman me dijo que eras militar —se sonrojó al admitirlo—. Le pregunté por ti.

—¿Entonces a qué viene el interrogatorio?

Estaba haciendo que se sintiera ridícula, pero no se dejó acobardar.

—No es un interrogatorio. Es la clase de preguntas que se hacen cuando se conoce a alguien y se quiere saber algo más de él.

—Está bien —dijo sin sonreír, pero con más suavidad—. No te pongas a la defensiva. Yo también he preguntado por ti. Le pregunté a mi amigo Sam Schroeder.

Kate no sabía qué decir.

—¿Debería sentirme halagada? —eso o era un tipo raro.

—Desde luego. Sobre todo si supieras las cosas que me dijo de ti.

—¿Qué cosas?

—Que estaba enamorado de ti y que le rompiste el corazón.

Kate recordaba a Sam como un muchacho atlético, algo irreverente y sin el menor temor al peligro físico. Seguramente seguiría ostentando el récord de haberse lanzado al agua desde la roca más alta que había en las orillas del lago.

—Eso es mentira —protestó Kate—. Yo nunca le hice nada a Sam Schroeder.

—Por eso le rompiste el corazón.

—Muy gracioso —en contra de su voluntad, recordó alguna que otra noche en el autocine del pueblo, metidos en el coche con los cristales empañados. Pero de eso hacía siglos—. ¿Qué tal le va la vida?

—Está casado y tiene dos hijos.

Por supuesto. Todo el mundo estaba casado y tenía hijos. Kate no lamentaba su decisión de criar sola a Aaron, pero a veces se preguntaba cómo sería tener un compañero, un gran amigo o un amante, alguien que cuidara de Aaron y de ella como lo haría un buen marido.

Kate se levantó de la mesa, algo incómoda, y se acercó a mirar las fotografías que adornaban las paredes. Algunas de ellas tenían más de veinte años, pero hubo una que le llamó la atención especialmente y quiso enseñársela a JD.

—Esa soy yo, la del bañador verde —aparecía en un grupo de niños junto al lago, dando de comer a los patos—. Con pecas, las piernas delgaduchas y aparato en los dientes.

—Para un niño de doce años, eras toda una fantasía erótica.

—Qué grosero, especialmente diciéndoselo a la persona que te acaba de salvar la mano.

JD no se disculpó, se limitó a mirarla fijamente.

—Me parece que superaste la fase de las piernas delgaduchas y el aparato dental.

—¿Eso es un cumplido?

—¿Te estás ruborizando?

Kate volvió a la mesa, otra vez inquieta.

—Yo siempre lo llamaba Sammy —le contó—. Sammy

Schroeder. ¿Qué más te contó de mí aparte de esa mentira de que le rompí el corazón?

—Que no te ha visto desde el instituto. Me preguntó por tus padres y me dio la impresión de que les tenía cariño.

—Supongo que sí. Todo el mundo los quiere mucho. Mi padre murió y mi madre volvió a casarse y se trasladó a Florida —Kate esperó los comentarios de pésame que le hacía todo el mundo, pero no llegaron—. ¿Sam y tú estuvisteis juntos en el Ejército? —dedujo.

—Sí —fue todo lo que dijo.

Cuando el silencio empezaba a resultar incómodo, Kate trató de pensar algo que decir. Pero él la ganó.

—¿Callie sigue contigo? —le preguntó.

—Sí. Va a quedarse con nosotros.

—¿Sois amigas? —siguió indagando—. ¿O parientes? ¿O es la niñera?

—Por ahora, es amiga y niñera —dijo Kate—. Se porta de maravilla con Aaron. La verdad es que al principio me dio cierto temor ofrecerle que se quedara con nosotros —no le dijo que Callie le había dado un susto de muerte aquel día—. Está pasando una mala racha, por eso le dije que podía quedarse. Es una casa enorme. Normalmente está llena en verano, pero este año estamos solos Aaron y yo. ¿Crees que estoy loca por darle alojamiento?

—La verdad es que sí. ¿Qué te ha contado de sí misma?

—Lo suficiente —aseguró Kate—. Mucho más de lo que me has contado tú.

—Pero yo no voy a quedarme a vivir en tu casa —señaló él.

—Sé todo lo que necesito saber por el momento.

Lo cierto era que cada día le tenía más cariño a la muchacha y ella se iba abriendo un poco más, compartiendo algunas experiencias de una vida llena de dolor y de incertidumbre. Lo que Kate más deseaba era hacer que se sintiera segura y, poco a poco, Callie iba dando muestras de confiar en ella; ya no se incomodaba cuando le preparaba la comida para que se la llevara al trabajo y unos días antes le había pedido si podía llevarla a la farmacia a comprarse algo para la cara. Kate no sabía si eran imaginaciones suyas, pero tenía la impresión de que su aspecto estaba mejorando.

—Pero, ¿está bien?

Se lo preguntó de un modo que hizo que Kate frunciera el ceño.

—Sí, está perfectamente. En muchos aspectos, es como cualquier otro niño: curiosa y loca por la música. Aaron y ella salen con el kayak todos los días.

Al principio les había pedido que se quedaran donde ella pudiera verlos desde la casa, pero a medida que había ido confiando más en Callie, les había dejado que exploraran más allá. Era muy trabajadora y Aaron la adoraba, la seguía allá donde fuera. Seguía sin gustarle Bandit y aún se apartaba de él en cuanto se acercaba.

—Eso está bien —dijo JD.

—¿Hay algo de ella que yo no sepa?

—No lo creo. Solo quería asegurarme de que todo iba bien.

—Todo va muy bien —aseguró—. Gracias por interesarte —volvió a levantarse y se acercó a la ventana, metiéndose las manos en los bolsillos de atrás del pantalón.

—¿A qué has venido, Kate?

Se volvió a mirarlo, pero la intensidad de sus ojos la incómodo.

—Tenía curiosidad, así que iba a hacer como que necesitaba una bomba para las ruedas de la bici —le ardían las mejillas—. Esto no se me da bien.

—¿El qué? —preguntó, acercándose a ella.

Kate sintió su proximidad. No se estaban tocando y sin embargo podía percibir el calor de su cuerpo.

—Esto… —respondió con torpeza, tratando de encontrar una explicación más completa—. Conocer gente nueva.

—¿Qué puedo hacer para que te resulte más fácil? —su voz sonaba dulce y áspera al mismo tiempo.

Kate se apartó de él porque no podía pensar con claridad teniéndolo tan cerca.

—Bueno, el caso es que sí que necesito la bomba. La mía está rota y las ruedas de dos de las bicis están sin nada de aire.

—Veré si encuentro alguna —dijo él, pero no se movió. Se quedó allí de pie, mirándola.

—Gracias —murmuró Kate sin saber adónde mirar, si a su cara, a su pecho… ¿Tendría idea de lo difícil que era concentrarse con él delante? De pronto tenía los labios secos, así que se los humedeció con la lengua. Tardó unos segundos en darse cuenta de la imagen que debía de haberle dado.

—Tengo curiosidad por saber algo más. ¿Por qué me ayudaste a pagar en el supermercado?

Casi sonrió al oír aquello. Kate percibió un brillo en su mirada, un ligerísimo movimiento en sus labios que duró solo un instante.

—¿Tú qué crees, Kate?

No sabía qué decir. ¿Estaba coqueteando con ella? ¿Era una pregunta retórica, o esperaba que le respondiera?

La tensión se hizo palpable, pero JD le puso fin.

—Voy a buscar la bomba.

—Gracias —dijo ella. ¿Cuántas veces más iba a darle las gracias?

Kate se quedó sola en la casa mientras él iba al cobertizo. Vio algunas cosas suyas por ahí. Un ejemplar de la *Guía de parques nacionales* y, junto al sofá, sobre una mesa con una lámpara de lectura, había una novela.

Debajo del libro creyó ver una revista. Sabía que no debía hacerlo, pero no puedo resistirse a apartar la novela para ver lo que había debajo.

No era una revista, sino un folleto. Información para estudiantes de la Escuela de Medicina David Geffen, UCLA. Lo agarró y le echó un vistazo. Tenía muchas anotaciones a los márgenes.

—¿Qué haces? —le preguntó JD desde la puerta.

Del susto, a Kate se le calló el folleto de la mano.

—¿Curioseando? —dijo tímidamente.

—Sí, eso ya lo veo —se acercó a ella.

—¿Estás estudiando Medicina? —le preguntó, aunque era obvio que él no tenía el menor deseo de hablar del tema.

—No.

—¿Estás pensando en matricularte?

—Se me pasó hace tiempo la edad de ir a la universidad. Tardaría siete años en hacer la carrera, como mínimo. Terminaría con casi cuarenta años.

—¿Qué edad tendrás dentro de siete años si no vas a la universidad? —le preguntó Kate.

—No quiero hablar de ello contigo.

—Porque tengo razón y no sabes qué responder.

—Porque no es asunto tuyo.

Kate se sintió acorralada.

—Escucha, yo…

—Aquí tienes la bomba —se la puso en la mano—. Quédatela todo el tiempo que necesites.

Agarró la bomba, pero se negó a dejarse intimidar.

—Gracias —le dijo una vez más, pero con voz dura, como si hubiera sido ella la que había decidido poner fin a la conversación.

JD se echó a un lado para dejarla pasar y ella salió con la cabeza bien alta. Había sido un error ir a verlo. En realidad prácticamente todo lo que hacía relacionado con los hombres era un error. No comprendía cómo se le habría ocurrido pensar que con aquel hombre iba a ser diferente, ni por qué sus palabras le dolían más de lo habitual. Quizá era porque la atracción que sentía por él era muy intensa. No podía evitarlo. JD era raro y atractivo, incluso un poco peligroso. Quizá fuera porque, por mucho que le gustara estar con Aaron y Callie, deseaba poder compartir ciertas cosas con otro adulto, preferiblemente hombre: una copa de vino en el porche, una conversación sobre su artículo para la *Smithsonian*. Ese era uno de sus defectos, siempre necesitaba aprobación. Debía aprender a ser feliz con lo que tenía.

Había sido una tonta por emocionarse tanto con un hombre. Con su experiencia, debería haber sabido que era absurdo. Hacía siglos que no salía con nadie interesante. Claro que, en su vida, todo lo interesante había acabado siendo un problema. A esas alturas ya debería haberlo sabido.

—Te da miedo el agua, ¿verdad? —le preguntó Callie a Aaron mientras remaban hacia el puente y hacia la poza Devil's Punch Bowl, el mejor lugar para nadar de todo el lago. La poza estaba rodeada de altas rocas que se sumergían hasta el lecho del lago.

Aaron se alegró de haberse sentado en la parte delantera para no tener que mirar a Callie. Cada vez remaban mejor juntos, seguramente porque salían con el kayak prácticamente todos los días y pasaban horas explorando todo el perímetro del lago, rodeado de bosques. Al principio, su madre les había pedido que se quedaran donde pudiera verlos desde la casa, pero en cuanto había visto que sabían cuidarse, les había dejado ir donde quisieran.

—No es el agua —admitió Aaron—. Es que no me gusta meter la cabeza.

—Para mí eso quiere decir que tienes miedo al agua.

—¿Y qué pasa si es así?

—Pues que te recomiendo que te lo quites —le dijo de manera directa—. Créeme, en el mundo hay cosas peores que el agua.

—¿Cosas como los perros? —contraatacó Aaron.

—Tengo una buena razón para que me den miedo los perros —explicó ella.

—¿Qué razón?

El kayak se movió bastante con el cambio de postura de Callie, lo que hizo protestar a Aaron.

—¡Cuidado!

—No te preocupes, no voy a hacer que volquemos —dijo la muchacha—. Solo intento enseñarte algo.

Aaron dejó el remo para girarse a mirarla. El chaleco salvavidas limitaba bastante sus movimientos, pero consiguió darse la vuelta. Callie había levantado la pierna y se había levantado la pernera del pantalón para enseñarle la rodilla.

—Con esto vas a entender porque me dan miedo los perros.

Aaron se mareó al ver las enormes cicatrices que recorrían su pierna en distintas direcciones, como carreteras de montaña. Tenía además un hoyuelo a cada lado de la rodilla.

—Te mordió un perro —dedujo.

—Me atacó —matizó mientras volvía a bajarse la pernera del pantalón deportivo—. Fue algo más que morderme.

—¿Cómo fue?

—Fui tan tonta que me fié de un perro solo porque se acercó a mí moviendo la cola. Debería haber seguido andando, pero no lo hice, lo que hice fue acariciar a esa bestia porque pensé que era adorable. Dos segundos después estuvo a punto de arrancarme la pierna.

Aaron no sabía qué decir. Se imaginó un perro encantador enganchado a Callie, rugiendo como un monstruo.

—Debió de dolerte mucho.

—Nunca había sentido tanto dolor. Tuvieron que darme como cien puntos y luego me trataron por shock tóxico. Así que ya sabes por qué tengo miedo a los perros —concluyó—. Siempre que veo un perro, cualquier perro, me acuerdo del que me atacó.

—Vaya —murmuró Aaron—. Pero Bandit no es cualquier perro, él es buenísimo, jamás mordería a nadie.

—Te propongo una cosa —le dijo entonces—. Haré las paces con Bandit si tú nadas conmigo en el lago.

Empezaron a castañetearle los dientes solo con pensar en sumergir la cabeza y sentir que el agua le tapaba la boca, la nariz, los ojos.

—No puedo.

—Entonces yo no puedo hacerme amiga de Bandit.

Aaron giró hacia la poza.

—Vamos, Callie —le dijo—. Bandit es un perro estupendo. Es mi mejor amigo y no haría daño ni a una mosca.

—El agua del lago tampoco hace daño a nada, ni a nadie, siempre y cuando la respetes y aprendas a nadar.

—No puedo hacerlo —repitió Aaron.

—Lástima —se lamentó—. Habría sido divertido nadar contigo.

—Pero…

—Un trato es un trato —lo interrumpió Callie.

Aaron apretó los dientes. Ella no lo comprendía, nadie lo comprendía. Él era el primero que quería nadar y jugar en el agua como cualquier otro niño, por eso se había obligado a meterse en el agua hasta las rodillas. Algunas noches llegaba incluso a soñar que nadaba, buceaba, salía a tomar aire y volvía a sumergirse de inmediato. En esos sueños, era el mejor nadador del mundo. Sin duda, aquel era el mejor lugar para hacerlo.

—Tu madre es genial por dejarnos sacar el kayak siempre que queramos —dijo Callie.

¿Genial? ¿Su madre? Aaron nunca la había visto como una madre genial.

—Porque le caes bien y confía en ti.

—Es increíble —murmuró Callie.

Los fines de semana la poza se llenaba de adolescentes del pueblo, pero siendo entre semana se encontraron con que no había nadie más allí. El kayak se deslizó suavemente bajo el puente, que era el único elemento artificial del lago. Aaron se recostó hacia atrás.

Los muros de las rocas se elevaban hasta acabar en superficies donde cabía una persona de pie. Los más valientes se atrevían a lanzarse desde allí a las frías y cristalinas aguas del lago. Aaron imaginó lo que sería tirarse y dejar que el agua lo engullera. Se asomó por el kayak y sintió un escalofrío y cierto mareo al ver la profundidad de color azul oscuro.

—Se supone que en este lugar se esconde un fantasma —le contó a Callie—. Es el fantasma de un niño que se tiró al agua y se ahogó.

—Sí, claro.

—Dicen que era un indio Makah que pensó que, si se sumergía lo suficiente, se convertiría en pez y viviría eternamente. Pero no fue así, en lugar de en pez, se convirtió en fantasma y todas las tardes se sube a las rocas para tirarse al agua una y otra vez.

—¿De verdad? —preguntó, fingiendo sorpresa.

—De verdad.

—¿Sabes una cosa? Me acaba de saltar el detector de mentiras.

Aaron se echó a reír. A veces hablar con Callie hacía que se sintiera mayor.

—Es cierto —insistió—. Mi abuelo siempre lo contaba y mi tío vio el fantasma cuando era pequeño.

—Con todo mi respeto hacia tu abuelo, eso es una imbecilidad.

—No lo es.

—Claro que sí. ¿Por eso tienes miedo al agua? ¿Porque crees que hay una fantasma dentro?

Aaron se paró a pensar un momento. Por desgracia tenía miedo a todo tipo de agua, estuviese encantada o no; le daba miedo el agua de piscinas, lagos u océanos.

—Mi miedo al agua no tiene una razón. Simplemente no me gusta. Igual que a los gatos.

—Me matas de la risa. De verdad.

—No tiene nada de gracioso. Ese niño se tiró de esa roca de ahí —señaló una de las piedras—. Se sumergió y, en lugar de volver a la superficie, siguió bajando y bajando, directo al fondo. No volvió a salir. Y ahora, de vez en cuando hay alguien que ve su fantasma saltando de la roca.

Callie soltó una molesta carcajada. Molesta porque era evidente que no creía ni una palabra de la historia.

—Me parece que has visto demasiados programas de *Misterios sin resolver*.

—No es verdad —se volvió hacia ella para mirarla con cara de pocos amigos—. Nunca puedo ver la tele. Ni siquiera tengo televisión, ni cable.

—No me refiero a aquí, en el lago, sino en la ciudad.

—Allí tampoco tenemos. Mi madre cree que es malo para mí —normalmente a Aaron le daba vergüenza reconocer que vivía en una casa libre de tele, como le gustaba denominarla a su madre. Pero como esa vez le sirvió para demostrar su argumento, no le importó hacerlo.

—Mentira. Todo el mundo tiene tele.

—Nosotros no. Pregúntaselo a mi madre. Todos mis amigos piensan que es muy raro, pero ella se niega. ¿A ti también te parece raro?

—Donde yo crecí tampoco había tele —recordó Callie con gesto abstraído, como si ni siquiera estuviese hablando con él.

Nunca contaba muchas cosas sobre aquello, al menos a él. Aaron sabía que por algún motivo la habían apartado de su madre y había tenido que vivir con distintas familias. Familias de acogida, se llamaban.

Aaron sentía curiosidad por esas familias y le pareció un buen momento para preguntarle. Siguieron remando en círculos en medio de la poza. Los rayos de sol se metían como láseres en el agua, lo que permitía a Aaron ver lo que había muy por debajo de la superficie, una imagen que lo maravillaba. No la miró al hacerle la pregunta:

—¿Qué es una familia de acogida?

—Son familias que cuidan de niños que no pueden vivir con sus verdaderos padres.

Aaron se quedó esperando. Tenía la sensación de que, si mantenía la boca cerrada, ella seguiría hablando. Le costó mucho, pero guardó silencio.

Así fue, Callie le contó algo más.

—Hace unos años decidieron que mi situación era poco saludable, mi madre era una perdedora que intentaba deshacerse de mí, así que me fui a vivir con mi primera familia de acogida. Supongo que no estaba del todo mal. El estado les da dinero para mantener a los niños que acogen, así que aceptaron a unos cuantos. Ahí sí que había televisión —soltó un silbido—. Había una en cada habitación. Yo me pasaba horas viéndola.

Aaron intentaba dilucidar si merecía la pena cambiar una madre por horas y horas de televisión. No, decidió, por mucho que el canal infantil Nickolodeon fuese el mejor invento del mundo. Lo veía en casa de sus amigos siempre que tenía ocasión.

—Tenía que trasladarme todos los años —siguió explicándole Callie—. Cuando empezaba a acostumbrarme a un lugar, venían y me llevaban a otro.

—¿Por qué?

—Porque es así como funciona. Nunca me lo explicaron, se limitaban a decirme que hiciera el equipaje. Del último lugar me fui yo.

—¿Por qué?

—Porque no… no me llevaba bien con la familia. Decidí que iba a intentar vivir por mi cuenta. Quería ir a Canadá, pero no podía hacerlo sin un documento de identidad con foto y un certificado de nacimiento, así que acabé en Port Angeles y la señora Newman me dio trabajo.

—Y nos conociste a nosotros —añadió Aaron.

—Exacto.

—¿Somos tu nueva familia?

Callie se quedó callada, pero Aaron no se volvió a mirarla. Después de unos segundos, la muchacha le dio un golpecito en el hombro a modo de broma.

—Sí, pequeño —le dijo—. Ahora sois mi familia.

Era genial, pensó Aaron. Callie no eran tan divertida como sus primos, pero al menos tenía alguien con quien salir a remar y…

—¿Qué ha sido eso? —preguntó de pronto Callie, hablando en voz baja.

Aquel susurro estremeció a Aaron.

—¿Qué? —preguntó él.

—He visto algo en el bosque —señaló hacia la vegetación que había tras las rocas.

—Yo no veo nada —pero sintió un escalofrío.

—Mira otra vez. Es… Dios mío.

Fue entonces cuando Aaron lo vio. Era el fantasma del niño. Dio una especie de grito de guerra al salir de entre los árboles y lanzarse de la roca de cabeza y con los brazos abiertos. Todo ocurrió a la luz de un rayo de sol cegador que desapareció rápidamente en las frías sombras del lago.

Aaron intentó gritar, pero había perdido la voz. De pronto descubrió, con horror, que había soltado el remo y ahora flotaba en el agua, a casi un metro de la canoa. Durante un instante se quedó mirándolo sin hacer nada, lamentándose por no habérselo atado a la muñeca con la cinta que había para ello. Estaba tan asustado, que se lanzó a por ello sin pensar, asomándose por el lateral del kayak.

—Cuidado, Aaron —le gritó Aaron—. No te muevas tanto que nos vas a hacer…

Volcar. Demasiado tarde. La canoa se inclinó y los tiró a los dos al agua.

Al sentir el agua en la cara, Aaron supo que estaba perdido. Si hubieran tenido más experiencia, habrían hecho que el kayak siguiera girando hasta quedar de nuevo en pie, pero no fue eso lo que ocurrió. El lago parecía tirarle de los brazos y las piernas, envolviéndolo en un frío helador. Iba directo al fondo. Quizá se transformase en pez si llegaba lo bastante abajo. O en fantasma. Sería un fantasma, igual que el niño indio.

Gritó con fuerza, pero el agua se tragó su voz. Estaba ahogándose, tenía la boca y la nariz llenas de agua helada. El terror se apoderó de él, lo estrujó, amenazando con quitarle la vida. Alguien, o algo, le tiró del cuello del chaleco salvavidas y no llegó a hundirse. Aquel chaleco, que su madre decía era el mejor que se podía comprar, tiró de él hacia la superficie y lo dejó flotando. El miedo lo atacó de nuevo y se hizo un poco de pis, pero como estaba en el agua, nadie se daría cuenta.

Callie, que flotaba delante de él, se apartó el pelo de la cara y escupió el agua que le había entrado en la boca.

—Te juro que no puedo creer que seas tan tonto —le dijo antes de dar un par de brazadas para llegar a la canoa—. Ayúdame a dar la vuelta a esto.

—No sé nadar —dijo Aaron mientras le castañeteaban los dientes.

—Por eso llevas chaleco salvavidas, genio —ni siquiera intentó salvarlo y llevarlo hasta la orilla. Iba a dejar que siguiera allí, en el agua, y se muriera de miedo.

Justo entonces apareció el fantasma nadando hacia ellos. Aaron estaba demasiado aterrado como para gritar, lo único que podía hacer era tiritar y mirar. No tenía nada debajo, solo metros y metros de agua.

—¿Necesitáis ayuda con el kayak? —preguntó el fantasma.

Y Aaron se dio cuenta de que, por supuesto, no era ningún fantasma, sino un niño. Un muchacho con los hombros bronceados y un tatuaje en un brazo.

—Sí —dijo Callie con voz dura—. Nos has dado un susto de muerte.

—Eso era lo que pretendía —el muchacho nadó hasta la canoa y, junto a Callie, la colocó boca arriba de nuevo.

—Pues lo has conseguido —reconoció Callie mientras lo miraba con cara de embobada—. No deberías bañarte aquí tú solo.

El chico se echó a reír. Quizá incluso le guiñó un ojo.

—Ahora ya no estoy solo. Creo que tu hermano necesita ayuda —añadió el muchacho.

—No es mi hermano y puede hacerlo solo. Vamos, Aaron, mueve las piernas.

Aaron no sabía qué otra cosa hacer. El pánico apenas le dejaba pensar. Agitó las piernas y los brazos, y se preguntó si el movimiento atraería a los monstruos de las profundidades, lo que hizo que quisiera moverse más rápido, por lo que se movió más.

Llegó al kayak con una rapidez increíble. Para entonces, Callie y el muchacho estaban mirándose el uno al otro, dos cabezas flotando que charlaban como viejos amigos. El chico dijo que se llamaba Luke Newman, acababa de terminar el instituto y había ido a pasar el verano con su abuela, que resultó ser la señora Newman.

Aaron trataba de tomar aire por la boca, esperando que Callie se diera cuenta de que se había quedado sin aliento y decidiera ayudarlo a llegar a la orilla. Pero lo que hizo fue mirarlo frunciendo el ceño.

—Tranquilo. No te vas a morir por eso. Haz como si estuvieras en *Factor miedo*.

—Nunca he visto Factor miedo.

—Pues es más o menos como esto, solo que al final se gana un millón de dólares. Nadie sale herido, pero se asustan mucho.

Aaron habría querido gritar de rabia. Era todo culpa de ella y estaba tan asustado que tenía la sensación de ir a morir en cualquier momento. El problema era que no quería malgastar la energía gritando, así que se obligó a respirar con más calma. Siguió moviendo las piernas y los brazos hacia la orilla.

—Tenemos que sacar el agua de la canoa —dijo Luke, tirando del kayak hacia tierra—. Échame una mano, anda, Aaron.

«No. Estoy muy asustado», pensó Aaron, pero no lo dijo. Seguía tiritando y no podía hacer otra cosa que ayudar. Dio una patada a algo duro y se apoyó para impulsarse.

—¡Eh! —exclamó, tambaleándose un poco—. Estoy de pie —el alivio y la sorpresa le devolvieron la voz.

—Bien hecho, genio —Callie seguía en el agua y también estaba tiritando.

Parecía distinta con el pelo y las pestañas mojados. O quizá fuera por la manera en la que miraba a Luke Newman.

—Se te ha olvidado algo —le dijo Luke, señalándoselo.

Aaron se volvió y sintió verdadero horror al darse cuenta.

—El remo —dijo, mirando el trozo de madera que se alejaba flotando lentamente. Se volvió a mirar a Callie con gesto implorante—. ¿Podrías…?

—Tú lo has tirado, tú vas a buscarlo

Nada más, así de simple. Nada de palabras amables como las que le habría dicho su madre: «Vamos, cariño, el agua no va a hacerte ningún daño», solía decirle cuando intentaba convencerlo de que metiera la cabeza. «Yo estoy contigo». Pero Callie se comportaba como si no le importara lo más mínimo.

—Está bien —espetó Aaron—. Iré a por él.

No se dio tiempo a sí mismo para convencerse de lo contrario, se separó de las rocas y se tiró de nuevo al agua, esa vez voluntariamente. Gracias al chaleco, no se sumergió demasiado antes de salir de nuevo a la superficie y comenzar a moverse hacia el remo.

Callie no aplaudió ni lo alabó como lo habría hecho su madre. Cuando volvió con el remo, se limitó a decir:

—Ahora tienes que ayudar a Luke.

Aaron y Luke le dieron la vuelta a la canoa y sacaron el agua que tenía dentro, luego Luke le dijo a Callie:

—No pretendía tiraros al agua del susto.

—No importa. Me encanta nadar.

«¿Y yo, qué?», se preguntó Aaron. ¿A mí no me pide disculpas?

No tardó en darse cuenta de que no iba a hacerlo, estaba demasiado absorto mirando a Callie con la misma cara de tonto que tenía ella.

—Sujeta el kayak para que pueda subirme —le pidió a Luke.

—Puede que nos veamos por aquí este verano —dijo.

Aaron sabía que se dirigía a Callie.

—Pero no vuelvas a asustarnos —contestó ella.

—No puedo prometértelo.

Aaron se dio cuenta de que Callie se había puesto roja como un tomate. Adolescentes, pensó. Siempre estaban enamorándose. A él desde luego no le parecía divertido, más bien doloroso e incómodo. Sin embargo parecía que lo hacían constantemente. Su primo mayor, Brent, se enamoraba de una chica distinta cada dos semanas. ¡Qué lástima!, pensó Aaron.

—Ya has visto a tu fantasma —le dijo Callie después mientras remaban de nuevo hacia el embarcadero.

Bandit los había visto y los esperaba meneando la cola de alegría.

—Yo no dije que fuera el fantasma —dijo Aaron.

Tenía la piel más fresca que nunca, como si el agua del lago tuviera algo mágico. Y, por una vez, tenía las uñas completamente limpias.

—No hay ningún fantasma —aseguró Callie.

Aaron pensó en las sombras del lago y en las rocas y troncos que había sumergidos en el agua. Pensó en su abuelo y en su tío Phil, los dos eran grandes narradores de historias.

Artistas de la mentira, los habría llamado Callie.

Quizá fuera cierto que no había ningún fantasma. La idea le dio un poco de tristeza porque en cierto modo era divertido creer en fantasmas. Ahora sí que no tenía nada que temer.

—¿Era la primera vez que te tirabas a nadar al lago? —le preguntó Callie.

—No me he tirado a nadar, me he caído.

—Ha sido culpa tuya. Pero sí que has nadado. Tan rápido como un caracol.

A pesar de todo, Aaron sintió ganas de sonreír. El sol de la tarde le calentaba la piel, llevándose consigo los temblores.

—Puede que vuelva a hacerlo.

—En cuanto lleguemos al muelle —propuso Callie—. Puedes enseñarme cómo se tiran tus primos.

—Con una condición —replicó Aaron, que se sentía más fuerte y al mismo tiempo más ligero, como si el miedo fuera una pesada carga de la que acababa de deshacerse.

—¿Cuál?

—Que te hagas amiga de mi perro.

Kate levantó la mirada de la pantalla del ordenador al oír los ladridos de Bandit y un grito de alegría de Aaron. Callie y él debían de haber vuelto de su paseo diario en canoa. Esbozó una sonrisa a pesar de que la pantalla estaba vacía y llevaba así más de cuarenta minutos. El oír que su hijo estaba contento siempre le alegraba el alma y la presencia de Callie estaba siendo una bendición inesperada. Aunque a veces era algo difícil y se la veía inquieta, estaba demostrando ser muy paciente y comprensiva con Aaron, que, en lugar de lamentarse todo el tiempo de que no estuvieran sus primos, estaba aprendiendo a pasárselo bien solo o con Callie, por improbable que hubiera parecido unos días antes. La muchacha alcanzaría pronto la mayoría de edad, pero tenía un lado infantil y juguetón que a Aaron le encantaba. Se peleaban como si fueran hermanos y resultaba tan… normal.

Kate sintió la tentación de salir y unirse a sus juegos, pero se resistió a hacerlo. El artículo sobre Walden Livingston no iba a ser un texto de relleno, incluido en la revista a última hora; sería uno de los reportajes principales de la edición, ilustrado con bastantes fotografías, algunas obtenidas de los archivos de la revista *Smithsonian* y otras de ella. Debía de tener un enfoque personal, algo que Tanya le había sugerido que aprovechara bien.

Desde el punto de vista del medioambiente, Walden Livingston había tenido una vida muy importante y había dejado un legado inigualable. Pero el artículo giraba más en torno a sus cualidades personales; la dedicación y el compromiso con el que se entregaba tanto a su causa como a la gente a la que quería. Kate quería que el mundo entero supiese cómo había conseguido hacerlo.

O al menos eso creía. «No empieces a dudar. Esta es tu gran oportunidad». Con la esperanza de motivarse, echó un vistazo a los correos electrónicos que había impreso en la biblioteca. Los redactores jefe de otras tres revistas le habían escrito diciéndole que estaban impresionados con su currículum y con los temas que proponía. Así pues, cuando terminara con Walden, tendría otras opciones. Después de todo, quizá consiguiera vivir de aquello, y vivir bien.

—Entonces termina de una vez —se dijo.

El problema era que ya había terminado el artículo unas cuantas veces y todas ellas lo había vuelto a rehacer. Colocó los dedos sobre el teclado y reescribió de nuevo el comienzo:

Creció rodeado de la belleza impecable de un bosque virgen, sin sospechar que aquella vida de privilegios de la que disfrutaba era posible gracias a la destrucción de la naturaleza que tanto amaba.

Kate descubrió que podía resaltar toda una frase con tres toques del ratón y borrarla con solo uno.

No era tan espectacular como arrancar el papel de la máquina de escribir, arrugarlo y tirarlo a la papelera hecho una bola, pero al menos salvaba árboles. El viejo Walden se habría alegrado.

Pensó en escritores a los que conocía y que habían tenido éxito en su carrera trabajando por su cuenta. Todos ellos hablaban de la pasión que sentían por lo que escribían, de su incapacidad de abandonar un texto hasta dejarlo terminado. De la impaciencia que sentían por terminarlo.

¿Por qué no sentía eso ella?

Abrió una partida de solitario en el ordenador y la ganó sin siquiera pararse a pensar.

Muy bien, se dijo, tenía que volver al trabajo. Se obligó a concentrarse en su abuelo. Para ella había sido una importante inspiración, ¿entonces por qué no conseguía darle vida en un artículo que debía publicarse en todo el país? ¿Qué le ocurría que no podía escribir sobre un verdadero héroe?

Cerró el solitario y observó la fotografía que se había colocado delante para que le sirviera de motivación. Era una imagen algo amarillenta tomada alrededor de 1979. Kate aparecía de pie junto al tronco de un árbol talado que debía de tener al menos un metro ochenta centímetros de diámetro. Aquel tronco se había convertido en el hogar de helechos y musgo, incluso de otros árboles que enredaban a él sus raíces. Junto a ella estaban Walden y Charla, la cual había aparecido en una película de Marlon Brando. Aún tenía imagen de estrella, incluso en una instantánea como aquella; lucía una sonrisa natural y no parecía estar posando. Pero la principal presencia de la fotografía era la de Walden, como ocurría en todas las imágenes en las que aparecía. Aunque se encontrase a un lado y no mirara a la cámara, sino a ella, su presencia dominaba la escena y desprendía fuerza y energía. Ella parecía muy feliz y despreocupada, como lo habría estado cualquier niño que fuera a pasar el verano al lago.

En ese momento supo por qué no conseguía plasmarlo en el artículo. No necesitaba buscar la esencia de la personalidad de su abuelo porque para ella no suponía ningún misterio.

Se levantó de la silla con inquietud y salió al jardín. No comprendía cómo era posible que le costase tanto concentrarse en un lugar tan tranquilo y sin nada que la distrajera, ni teléfono, ni televisión, ni Internet. Sin embargo estaba distraída.

Repasó una y otra vez su último encuentro con JD Harris, sabiendo que probablemente no era sano hacerlo, pero sin poder evitarlo. Él sí que era un misterio. Se había dejado ayudar para extraer el anzuelo que se había clavado, e incluso habían compartido una breve conversación en la que habían intercambiado algo de información personal. Pero en cuanto Kate había descubierto su interés por los estudios de Medicina, prácticamente la había echado de la casa. ¿Por qué? ¿Sería una de esas personas que tenía fobia al compromiso? ¿O acaso ocultaba algo que a ella no le gustaría?

Mientras barajaba todas las posibilidades, se puso a descolgar la ropa que Callie había tendido al sol unas horas antes. Callie, ahí tenía otro misterio. La muchacha tenía un pasado impresionante. Parecía que ese verano estaba rodeada de gente mucho más interesante que ella. Quizá fuera bueno para una escritora independiente.

Fue doblando la ropa y colocándola en la cesta. A medida que iba retirando las prendas de la cuerda, veía mejor el paisaje. El pico más alto se llamaba Mount Storm King, monte Rey de la tormenta y la razón era evidente; en invierno ocurrían allí violentas tormentas que daban lugar a nevadas tan intensas que algunos restos duraban hasta el verano, delgadas líneas blancas que recorrían los sombríos pliegues de la cima.

Mientras doblaba las enormes camisetas de Callie, pensó que la muchacha tenía muy pocas cosas: solo unos cuantos vaqueros y pantalones de deporte, algunas camisetas y sudaderas y dos camisones, todo en talla extragrande.

Kate sintió el impulso de hacer algo al respecto, más de lo que ya había hecho. A veces, Callie aceptaba su ayuda. Había conseguido comprar con ella algunos productos cosméticos para el pelo y la piel. Esas cosas no repararían el daño sufrido en su infancia, pero Kate creía que merecía la pena hacer lo que fuera para aumentar su autoestima, aunque fuera solo un poco.

Su hermano, Phil, le había recordado que actuara con cautela.

—Es una adolescente huida, Kate —le había dicho durante la última conversación telefónica que habían tenido, después de que Kate visitara la biblioteca—. Si la asustas, volverá a huir.

Durante dicha visita a la biblioteca, Kate había pensado en buscar el nombre de JD Harris en Internet, como bien había predicho Aaron. Pero no había podido hacerlo. Por algún motivo le había parecido deshonesto. Además, tenía un nombre tan común que seguramente aparecían catorce mil entradas, la mayoría de ellas relacionadas con la genealogía.

Phil también le había dado un consejo al respecto.

—Deja de investigar por ahí y pregúntale a él.

—¿Y si lo asusto?

—Si un tipo se asusta de que una mujer guapa le haga unas preguntas, es que no merece la pena.

Recordó el modo en que había reaccionado al verla fisgoneando en su casa. Por el momento no podía hacerle ninguna pregunta indiscreta.

Quitó lo último que quedaba en la cuerda, una sábana inmaculada y, mientras la doblaba, oyó otro ladrido de Bandit. Era un perro pequeño, pero tenía una voz tan potente como una manada de lobos cazando. Oyó ruido de agua y otro ladrido que hicieron que mirara hacia el muelle.

Se le cayó de las manos la sábana a medio doblar. Ni siquiera se dio cuenta de que la pisaba en el momento en que echó a correr hacia el lago.

Aaron se había caído al agua. Su Aaron, el pequeño que tanto miedo le tenía meter la cabeza debajo del agua y no sabía nadar.

—Ya voy, pequeño —gritó Kate sin dejar de correr y, una vez llegó al muelle, se tiró al agua completamente vestida.

El frío del agua le cortó la respiración, pero echó a nadar enérgicamente hacia él. Por suerte, el magnífico chaleco salvavidas que le había comprado tenía una especie de asa en la parte de atrás del cuello para tirar de él.

—Mamá —dijo Aaron—. Mamá.

—Ya te tengo, pequeño. Estás a salvo.

Kate nadaba como una profesional. La adrenalina que le

había disparado el pánico que sentiría cualquier madre al ver en peligro a su hijo era la droga más poderosa que podía existir; bajo su efecto, una madre podría caminar sobre el agua, levantar un coche o trepar todo un rascacielos para salvar a su hijo.

—Mamá, puedes soltarme —le dijo Aaron—. Puedo nadar solo.

Kate no aflojó los dedos ni un instante.

—¿Qué?

—Callie está enseñándome a nadar —le explicó con una paciencia muy curiosa que le hacía parecer un adulto.

Kate se giró para mirar a Callie, de pie en la orilla, con el chaleco salvavidas también puesto. Después volvió a mirar a su hijo.

—No te preocupes. Puedes soltarme —repitió.

Kate abrió la mano y, cuando Aaron comenzó a alejarse, tuvo que hacer un esfuerzo para no volver a agarrarlo.

—En realidad no estoy nadando realmente porque llevo el chaleco —explicó Aaron con lógica—. Pero me he metido del todo, ¿verdad, Callie?

—Hasta la cabeza, sí. Por lo menos un segundo —se apresuró a decir Callie, dirigiéndose a Kate.

—Mira cómo salto del muelle, mamá —le pidió.

—Te estoy mirando.

Kate no se acostumbraba al frío glacial del agua. Muy pronto, todos sufrirían de hipotermia. Unos minutos más, pensó.

Aaron fue nadando con cierta torpeza hasta la escalera del muelle y la subió como si fuera una tortuga con un caparazón demasiado grande. Callie estaba ocupada atando el kayak al embarcadero y Bandit caminaba de un lado a otro con impaciencia. El perro empezó a dar saltos de alegría al ver que salía Aaron.

Kate no podía creer lo que veía. Su hijo dio unos pasos hacia atrás y luego echó a correr y se lanzó al agua con los brazos y las piernas abiertas como una estrella de mar con el cielo azul de fondo.

Se sumergió solo unos segundos antes de que el chaleco salvavidas lo devolviera de nuevo a la superficie.

—¡Muy bien, Aaron!—exclamó Kate, entusiasmada—. Estoy muy orgullosa de ti.

Se volvió hacia Callie para preguntarle qué había hecho para conseguir meter a Aaron en el agua, pero la muchacha iba ya hacia la casa.

—Voy a traer toallas —les dijo. La ropa mojada se le pegaba al cuerpo y parecía incómoda.

Todas las adolescentes tenían problemas con su cuerpo y su imagen. En el caso de Kate, había sido por culpa de sus piernas como palos y su pecho plano. En Callie, era palpable que se avergonzaba de su sobrepeso y de su piel. A Kate le daba mucha lástima y deseaba asegurarle que era una muchacha atractiva e inteligente, hacerle ver que cómo se sintiera por dentro era más importante que la imagen que creía dar al mundo.

Kate vio a Aaron tirarse unas cuantas veces más mientras Callie volvía con las toallas y, ya envuelta en una, se sentaba en el muelle con los pies en el agua. Bandit se sentó a su lado. Ella le lanzó una mirada de desconfianza, pero después le dio una palmadita en la cabeza. El perro le dio un lametazo en la cara que le provocó una mueca de asco, pero que aguantó sin moverse.

—¿Cómo has conseguido que se metiera al agua? —le preguntó Kate.

—Me he metido por accidente —explicó Aaron, acercándose de nuevo a la escalera.

Kate sintió un escalofrío.

—Dios mío.

—Yo estaba con él —se apresuró a decir Callie.

—Y, una vez dentro, me quedé ahí. Así de simple.

—Entonces debería haberte tirado al lago hace mucho tiempo —dijo Kate.

—Le dije que intentaría nadar si ella se hacía amiga de Bandit —le contó su hijo.

—Eres buen negociador —reconoció—. Pero deberías saber algo sobre este lago. Si te quedas demasiado tiempo en el agua, acabarás con hipotermia.

Tuvo que obligarlo a salir sin tener en cuenta sus protestas y consiguió sacarlo únicamente prometiéndole que le dejaría bañarse todos los días durante el resto del verano.

—Un día de estos me meteré sin el chaleco —anunció con valentía.

—Pero solo si estás con alguien más —matizó Kate, sin dejarse llevar por el instinto de protección que la instaba a prohibírselo.

—Claro —aceptó él.

Kate miró a Callie, que asintió de inmediato.

—Te prometo que nunca dejaría que le pasara nada —declaró solemnemente.

—Hemos visto al fantasma —dijo Aaron, saltando con la toalla atada al cuello como si fuera la capa de un superhéroe—. El fantasma del niño ahogado.

Callie meneó la cabeza.

—Era un chico llamado Luke Newman, el nieto de la señora Newman —le cambió la cara al hablar de él. En sus ojos apareció un brillo nuevo y, en su rostro, un gesto ensoñador. Se le escurrió un poco la toalla, pero enseguida se apresuró a subírsela de nuevo.

Era una de las pocas veces que Kate la veía actuar como una adolescente más. Le rompía el corazón que hiciera falta tan poco.

—Hace años que no veo a Luke —dijo Kate—. Creo que la última vez era más pequeño de lo que es ahora Aaron.

—Parece ser que terminó el instituto el mes pasado y ha venido a pasar el verano con su abuela —le contó Callie con voz maravillada. Quizá le costará imaginar lo que era pasar el verano con un pariente.

—Puedes invitarlo a que venga siempre que quieras —la animó Kate—. No me importa que vengan tus amigos.

—No tengo ningún amigo —Callie se puso en pie bruscamente, con la toalla apretada bajo los brazos, y volvió a la casa.

—Yo soy tu amigo —afirmó Aaron, corriendo tras ella—. ¡Eh! Espérame, Callie. Yo soy tu amigo, y Bandit también —el perro también fue tras ellos.

Callie estiró el brazo y le frotó la cabeza suavemente.

—Lo que tú digas.

Sin salir de su sorpresa, Kate fue a asegurarse de que la canoa estaba bien atada y los chalecos salvavidas colgados para que se secaran. Aún tenía en la cabeza la imagen de Aaron tirándose al agua con alegría. Era tan liberador dejar atrás un miedo tan grande. Se preguntaba si Callie sería consciente del increíble regalo que le había hecho a Aaron.

En el bolsillo del chaleco de Aaron encontró algunos tesoros que había recogido: dos fósiles y un ágata. Los dejó en la mesa del jardín y se volvió a mirar al oír el motor de un coche que se acercaba.

Era una camioneta verde. ¡Vaya! Parecía que JD había vuelto.

Kate se puso recta, pero resistió la tentación de peinarse un poco con las manos. No iba a acicalarse para ningún hombre. Pero supuso un gran sufrimiento porque iba con una camiseta enorme completamente empapada, unos pantalones cortos y sin sujetador. Parecía una participante pobre de un concurso de camiseta mojada. Debía acordarse de no vestirse de ese modo a diario porque nunca se sabía quién podía pasar por allí. Se enfadó consigo misma por preocuparse por eso, pero no podía evitar que le importara.

—Hola —lo saludó con aparente tranquilidad en cuanto él aparcó detrás de la casa.

Se bajó del coche mientras Kate trataba de mantener su actitud a pesar de que se le había disparado el corazón nada más verlo. Un hombre con Levi's gastados siempre resultaba atractivo y él no era ninguna excepción.

Lo que ocurría era que hacía demasiado tiempo que no tenía un hombre en su vida, pensó. Definitivamente, necesitaba salir más. La vida monacal de madre soltera la hacía demasiado vulnerable a un ataque de lujuria. Además, la última vez que lo había visto, él había sido muy grosero; prácticamente la había echado de su casa solo por fisgonear.

Le tendió una cesta de pescador.

—Te he traído unas truchas.

Estaba suponiendo un verdadero esfuerzo mantener la mirada por encima del cinturón.

—Perdona… ¿Qué?

—Truchas —dijo, a punto de sonreír. Él también la miraba fijamente, parecía fascinado con el dibujo de su camiseta.

Kate resistió la tentación de taparse con los brazos.

—Las he pescado hace una hora o así y pensé que quizá las quisieras para cenar. Es para agradecerte los primeros auxilios.

—¿Sabías que se supone que en este lago hay que hacer pesca sin muerte?

—No son del lago —dijo él tranquilamente—. He ido al río Elwha.

Parecía que era mucho esperar que le pidiese disculpas por su grosería, quizá ni siquiera sabía que había sido grosero. Pero claro que lo sabía. No dejaba de buscarle defectos que contrarrestaran la atracción que sentía hacia él. Seguramente lo hacía porque todos los hombres escondían algo. Al menos en su experiencia.

Se preguntó cuál sería el secreto de JD y si sería algo que pudiese acabar haciéndole daño a ella.

—Gracias —dijo, mirando el interior de la cesta—. Ya las has limpiado.

—No habría sido muy buen regalo si hubieses tenido que limpiarlas tú.

—Tienes razón. Lo acepto con una condición —siguió hablando antes de poder pensarlo con sensatez—. Quédate a cenar con nosotros.

Al ver que no decía nada, Kate se sintió como una tonta, pero lo disimuló con una sonrisa.

—El menú incluye truchas frescas.

—Claro —dijo él—. Gracias. No pretendía obligarte a que me invitaras.

—No lo has hecho. Será un placer tenerte… como invitado —añadió en cuanto se dio cuenta del doble significado de sus palabras—. Aaron se alegrará mucho, además está de celebración.

—¿Es su cumpleaños?

Kate negó con la cabeza.

—Que te lo cuente él.

—¿Te importa si me refresco un poco? —le preguntó, señalando el grifo que había en el jardín.

—En absoluto. Yo estaré en la cocina.

Pero no era cierto porque se fue directamente a su habitación, a ponerse ropa seca, sustituyó las prendas empapadas por un suéter azul claro y unos vaqueros, se peinó y se puso un toque de pintalabios, solo un toque. No quería que fuese demasiado obvio que se había arreglado.

Mientras se cambiaba oyó a Aaron hablando consigo mismo en la ducha y sonrió. Seguramente estaría recordando las aventuras que había vivido. También oyó la ducha de abajo. A Callie le gustaba darse larguísimas duchas.

Después, bajó a preparar la cena, pero se detuvo en el descansillo de la escalera para mirar por la ventana que allí había.

«Ay, Dios», pensó, completamente inmóvil. JD se había quitado la camisa para lavarse un poco. Las gotas de agua brillaban como diamantes sobre aquel cuerpo de fantasía. Era una auténtica obra de arte, con unos pectorales perfectos, los brazos fuertes, los hombros anchos y esos abdominales. Kate se pegó tanto a la ventana que empañó el cristal con la respiración, pero estaba demasiado lejos como para verlo con más detalle.

Para averiguar todo lo que se moría por descubrir, si tenía mucho vello en el pecho, alguna cicatriz o algún tatuaje. No sabía cómo acercarse sin que fuera demasiado obvio. Dio un paso atrás con las mejillas sonrojadas.

«Contrólate, Kate», se ordenó, pero era más fácil decirlo que hacerlo. Aquel hombre despertaba en ella deseos salvajes, le recordaba todos los sueños sin cumplir y las largas noches de soledad que había pasado tratando de convencerse de que todo iba bien.

Fingió no fijarse demasiado en él cuando entró en la cocina con el pelo mojado y peinado con los dedos, la camiseta ajustada al pecho. A su lado todo parecía diminuto, su sombra parecía invadir todo el suelo de la cocina. Sin embargo parecía sentirse cómodo allí, como si fuera su ambiente. Miró a su alrededor con una expresión indescifrable.

Kate sabía que una casa decía mucho de la gente que la habitaba y aquella albergaba objetos de distintas generaciones en los que se reflejaba la historia de la familia. Desde las valiosas fotos de su abuelo con Teddy y Franklin Roosevelt hasta el collage que había hecho la mujer de Phil con las fotos de sus hijos.

—Bienvenido a mi mundo —le dijo Kate—. Voy a hacer la cena.

—¿Qué puedo hacer? —le preguntó él.

Y así de fácil se hizo con un compañero. Había gente que se sentía perdida en una cocina, pero JD no era así. Parecía muy cómodo mientras preparaba las mazorcas de maíz para asar, cortaba los tomates o preparaba sandía para el postre. Le resultaba completamente natural trabajar junto a él y le hizo pensar en otras ocasiones vividas en esa misma casa, en las que preparar la cena era una actividad conjunta de la familia. De hecho la cocina estaba diseñada para ello, con una isla central y espacio de sobra para moverse.

—¡Menudo banquete! —comentó él.

—Es que paré en uno de esos puestos de verduras que hay

junto a la carretera y compré algunas cosas —le contó mientras vaciaba el contenido de la cesta en el fregadero. JD había cortado las truchas con precisión casi quirúrgica.

Se oía la música procedente de la habitación de Callie, una canción de los Libertines que Kate comenzó a tararear sin darse cuenta.

—Esta chica está obsesionada con la música —le dijo a JD—. Pero la verdad es que sabe mucho del tema. Yo traje algunos discos de casa, pero me da la sensación de que cree que no hay ni uno que se pueda salvar.

—¿Tiene algún plan para después del verano? —le preguntó mientras limpiaba una lechuga.

—¿Callie? Pues no le he preguntado, no quiero presionarla —Kate aderezó las truchas con limón, sal y pimienta. Una vez hecho eso, JD le abrió la puerta para sacarlo a la barbacoa—. Tengo la impresión de que no quiere llamar demasiado la atención hasta que sea mayor de edad oficialmente. Seguramente tiene miedo de que la metan en otra casa de acogida que no le guste.

Se le pasó por la cabeza la idea de contarle lo que había averiguado de Sonja Evans, pero inmediatamente decidió que era mejor no hacerlo a pesar de lo tentada que estaba. Por algún motivo le parecía perfectamente natural hablar con él de los niños. Tenía que recuperar el sentido común. JD no era su compañero, no era nada suyo.

Pusieron la mesa juntos mientras se hacían el pescado y el maíz. Kate se preguntó si era cosa suya o realmente era cierto que los dos se movían como si llevasen diez años haciendo todo aquello juntos, en lugar de diez minutos.

—Iba a preguntarte algo sobre Callie —anunció JD al tiempo que repartía los viejos platos esmaltados—. ¿Crees que le gustaría ganar un dinero extra por limpiar en casa de los Schroeder? Quizá unas cuantas horas a la semana.

Kate no pudo contener una enorme sonrisa que le iluminó el rostro y la llenó de alegría. No tenía ninguna duda de que

JD no necesitaba que nadie fuese a limpiar a casa de los Schroeder, solo quería ayudar a Callie. Empezaba a conocer a ese hombre. Era como su dulce preferido; duro por fuera y tierno por dentro.

—Está bien, te he descubierto —le dijo.

—¿Me has descubierto? —la miró frunciendo el ceño.

—Sabía que ocultabas algo, pero ya he descubierto tu secreto.

JD soltó el tenedor que tenía en la mano.

—Escucha, Kate, yo…

—No tienes que explicar nada —lo tranquilizó—. No tienes de qué avergonzarte —decidió jugarse el todo por el todo—. Me alegra haber descubierto la verdad.

—¿Sí?

—Claro. Conmigo no tienes que disimular. Te prometo que te guardaré el secreto.

—¿De verdad?

—Sí. Aunque no comprendo por qué querías ocultarlo. Creo que un hombre con el corazón de oro resulta muy atractivo. Así, ¿por qué fingir que no es así?

Lo vio respirar hondo, como si estuviese aliviado.

—Es bueno saberlo.

—Acabo de decir que me pareces muy atractivo —le recordó—. ¿No lo habías oído?

—Has dicho que un hombre con el corazón de oro es atractivo. No he querido dar por hecho que hablaras de mí.

—Bueno, desde luego tú tienes el corazón de oro.

—Sí, de veinticuatro kilates. No hagas demasiadas suposiciones sobre mí, Kate.

—Entonces háblame de ti y así no serán suposiciones, sino ideas basadas en la realidad.

—No hay nada que contar. Me estoy tomando un tiempo libre, para pensar en las opciones que tengo.

—¿Como lo de estudiar Medicina?

—Sí.

—El otro día te mostraste muy susceptible.

—No era mi intención. Hablando de Callie…

Otra vez huía. Kate decidió no presionarlo más.

—Estoy segura de que se pondrá muy contenta ante la idea de ganar un poco de dinero.

—Se lo preguntaré hoy mismo.

—¡JD! —Aaron fue corriendo a saludarlo con un apretón de manos.

Por un momento, Kate se quedó paralizada mirando a su hijo, pero finalmente tuvo que preguntárselo:

—¿Qué te has hecho en el pelo?

—Ha sido Callie —se tocó los mechones de punta colocados a modo de cresta.

—Te queda muy bien, mi amor —dijo Kate, volviéndose hacia la barbacoa.

—He estado horas tirándome desde el muelle del lago —le contó Aaron a JD.

—Parece divertido —respondió JD al tiempo que le daba la bolsa llena de las hojas del maíz—. ¿Podrías tirar esto a la basura?

Kate vio maravillada cómo su hijo se disponía a hacer la tarea. Normalmente, ella había necesitado media hora de razonamientos para convencerlo de que lo hiciera. JD no tenía la menor idea de lo importante que era hacer que Aaron cumpliese con semejantes quehaceres. De pronto se preguntó si JD estaría fingiendo o si realmente era así. Quizá fuera así.

Apagó la barbacoa y se fijó en que JD había servido agua con hielo para todos, lo cual la impresionó.

Aaron volvió de tirar la basura y tocó la campana del porche para anunciar la cena, pero JD le dijo que fuera a lavarse las manos. En ese momento apareció Callie, que respondió con timidez al saludo de JD.

—Vamos a cenar trucha fresca del río Elwha —la informó Kate mientras servía.

—¿No es peligroso? —preguntó la muchacha y se sonrojó—. Quiero decir que he oído que hay pescados que tienen mucho mercurio…

—Y es cierto —confirmó JD—. Pero las truchas de agua dulce, no.

—Estupendo porque me muero de hambre. ¿Qué hago?

—Nada —respondió Kate—. Ya está todo, solo tienes que sentarte a la mesa.

Callie se quedó desconcertada por un momento, pero enseguida se sentó. Aaron fue a sentarse junto JD, pero Kate se fijó en que le hizo un gesto para que esperara hasta que ella se hubiese sentado, momento en el que asintió para darle permiso para sentarse. Mientras daba las gracias por la comida, Kate le dio las gracias a JD en silencio por saber lo que eran los buenos modales.

La cena fue un verdadero festín. Aaron no dejó de hablar de todo lo ocurrido durante el día: de nadar, de Luke el fantasma, del kayak, pero entre historia e historia, se las arregló para comerse todo lo que tenía en el plato, algo poco habitual en su inquieto hijo.

—Cuando es mi cumpleaños, siempre puedo elegir lo que hay de cena —presumió Aaron.

—¿Y qué eliges? —le preguntó Callie.

—Pizza de pepperoni y tarta de chocolate. Todos los años. ¿Y tú?

—Nunca he elegido nada.

—¿Por qué?

—¿Te cuento algo extraño? —le dijo la muchacha.

Aaron la miró con entusiasmo.

—Claro.

—Yo nunca he tenido una fiesta de cumpleaños.

—No puede ser.

—Pues es.

—Qué mierda —Aaron miró a Kate—. Quiero decir que es una lástima.

Callie se encogió de hombros.

—La verdad es que no sé. Donde crecí nos decían que nacer es algo natural, que no es necesario validarlo de manera artificial.

Kate no pudo contenerse.

—Eso es absurdo.

—Así eran las cosas —se llevó a la boca el último bocado de sandía—. Cuando me enteré de qué día había nacido empecé a hacer una celebración secreta para mí misma. Por supuesto, no era lo mismo que una fiesta de verdad, pero lo hacía de todos modos.

—Bien hecho, Callie —dijo Kate, maldiciendo para sí a la madre de Callie—. Tú eres muy importante, tanto como cualquier otra persona. Me alegro de que estés con nosotros.

La muchacha sonrió tímidamente.

—¿Cuándo es tu cumpleaños? —quiso saber Aaron.

—El quince de julio.

—Este año vas a tener el mejor cumpleaños de tu vida —le prometió.

—Claro —murmuró Callie sin convicción alguna.

No dijo nada más. Después de comer insistió en recoger con Aaron, que, una vez más, ayudó sin protestar. Sentada en el jardín, viendo cómo el sol tocaba la cima de las montañas, Kate los oía a los dos hablando y bromeando.

—Parecen viejos amigos —le comentó a JD. Casi como hermanos, pensó sin decirlo en voz alta.

Callie había subido el volumen de la radio y estaba haciendo una detallada crítica de una canción de Velvet Revolver.

—Tiene un don para la música —observó Kate—. Es muy inteligente, pero me temo que no ha recibido demasiada formación.

—Aún no es tarde —señaló JD.

El silencio que siguió fue apacible, no incómodo. A Kate se le ocurrió la idea de abrir una botella de vino, pero acabó por descartarla, pues le pareció que habría sido ponerse demasiado… romántica. Quizá algún otro día. En lo que se refería a los hombres y al romance, siempre era muy precavida, pero tenía buenos motivos para ello. El primero de esos motivos era Aaron, que tenía tendencia a encariñarse rápidamente de los hombres con los que ella salía y, cuando uno dejaba de ir por la casa, a Aaron le costaba superarlo más que a ella. Sin darse cuenta, sonrió y meneó la cabeza.

—¿Alguna idea divertida? —le preguntó JD.

—Bueno, suelo pensar demasiado las cosas.

—¿Cosas como qué?

—Como nosotros —Kate se echó a reír al ver la expresión de su rostro—. Parece que te sorprende que exista siquiera un «nosotros» —esperó que dijera algo, pero no fue así. Él parecía estar a gusto en silencio, pero ella tenía muchas preguntas que hacerle—. ¿Qué hacías cuando estabas en el Ejército?

—Era técnico de urgencias médicas.

—¿Trabajabas con Sam?

—A veces. Empezamos en unidades diferentes, pero coincidimos muchas veces.

Un técnico sanitario, pensó Kate. Eso quería decir que ya tenía cierta preparación médica, por lo que era lógico que sintiese interés por estudiar Medicina.

—Los platos ya están limpios —gritó Aaron desde la cocina—. ¿Puedo tomar postre?

Todos tomaron helado con caramelo, tras lo cual Kate se fijó en que Aaron estaba buscando en el armario de los juegos de mesa.

—Te recomiendo que escapes mientras puedas —le susurró a JD—. Si no lo haces, acabaras atrapado en el juego de la oca.

A pesar de la música, Aaron oyó sus palabras.

—De eso nada —protestó—. Vamos a jugar al Scrabble.

—¿Qué es eso? —preguntó Callie.

Aaron la miró con incredulidad, pero preparó el tablero para tres jugadores: Kate, JD y Callie y él formando equipo.

—Ella es nueva y yo soy un niño —explicó—. Así que jugamos juntos.

—No tienes por qué quedarte si no quieres —le dijo Kate a JD.

—Lo sé —respondió él, pero se quedó.

Kate fue la primera en jugar, tratando de disimular la emoción que le daba que JD hubiese querido quedarse. Puso «galleta», no había estado muy inspirada, pero al menos había utilizado su mejor letra. Después de hablar entre ellos, Callie y Aaron formaron la palabra «gas». En una jugada sorprendente, JD puso «adenoma».

—Me parece que ya sabemos quién va a ganar —dijo JD, casi sonriendo.

—Adenoma —murmuró Kate frunciendo el ceño—. Nunca lo había oído. ¿Estás seguro que es una palabra?

JD la miró fijamente.

—Claro que lo es, así que dame mis treinta y nueve puntos.

—Treinta —corrigió Kate.

—Fíjate bien porque la M tiene triple puntuación.

Tenía razón, pero Kate no estaba dispuesta a rendirse tan fácilmente.

—Voy a buscarlo en el diccionario —se levantó a buscar el viejo tomo de páginas amarillentas—. Tumor no canceroso —leyó en voz alta y después tuvo que reconocer—: No lo sabía.

—Treinta y nueve puntos —le recordó JD.

Pero eso solo fue el comienzo de la humillación. Para ganarse la vida con las palabras, lo cierto fue que Kate no hizo precisamente una gran demostración de sus conocimientos. Pero fue porque las fichas no la ayudaron; tenía una Q, pero no consiguió la U. Incluso consiguió la preciada X, pero no encontró lugar donde usarla. Tardaba tanto tiempo en poner cada una de sus palabras, que Aaron y Callie empezaron a bostezar. Cuando por fin se acabaron las fichas, ambos parecían aliviados de que el juego hubiese llegado a su fin. Un juego que acabó con JD como claro vencedor.

—Será mejor que me vaya —dijo JD—. Prefiero irme cuando estoy ganando.

—Espera, JD —le pidió Aaron, con voz algo desesperada—. ¿Qué tal se te da arreglar cosas?

—¿Qué cosas? ¿Mapaches, por ejemplo?

—No, bicis. Hemos hinchado todas las ruedas, pero la cadena de mi bici sigue saliéndose.

—Yo te ayudaré a arreglarla —se apresuró a decir Kate, avergonzada por las obvias intenciones de su hijo.

—No, prefiero a JD.

«Sí, yo también», pensó Kate.

—No me importa hacerlo —dijo el aludido—. Un día de estos le echo un vistazo.

Kate lo acompañó al coche.

—Supongo que sabes que no es necesario —le dijo—. Sé arreglar una bici.

—Estupendo, porque yo no.

—Aaron… suele hacer estas cosas. Siempre busca una figura paterna en los hombres que conocemos.

—¿Y eso supone un problema?

—Sí cuando acaba rompiéndosele el corazón —Kate se mordió el labio. No debería haber dicho eso. Seguramente JD sabía que Aaron no era el único que acababa con el corazón roto—. Escucha, no pretendía…

—No te preocupes, Kate.

Esas simples palabras bastaron para que no se preocupara. JD tenía algo que le resultaba muy tranquilizador. La mayoría de los hombres tenían el efecto contrario en ella, solían ponerla nerviosa y molesta.

El sol se había ocultado ya tras el horizonte, aunque su luz permanecería en el cielo hasta bien pasadas las diez de la noche. Era el momento más hermoso del día junto al lago; el agua, un enorme espejo completamente liso, reflejaba las montañas y, a lo largo de la costa, brillaban algunas luces que parecían un collar de oro. Se oía el canto de grillos y ranas, escondidos entre las sombras.

Kate tuvo que admitir que aquello era otro mundo, era la

magia del verano en el lago. Estaba en otro mundo y podía ser quien ella quisiera.

No alcanzaba a comprender por qué era y por qué había sido así siempre. Una exhausta madre soltera podía convertirse en una entusiasta ama de casa, un niño con problemas en el colegio podía convertirse en Tom Sawyer, tirando piedras al agua, corriendo descalzo y aprendiendo a nadar. Y una chica sin hogar podía tener una familia.

—¿Otra vez pensando demasiado? —le preguntó JD.

Kate se dio cuenta de que el silencio se había prolongado demasiado.

—Solo estaba pensando que me encanta estar en el lago. Aquí puedo ser otra persona.

—¿Por qué querrías hacer eso?

—¿Es que no lo quiere todo el mundo? De niña en Seattle, todo el mundo se metía conmigo por ser pelirroja y con pecas y por saber todo lo que me preguntaban en clase. Luego venía aquí a pasar el verano y me transformaba en princesa india, en pirata, en nadadora olímpica o en sirena. Cualquier cosa que no fuera mi verdadera identidad.

—Me alegro de que superaras esa fase —murmuró JD.

Siendo un poco más mayor, había dejado que Sammy Schroeder la besara detrás del embarcadero y luego, cuando estaban ya en el instituto, Sammy y ella habían ido muchas veces al autocine de Port Angeles para besarse en aquel viejo coche con olor a humedad.

Se preguntó si Sam se acordaría de todas esas cosas y si se las habría contado a JD. Podría habérselo preguntado, pero prefirió no hacerlo porque no quería parecer presuntuosa, dando por hecho su interés. Aún no estaban en el punto en el que se hablaba de los amigos del pasado, o del futuro. Para ellos solo existía el presente, aquel momento, y ambos parecían saber que sería un error ir más allá. Había mucho verano por delante para conocerlo mejor.

—Gracias por la invitación —le dijo él, que no parecía tener interés en seguir con la conversación.

—Gracias por el pescado.

—No pretendía obligarte a invitarme, pero me alegro de que lo hicieras.

—Yo también —respondió ella.

—Quizá podamos repetirlo otro día.

—Claro.

—Gracias, Kate —insistió, sin prisas por marcharse.

Las últimas luces del día le iluminaban el pelo, la mandíbula, los hombros y los labios.

—De nada —susurró ella y dio un paso adelante.

Al fin y al cabo estaban en el lago. Allí podía ser de otra manera; más atrevida y romántica. Hacía tanto tiempo que no tenía un romance de verano, o de cualquier tipo, por eso le sorprendió tanto que le resultara tan natural coquetear con él. Clavó la mirada en sus labios. Le rozó el brazo como si lo hiciera sin querer.

Él se inclinó hasta que sus bocas casi se rozaban, tan cerca que Kate prácticamente podía sentirlo, saborearlo.

—Nos vemos, Kate —le dijo suavemente, acariciándola con su respiración.

Fue entonces cuando se dio cuenta de que había estirado el brazo para abrir la puerta de la camioneta, no para agarrarla a ella. Se subió, puso el motor en marcha y se largó de allí, dejándola desconcertada y frustrada.

No debería haber dejado que se fuera. Debería haberlo obligado a besarla o a rechazarla abiertamente porque ahora no sabía qué pensar.

Entró en la casa. El tablero de Scrabble seguía encima de la mesa tal y como había quedado al terminar la partida. Antes de guardarlo, observó las palabras que había puesto JD: «objetivo», «campamento», «jugador», «cielo», «adenoma». ¿Decían algo de una persona las palabras que escribía en el Scrabble? Seguramente no. JD solo había intentado ganar el mayor número de puntos posible. Las palabras que había puesto ella: «galleta», «euforia», «no», «morder», «soledad»… no decían nada sobre su personalidad, no daban pistas sobre lo que la hacía vibrar.

Quizá la última, «soledad», sí resultara reveladora, pero no había podido evitarlo. Había sido su única oportunidad para utilizar un recuadro de doble puntuación.

Mientras guardaba el juego pensó que había sido una buena noche, quizá demasiado buena para ser verdad. Cualquiera habría pensado que eran una familia de serie de televisión antigua, como la de *Los Waltons*. Pero en realidad eran una madre soltera sin trabajo, una adolescente huida, un niño de nueve años y un hombre misterioso y solitario.

Aparte de eso, eran igualitos a los Walton.

Aquella mañana se suponía que JD iba a hacerse cargo de un montón de correo que ya no podía seguir postergando, pero el constante recuerdo de Kate lo tenía inquieto. Una y otra vez se decía que estaba allí en busca de soledad, para tener la oportunidad de recuperar su vida. Lo que menos necesitaba en aquellos momentos era dejarse seducir por una madre y un hijo, pero en contra de lo que le decía el sentido común, se sentía muy atraído por la sencillez de Kate. Y por esos preciosos pechos.

«Mantén las distancias», se advirtió. Peor lo cierto era que resultaba muy difícil seguir sus propios consejos con una mujer como Kate. Le había llevado comida, un gesto tan revelador y transparente como el de un cavernícola que llevara a casa lo que había cazado.

Había estado a punto de besarla. Se había acercado tanto a ella que había sentido el olor de su pelo y todos sus instintos le habían pedido a gritos que se acercara aún más.

Pero después de lo que le había ocurrido en Navidades, jamás podría permitirse hacerlo. Al menos en esos momentos y seguramente tampoco en mucho tiempo. Quizá no pudiera hacerlo nunca.

Se alejó con obstinación de cualquier pensamiento sobre Kate Livingston y trató de concentrarse en el correo que acababa de llevar de la oficina del pueblo. Sam estaba haciendo una magnífica labor filtrándole todas las cartas y paquetes que le mandaban locos de todo el país. ¿Quién habría pensado que la Tierra de la Libertad albergaba tantos locos como valientes? Muchos de los cuales parecían sentir la necesidad de enviarle todo tipo de cosas.

Gracias a Sam, JD solo recibía facturas y correspondencia normal.

Si se podía considerar normal recibir un enorme sobre de un agente de Hollywood.

JD observó el sobre mientras se lamentaba de haber conocido a Maurice Williams.

—Es muy importante que te hagas con el control en estos momentos para poder protegerte —le había asegurado Williams—. Nadie necesita tu permiso para hacer la película, así que en cualquier momento puede aparecer una versión no autorizada, como ese horrible libro. ¿Es eso lo que quieres? —Williams le había puesto delante el contrato—. Es tu oportunidad para tomar las riendas. Acabarás dándome las gracias, Jordan. Ya lo verás.

Pero no había sido así. JD no le había dado las gracias. Hacerse con el control significaba convertirse en asesor de la película sobre su vida. Significaba promocionar la película e incluso asistir al estreno.

A cambio, JD recibiría una fortuna que iría íntegramente a las arcas de la fundación. Ese era su único consuelo. Solo quería volver a tener una vida normal; poder ir a comprar una bolsa de patatas o unos calzoncillos sin que lo persiguieran los paparazis, lo acosaran o le pidieran autógrafos. Poder comer en un restaurante sin que lo interrumpieran o, si Dios quería, acostarse con una mujer, la que fuera, sin que después fuera corriendo a vender la exclusiva a la prensa. No era mucho pedir y sin embargo por el momento le parecía imposible.

Junto al sobre de Williams, Sam le había enviado un ejemplar de la revista *Shout*, probablemente la publicación que más detestaba JD de entre todas las que se dedicaban a hablar de la vida de los famosos. Pegada a la portada había una nota de Sam: *Ja, ja. Scarlett Johansson y tú.* La prensa amarilla parecía empeñada en darle una vida mucho más emocionante que la que había tenido nunca. No dejaban de aparecer mujeres a las que no había visto jamás y que decían haber tenido apasionados encuentros con él. Ahora aparecía en la portada de aquella revista una foto antigua en la que se le veía vestido de Boina Verde bajo un titular que decía, ¿LA PRÓXIMA ESTRELLA TELEVISIVA?

Por lo visto, se especulaba que la desaparición de JD se debía a que estaban preparando un reality show del que iba a ser el protagonista.

La idea le revolvió el estómago y no era nada fácil que ocurriera porque tenía el estómago de hierro. Por su trabajo, estaba acostumbrado a ver gente abierta en canal como una trucha, quemados y apaleados hasta quedar irreconocibles, había retirado cuerpos que llevaban una semana sin vida en ambientes poco saludables y había tenido que meterlos en la bolsa con sus propias manos. Había visto a los gusanos hacer su trabajo en lugares que muchos preferían no imaginar.

Y nada de eso le había hecho vomitar jamás.

Sin embargo verse en una revista como aquella, sí.

Un ruido en el porche le hizo sobresaltarse. Callie.

Echó la revista a la chimenea, no había fuego porque las noches de verano eran bastante cálidas, pero sabía que esa noche encendería el fuego.

—Hola, Callie —la saludó al tiempo que le abría la puerta—. Gracias por venir.

—No hay problema. Siempre viene bien un poco de dinero extra.

JD sabía que era una muchacha orgullosa y con secretos y esperaba que, con el tiempo, acabara abriéndose un poco. No sabía decir qué era exactamente, pero sabía que tenía algún problema. Tenía la impresión de tener bastantes cosas en común con ella.

—¿Qué tal te encuentras? —le preguntó.

—¿Qué? —la muchacha se puso un mechón detrás de la oreja y lo miró con gesto de confusión.

—Quiero decir que qué tal estás —le aclaró.

—Ah… bien —dijo por fin—. Bien. Preparada para empezar.

JD se preguntó si habría sido un error meter a Callie en su casa. Para ser sincero, lo cierto era que limpiar aquella casa no suponía ningún problema, especialmente para alguien que había pertenecido al Ejército y estaba acostumbrado a mantener un orden impecable. Pero había sentido el impulso de ayudarla. Quizá porque no le parecía una adolescente sana y llena de energía como las demás. Ese día parecía aletargada y JD se preguntó si las manchas que tenía en la piel serían un síntoma de acantosis pigmentaria.

No quería asustarla con preguntas, pues sabía que, si se entrometía demasiado, haría que saliera corriendo. Dudaba mucho que fuera a abrirse a él si no lo había hecho con Kate.

Le mostró dónde estaba todo, incluyendo los refrescos y la comida. También la animó a tomarse un descanso siempre que lo necesitase.

Callie lo miró inclinando la cabeza.

—¿Siempre te preocupas tanto por todo?

—Casi siempre —dijo él.

—¿Te importa si escucho la radio? —le preguntó ella al tiempo que se metía un chicle en la boca.

—Adelante. Allí tienes toda una colección de CDs.

Eso atrajo su atención de inmediato.

—¿Hay algo bueno?

—Depende de lo que te guste —le señaló la estantería.

—Lo mejor de The Eagles. No es muy prometedor.

—Sigue mirando.

—¡Vaya! The Mothers of Invention —sacó el disco—. Esto está mejor —rechazó a Elton John, Grateful Dead y Queen, pero sacó varios compactos de Eric Clapton, los Cars y Talking Heads.

—Tienes un gusto muy curioso para la música —le dijo JD.

—Siempre me ha gustado mucho y casi nunca olvido una canción. Mi sueño sería convertirme en discjockey y poder poner la música que yo quiera.

—¿Y has pensado alguna vez intentar hacerlo realidad? —JD no pudo contenerse, pero la respuesta de Callie hizo que mirara a la mesa donde seguía la solicitud de matrícula para estudiar Medicina. Aún sin cumplimentar.

—Claro —respondió ella mientras sacaba el detergente de debajo del fregadero—. Pero me faltan algunas cosas, como por ejemplo una buena formación, una dirección permanente. O el certificado de nacimiento.

—¿Has pensado en qué vas a hacer cuando… acabe el verano?

—Sí. Conseguiré una casa y un trabajo. Puede que no tenga ningún título, pero no soy tonta.

—¿Y qué hay el trabajo de tus sueños?

—Pues que es un sueño, no es real. Por eso se llaman sueños.

—A mí no me parece que sea tan imposible que puedas trabajar como discjockey.

—Puede ser.

—Claro que puede ser. Bueno, estaré en el taller si me necesitas.

Callie lo despidió con un movimiento de mano.

No era mala chica. Kate se había mostrado sorprendida de que una muchacha con su pasado fuera tan relativamente normal, pero JD lo comprendía perfectamente. Cuando un niño procedía de un hogar terrible, ser normal se convertía en un acto de supervivencia.

Él lo sabía bien. Ya en el primer curso había llegado a la conclusión de que lo mejor era inventarse una familia para que la gente no le preguntara todo el tiempo por qué su madre no acudía a las reuniones de padres. Así pues, había contado que su padre pertenecía al servicio diplomático y su madre trabajaba durante el día y por las noches estaba estudiando Lingüística. Lo cierto era que, con seis años, no tenía la menor idea de lo que era el servicio diplomático ni la Lingüística, pero lo había oído en la única fuente de información que había en su vida, la televisión.

Con la diligencia de un antropólogo, había observado a las familias que aparecían en la tele y se había inspirado en ellas para crear su nueva vida. La familia que había imaginado estaba compuesta por personas que se preocupaban las unas de las otras, como los Huxtable de *La hora de Bill Cosby*. Eran inteligentes como los integrantes de *Enredos de familia* y tenían el sentido del humor de la familia de *Los problemas crecen*. Todas aquellas series le enseñaron cosas que a su madre jamás se le pasaron por la cabeza, cosas como el valor del cariño y de la compasión. El poder curativo de la imaginación infantil era una de las armas más potentes de su arsenal. Eso y el parque de bomberos que había en la misma manzana de su casa.

Había niños que crecían con su padre o con su padrastro, Él sin embargo había crecido con un montón de bomberos que prácticamente lo habían criado. Él jamás les había pedido que lo hicieran, pero en cuanto había descubierto el parque de bomberos y había empezado a pasar por allí, los bomberos le habían prestado la atención que no le daban en su casa. Había comido allí más veces que con su madre y había recibido más cariño y más consejos de los que jamás le había dado su propia progenitora.

Ahora que trabajaba como técnico de urgencias lo comprendía perfectamente porque su profesión hacía que uno sintiera interés por la gente, como le había ocurrido con Callie Evans. Seguramente bajo el techo de Kate Livingston, aquella muchacha estaba disfrutando de más estabilidad y cariño de los que había tenido en su vida.

Así era Kate. JD apenas la conocía, pero le parecía sincera, cariñosa y atenta como las madres de las series de televisión, tan generosa y dulce como la madre que se había inventado para sí siendo un niño. Incluso con una camiseta vieja y unos pantalones cortos, parecía una modelo de lencería.

JD se dispuso a trabajar un poco en la barca de Sam. Llevaba años oyendo hablar de aquel bote de madera que parecía formar parte ya de la mitología del lago. Sam le había contado anécdotas, le había enseñado fotos y prácticamente le había suplicado que lo sacara del cobertizo y lo echara al agua.

Estaba claro que hacía mucho tiempo que Sam no veía la barca. La madera estaba seca y quebradiza y había perdido todo el barniz de protección. El casco estaba lleno de astillas que parecían costillas rotas. JD no sabía demasiado de barcos, por lo que se había armado de libros, manuales, dibujos y sobre todo de la determinación de restaurarlo. Los Schroeder tenían una buena colección de herramientas, pero había comprado alguna más en el pueblo. Para construir un barco hacía falta la precisión de un cirujano y mucho respeto a las normas. Dos cosas que le gustaban. No se podían utilizar clavos de hierro, solo tarugos de madera. Había que tapar cualquier ranura y todos los huecos con sellador impermeable. Por algún motivo, JD había sentido el impulso de hacerlo, reparar las piezas rotas y tratar de borrar las marcas del paso del tiempo; conseguir que la barca volviera a estar en condiciones para navegar. Era un proyecto que uno podía medir y apreciar, con resultados concretos. No era una cuestión de vida o muerte. No había ningún paciente gritándole o vomitándole encima, no se le moriría en los brazos. Eso era lo que le había atraído. Aunque se equivocara, la barca no moriría por su culpa.

Colocó el casco del revés sobre dos caballetes. Había llegado el momento de lijar, rellenar los huecos, sellar la madera y devolverle la vida a la embarcación. Estaba utilizando más grapas que un cirujano. Había llenado el cubo de la basura de astillas de madera y serrín y el aire de olor a cedro y a abeto. Desde la casa llegaba el sonido de la música. Callie había encontrado un disco de Jethro Tull; de vez en cuando la veía por la ventana, trabajando.

JD perdió la noción del tiempo mientras el sol seguía su lento camino sobre el lago, reflejando su luz en la superficie del agua. Una manada de patos levantó vuelo, dejando caer gotas de agua al tiempo que se elevaban hacia el cielo. En el equipo de música estaba sonando *Thick as a Brick*. Con una mascarilla protegiéndole la cara, sudando y con las manos y los brazos cubiertos de serrín, JD sintió algo inesperado. Una extraña sensación de optimismo que tardó en reconocer, hasta que se dio cuenta de que, por primera vez desde las pasadas Navidades, estaba contento. No era felicidad en general, pero en ese preciso momento, se sintió feliz. El trabajar con las manos, escuchando música y con el sol dándole en la espalda le hizo sentir algo que no había experimentado desde hacía mucho tiempo.

Prometió convertir aquello en una belleza.

A continuación se oyó *Layla* de Eric Clapton y él volvió a pensar en Kate. Para JD había significado mucho cenar con ella, seguramente para ella no había sido más que una cena más, algo rutinario que ocurría todos los días. No tenía la menor idea de que eso de sentarse a la mesa como una familia que se reunía para cenar era un concepto totalmente desconocido para él. Había sido un verdadero placer compartir ese momento con ellos, un placer tan dulce y profundo que causaba dolor, pero no era un dolor que desease evitar. Más bien deseaba volver a experimentarlo. Igual que la deseaba a ella. Su cabello pelirrojo, sus pecas, esas curvas que ansiaba recorrer con las manos, esos ojos verdes que lo fascinaban con un color que parecía cambiar como la superficie del lago.

Se arrodilló frente a la barca para comparar los dos laterales y comprobar si eran simétricos, como había pretendido. Increíblemente, parecía haberlo conseguido. Ese día era cirujano de reconstrucción.

Oyó la melodía de *Change the World* mientras pensaba cuál debía ser el siguiente paso. Silbó la música de la canción. No oyó acercarse a Callie, pero la vio por el rabillo del ojo y se volvió hacia ella. Caminaba con gesto decidido y tenía la cara pálida a pesar de estar dándole el sol. Tenía las manos y la cara manchadas de ceniza.

—Pareces Cenicienta.

—Sí, esa soy yo, la maldita Cenicienta —dijo con rabia.

Fue entonces cuando JD se dio cuenta de que tenía algo en la mano.

Al ver lo que era se le encogió el corazón. Dejó el papel de lija que había estado utilizando y se retiró la mascarilla. No dijo nada, se quedó allí inmóvil, esperando.

—Eres tú —afirmó Callie al tiempo que dejaba la revista sobre el banco de trabajo—. Tú eres ese tipo.

La ceniza que salió de la revista al caer sobre la mesa quedó suspendida en el aire.

«Maldita sea», pensó JD. Debería haber tenido más cuidado. No debería haberse permitido relajarse tanto.

—¿Tienes costumbre de fisgonear en las chimeneas de la gente?

—Iba a limpiar la ceniza. Al ver esto me he tomado un descanso, como me dijiste que hiciera cuando quisiera, y me he puesto a leer. He visto la nota que había pegada y al principio no entendía nada, pero no he tardado mucho en sumar dos y dos.

—Escucha, no tenía intención de...

—¿Pensabas decirnos la verdad, sargento Jordan Donovan Harris, o ibas a seguir tomándonos el pelo?

JD tragó saliva con sabor a serrín. Se le pasó por la cabeza la idea de negar que era él, pero al mirarla a la cara y ver esos ojos oscuros, acusadores, pensó que sería mejor no hacerlo. Aquella muchacha llevaba toda la vida oyendo mentiras de una manera u otra. Seguramente las identificaba de inmediato.

JD guardó silencio durante unos segundos. Necesitaba un momento más de anonimato, de seguir siendo una persona más que había ido a pasar el verano junto al lago.

—Yo no quería tomarle el pelo a nadie —dijo por fin—. Siento que te haya sentado mal.

—¿Por qué no querías decir quién eres? —le preguntó ella.

—Por eso —respondió señalando la revista.

Callie la abrió y miró la fotografía en la que se le veía atacando al terrorista de Walter Reed.

—No hay nada que esconder. Este tipo… Jordan Donovan Harris es un héroe. Es algo así como el héroe más importante del país.

JD meneó la cabeza.

—Solo es un tipo bien entrenado que, por casualidad, estaba en el sitio adecuado en el momento justo. Pero yo no buscaba todo esto, era lo último que quería —agarró la revista, la cerró y la tiró a un lado—. No te enfades conmigo, solo intento alejarme de todo y volver a ser una persona normal.

—No lo entiendo. Eres famoso. Puedes hacer lo que quieras, ir a cualquier parte, salir con Paris Hilton.

—Vamos, eres una chica lista, piénsalo bien. No puedo ni comprar pasta de dientes sin que me persigan.

—¿Es verdad que una mujer se lesionó a sí misma solo para llamar a urgencias y que la atendieras tú?

Shirlene Ludlow.

—Esa mujer es una persona que se puso a sí misma en peligro. Me resultaba muy difícil seguir trabajando sabiendo que hay gente así.

—No es culpa tuya que esté loca.

—Puede ser, pero, ¿habría hecho eso si no? —volvió a menear la cabeza—. No se sabe, pero no podía correr ese riesgo.

—¿Así que dejaste tu trabajo por culpa de una loca? No es justo.

JD estuvo a punto de echarse a reír. La palabra justicia no formaba parte de su vocabulario desde hacía tiempo.

—Solo fue un motivo más. Después de lo ocurrido, yo ya no podía hacer bien mi trabajo, por eso tuve que dejarlo. Vine aquí para intentar volver a poner en orden mi vida y, hasta ahora, lo estaba consiguiendo. —hizo una pausa. Aparte de los Schroeder, no había encontrado a nadie capaz de guardarle el secreto. Quizá fuera la naturaleza humana, quizá la gente no pudiera resistirse a decir que lo conocía, que lo había visto en un partido o echando gasolina a su coche.

En la biografía que se había publicado sin su autorización, el autor citaba las palabras de una camarera que le había servido café en una cafetería de su barrio y que recordaba que lo tomaba con leche y azúcar. Había hablado también con su entrenador del instituto, que afirmaba que sabía cómo hacer un *end run* cuando su equipo lo necesitaba. Hasta el dueño de la lavandería donde llevaba el uniforme había hablado de él, y eso que JD no recordaba haber intercambiado con él más que las palabras necesarias.

Y ahí estaba Callie, una adolescente con sus propios secretos. ¿Intentaría conseguir provecho de su descubrimiento, o respetaría su decisión?

La muchacha volvió a abrir la revista.

—Dime, ¿cuánto de todo esto es verdad? —le preguntó, ojeando el artículo.

—¿A ti te parece que estoy aquí rodando un programa sobre citas?

—Me alegra que no lo estés haciendo porque odio esos programas.

—Todos esos artículos son iguales. En la mayoría, lo único que es fiel a la realidad es mi nombre.

—¿Cómo te llama la gente en realidad? ¿Jordan?

—No. Eso lo empezó la prensa. Siempre me han llamado JD, y Harris en el Ejército.

Pasó la página, miró la foto en la que estaba con el uniforme de los Boinas Verdes y luego lo miró a él, sin afeitar, con el pelo largo y las gafas.

—Estás tan distinto.

—La gente ve lo que quiere ver —hizo una nueva pausa.

No tenía la menor idea de lo que iba a hacer Callie, pero si decidía vender la historia, se quedaría sin refugio de verano. No quería preguntarle qué pensaba hacer para no darle ideas. La observó mientras leía el artículo.

Al final decidió decir lo que pensaba. No iba a amenazarla, solo iba a decir la verdad.

—Todo el mundo tiene secretos, cosas que guardamos para nosotros. Y todos tenemos nuestros motivos. Tú deberías saberlo.

Callie dio un paso atrás y miró al suelo.

—Sí, ¿y qué?

—No quiero que nadie descubra quién soy.

—Yo lo he descubierto y no soy ningún genio —replicó ella.

—Está claro que tengo que tener más cuidado.

—¿Esto que dice de tu madre es cierto? —dijo señalando una parte del artículo.

JD no lo había leído. No le hacía falta hacerlo, sabía que contaba cómo se había hecho famosa Janet para después volver a caer en las fauces de la droga. Había vuelto a su vida después de muchos años alejada de su hijo, afirmando que JD era así gracias a ella, que lo había convertido en el hombre que era, un hombre capaz de sacrificarse por los demás. Al principio los medios se habían creído la historia de la madre soltera que había sacado adelante a su hijo con su esfuerzo y su valentía.

Hasta que, inevitablemente, un periodista había escarbado un poco y había descubierto la verdad sobre Janet.

—Puede que haya algo de verdad, pero siempre lo distorsionan para que encaje con sus propósitos —le dijo a Callie.

La muchacha se quedó callada durante un buen rato. Entonces JD vio que movía los labios, pero no oyó lo que decía.

—¿Qué?

—Que mi madre está en la cárcel —repitió con evidente dolor.

Esa mirada de sufrimiento reflejaba también el dolor de JD. Callie debió de darse cuenta porque se quedó mirándolo, expectante.

JD pensó que era como mirarse al espejo de su propio pasado. Reconocía su dolor porque era el mismo que había sentido él. «No lo hagas», se dijo a sí mismo, pero no podía pasar por alto lo que veía en el rostro de Callie. Le gustara o no, eran espíritus afines.

Creía haber dejado atrás el pasado, pero Callie acababa de recordarle que nunca podría hacerlo. No era la primera vez que le ocurría, por supuesto. En el trabajo había visto aquella mirada demasiadas veces, en niños abandonados por sus padres, niños que no sabían qué les ocurriría al día siguiente, niños como él.

—¿Por qué no dejas esa revista y nos sentamos un rato? —le propuso a Callie—. Te contaré toda la verdad —tenía la sensación de que, si era sincero con ella, podría conseguir que también ella le contara sus secretos. No le resultaba nada fácil porque jamás había hablado con nadie sobre su madre—. Antes de que ocurriera todo esto llevaba doce años sin hablar con mi madre.

—No lo entiendo. ¿Por qué?

No había sido él el que había decidido romper la relación con su madre. Había sido idea de ella. Limpió un par de taburetes con un trapo y le ofreció uno a Callie.

—Ella quería alejarse de todo lo que tuviese que ver con el pasado, con su época de adicción. Y yo era una de esas cosas.

Callie asintió, como si supiera bien que había mujeres capaces de hacer algo así.

—El caso es que se trasladó a Los Ángeles y no volvió a ponerse en contacto conmigo.

—Hasta que empezaste a aparecer en todas las noticias —adivinó Callie—. Aquí dice que tiene un programa de radio en el condado de Orange.

—Es verdad, al menos en parte.

—Supongo que lo tiene por ser tu madre.

—Así es.

Era una chica lista. Después de lo ocurrido, su madre, como casi todo el mundo, había querido aprovecharse de la situación. Tras un emotivo reencuentro, emotivo para ella, claro, Janet había contado su versión de la historia a todo el que estuviera dispuesto a pagar, y había mostrado las pocas fotos que tenía de él cuando era un niño flacucho y sonriente, junto a su sonriente madre.

JD miró las imágenes que aparecían una vez más en aquella revista y pensó que no reconocía a aquellas personas. Su madre y él parecían felices. El futuro héroe y la madre que lo había educado para que se convirtiera en un hombre valiente y honrado. Parecían felices, pero no era más que un falso recuerdo que solo existía en aquellas fotografías.

Era la magia de la cámara. Nadie quería mostrarse tal como era ante una cámara, especialmente si se era desgraciado. Daba igual si se estaba arruinado o drogado, si se tenía que hacer cualquier cosa para conseguir la siguiente dosis, uno siempre conseguía sonreír ante la cámara.

Siempre que veía una foto de su madre le sorprendía lo guapa que la veía porque no era eso lo que recordaba de ella. Cuando pensaba en su madre, lo primero que le venía a la mente no era su belleza.

Aun así, cuando había vuelto a aparecer en su vida, JD no había intentado evitarlo. Había sido tan tonto que no había evaluado el peligro que suponía, había dejado que se aprovechara de su fama para hacerse con un programa de radio y publicar varios artículos en revistas de tirada nacional. Incluso había escrito un relato titulado *Cómo criar a un verdadero héroe.*

«Primer paso», pensó: «Vende tu cuerpo a cambio de droga y pásate el día drogada».

«Segundo paso: Duerme todo el día, sin hacer caso a tu hijo hasta que no le quede más remedio que pasar el día en la calle. Reza para que los bomberos y los equipos de emergencia del barrio se hagan cargo de él».

«Tercer paso: Gástate todo el dinero que ahorre tu hijo en desintoxicarte, después aléjate de él con la excusa de que forma parte de un pasado del que tienes que escapar».

—Y lo estropeó todo, ¿no? —dijo Callie—. Empezó su programa de radio y metió la pata.

—Bueno, tuvo bastante ayuda —reconoció él, señalando la revista—. Al principio le gustaba toda esa atención. Todo el mundo creyó la historia que se había inventado, pero no se pueden esconder las cosas durante mucho tiempo —unas semanas después de que apareciera Janet, habían salido a la luz varios reportajes sobre su adicción y sus antecedentes penales. Había empezado a recibir invitaciones que no había podido rechazar, a fiestas de Hollywood y a los clubes más exclusivos—. Se metió de lleno y recayó —explicó JD—. Me di cuenta cuando ya casi era demasiado tarde. Ahora está en una clínica de desintoxicación de California, hasta el otoño. Se supone que es una de las mejores del país —rompió un trozo de madera con los dedos y lo miró sorprendido porque no recordaba haberlo agarrado.

—Y seguro que todo eso lo pagas tú —adivinó Callie.

—Otra vez aciertas.

—¿Entonces ahora eres rico gracias a la fundación esa?

—Yo no pedí nada, pero… la gente empezó a mandar dinero sin motivo.

—Bueno, porque le salvaste la vida al líder del mundo libre.

JD hizo un gesto de negación.

—Nadie se echa encima de un terrorista por dinero. Es algo que ocurre simplemente. La parte positiva es que ahora hay un montón de dinero en una fundación sin ánimo de lucro a la que la gente puede solicitar ayuda —observó a Callie durante unos segundos—. Tú podrías pedir una beca para la universidad —le sugirió, esperando que no pensara que intentaba sobornarla.

—La universidad, ¡qué gracioso!

—No me estoy riendo.

—Nunca lo haces —comentó—. Dios, eres el héroe de todo el país y ni siquiera puedes disfrutarlo.

—No quiero disfrutarlo, solo quiero recuperar mi vida de antes.

—¿Y cuándo vas a contárselo a Kate? —le espetó Callie.

—No se lo voy a contar, ni a ella ni a nadie. Y espero que tú tampoco lo hagas.

—¿Por qué no? Ya le gustas, así le gustarás más.

Había muchas mujeres de todo el país que decían quererlo por lo que había hecho, pero a él le resultaba muy falso y era algo que se interponía entre él y el resto del mundo.

—Acabo de explicártelo. No puedo arriesgarme a que se repitan por mi culpa cosas como lo de Shirlene Ludlow o lo de mi madre. Prefiero que nadie sepa quién soy —afirmó—. No sé explicártelo mejor.

—Pues no lo entiendo. Quizá al principio le moleste un poco, como me ha pasado a mí. Pero luego…

—Te estoy pidiendo que no le digas nada, Callie —declaró con voz firme y tajante.

—Eso es mucho pedir.

No era ninguna tonta. JD sabía que era consciente de que podría obtener beneficio de todo aquello si sabía aprovecharlo.

—Sé que es mucho pedir —admitió. Consideró la idea de sobornarla, pero sabía que no podía ofrecerle dinero a cambio de su silencio porque, no solo sería indigno, también podría resultar peligroso—. Pero la verdad es que me vendría muy bien que me ayudaras a guardar el secreto —añadió.

—Es una mierda que no nos lo contaras —dijo ella—. No sé por qué te comportas como si fuera tan horrible ser famoso.

—La gente corriente no está preparada para recibir tanta atención —le explicó—. No sé por qué, pero es así —estaba seguro de ello porque había encontrado varios ejemplos. El hombre que había rescatado a la pequeña Jessica McClure de un pozo de Texas había acabado suicidándose, el que se había tirado del puente George Washington para evitar que las víctimas de un accidente se ahogaran en las frías aguas del Potomac había terminado en la cárcel. Y el hombre que había impedido que Squeaky Fromme asesinara al presidente Ford se había suicidado. Todos esos problemas habían tenido como origen un acto espontáneo de heroísmo.

—Ya te acostumbrarás —le dijo Callie al tiempo que tiraba la revista al cubo de la basura, lo que hizo saltar un montón de serrín—. Por cierto, ya he terminado de limpiar.

—Gracias.

JD sacó la cartera y le dio unos billetes que ella se guardó sin mirar siquiera.

—¿No lo cuentas? —le preguntó él.

—No. Me fío de ti —se oyó a lo lejos *Paint in Black* de los Rolling Stones. Callie sonrió—. Me gusta esta canción.

—A mí también.

—¿Escuchas mucha música cuando estabas en el Ejército?

—Todo el tiempo.

—¿Qué piensas de Quiet Day?

A JD no le sorprendía que conociera la canción que había escrito Billy Shattuck, una estrella de la música country, sobre el incidente de Walter Reed y que había dado a conocer aún más a JD.

—No me gusta mucho.

—A mí tampoco —dijo la muchacha—. ¿Quieres ver cómo ha quedado? —le preguntó, señalando la casa.

—No —respondió él al tiempo que volvía a ponerse la mascarilla—. Me fío de ti.

TERCERA PARTE

El recuerdo puede ser un paraíso del cual no pueden expulsarnos, pero puede también ser un infierno del que no podemos escapar.

John Lancaster Spalding, *Aphorisms and Reflections*.

Kate despertó lentamente, pensando en lencería. En su vida no había demasiadas emociones, quizá por eso, con el paso de los años, había ido creciendo su gusto por la lencería más espectacular. Dormía con escandalosos corpiños o picardías, pero por el bien de Aaron mantenía en privado dicha obsesión y ocultaba aquellas prendas tan sexys bajo batas muy recatadas, pero debajo de la bata podía llevar un sostén de realce, color rosa fucsia, unas braguitas de encaje tan pequeñas que ni siquiera recordaba que las llevara o incluso un liguero, si estaba de humor.

Su afición por la lencería había surgido años atrás con el debut de su columna. Como periodista de moda recibía un sinfín de muestras de todo tipo antes de que salieran al mercado, a veces a modo de claro soborno.

Una boutique que acababa de abrir se había excedido mandándole numerosos paquetes de lo que llamaban «Ropa para soñar». Desde ese momento, Kate se había convertido en la mejor clienta de la tienda y se había hecho buena amiga de su propietaria Frenchy LaBorde.

No tenía ningún motivo para llevar ese tipo de lencería. O quizá sí. Quizá se vestía así para recordarse a sí misma que seguía sexualmente viva porque lo cierto era que hacía una eternidad que no salía con nadie el tiempo suficiente o lo bastante en serio como para querer impresionarlo con aquellas prendas.

Tenía una vida sexual más pobre que la de un elefante marino, al menos ellos se apareaban una vez al año.

En eso andaba pensando Kate cuando se dio cuenta de que eran más de las nueve de la mañana. Y alguien estaba intentando entrar en la casa.

Se incorporó en la cama de un salto. Quizá lo había soñado.

No. Un ruido metálico le provocó un escalofrío.

Aaron.

Se levantó sigilosamente, moviéndose como una sombra, y se dirigió a la puerta a la vez que se ponía una bata sobre el picardías de encaje. Salió al pasillo descalza.

La puerta del cuarto de su hijo estaba abierta y la cama vacía.

Aaron.

Bajó las escaleras corriendo, impulsada por el pánico y salió al porche dispuesta a gritar. Fue entonces cuando los vio.

Aaron y JD estaban trabajando juntos en el jardín, poniéndole la cadena a una bici.

—Hola, mamá —la saludó Aaron sin apenas mirarla—. JD y yo estamos arreglando la bici.

Siguió con la tarea, descalzo y con su pijama de Spiderman. JD se puso en pie y se quitó la gorra para saludarla como un caballero.

—Buenos días, Kate —le dijo con un tono de voz algo extraño.

Kate vio que también en su rostro había un gesto extraño, casi de dolor.

Entonces se dio cuenta de lo que miraba tan fijamente. Se le había abierto la bata y se le veía el diminuto picardías que llevaba debajo.

Se cerró rápidamente la bata y se anudó el cinturón, pero no lo bastante rápido como para evitar la innegable reacción de JD. A pesar de la distancia que los separaba, pudo sentir el fuego de su mirada en el cuerpo, encendiendo un auténtico fuego en ella.

Notó que le ardían las mejillas y lamentó tener tanta facilidad para sonrojarse. Abrió la boca con la esperanza de que le saliera una voz normal, incluso despreocupada.

—No solemos recibir visitas a estas horas de la mañana.

—Pues el recibimiento no está nada mal —respondió él.

Kate miró a Aaron. Si se daba cuenta de a qué se refería, mataría a JD. Por suerte, Aaron ni siquiera levantó la mirada de la grasienta cadena de la bici.

—Voy a preparar café —anunció después de respirar hondo.

JD asintió, pero sin dejar de mirarla.

Se metió en la cocina y armó un buen barullo para sacar la vieja cafetera eléctrica. Y eso que había prometido no beber café en todo el verano, solo té. Pero esa mañana necesitaba el efecto de la cafeína. No le preocupaba despertar a Callie porque, cuando no tenía que trabajar, dormía como un lirón.

Una vez puesta la cafetera, fue al cuarto de baño y se miró al espejo. Tenía el aspecto de una mujer que acabara de levantarse de la cama, lo que era verdad. El pelo alborotado, sin maquillaje y con esa mirada inocente del que acaba de despertar.

—Demasiado sexy para esta bata —murmuró y, mientras se lavaba los dientes, se preguntó una vez más si debía arreglarse para él. ¿Solo cepillarse el pelo y lavarse la cara, o se ponía algo de maquillaje?—. Vamos, madura un poco —se reprendió a sí misma, con la boca llena de pasta de dientes.

Pensó en ponerse los pantalones cortos. No, se le veían los muslos. Tenía unos muslos estupendos, pero no quería enseñar tanto. Al final se apretó el nudo del cinturón de la bata con frustración, se cepilló el pelo y se puso unas chanclas. Esa era la imagen que quería darle; modesta, informal y sin la menor intención de impresionarlo.

Bueno, quizá se había cepillado el pelo un poco más de lo habitual y se había puesto brillo en los labios. Pero no se trataba más que de los cuidados básicos.

Tardó un rato en volver a la cocina, pues no quería que pensara que estaba impaciente. No había vuelto a ver a JD desde la cena de la semana anterior, pero todos los días pasaba bastante tiempo ideando maneras de encontrarse con él. Ya había utilizado la excusa de la bomba para la bici, pero había muchas otras: ayuda para cortar el seto, para cambiar una bombilla atascada o incluso la vieja historia de la cometa atrapada en el árbol. Daba igual que la cometa llevara allí desde 1998, lo cierto era que había pensado seriamente en pedirle que se la bajara.

Aaron, sin embargo, no necesitaba excusas, ni tenía el menor reparo en demostrar la simpatía que sentía por JD.

Al volver a la cocina la encontró vacía. El café estaba hecho y la cafetera apagada, pero no había ni rastro de Aaron ni de JD. Bandit estaba sentado en la puerta, mirando el jardín con tristeza a través de la mosquitera.

Kate se sirvió un café y salió al jardín con el perro. Aaron y JD estaban lavándose las manos.

—Mamá —le dijo Aaron en cuanto la vio—. Podemos salir a dar una vuelta con la bici, ¿verdad? Ya he desayunado y he preparado el casco.

—Claro —respondió Kate—. Sube a vestirte. Pantalones largos y zapatillas de deporte. No puedes ir descalzo.

—¿Entonces te parece bien? —le preguntó JD al tiempo que Aaron entraba en la casa corriendo.

—Más me vale si no quiero quedarme con un jovencito muy disgustado —le ofreció la primera sonrisa del día—. Te lo agradezco mucho —añadió.

—Iremos por la carretera y no nos alejaremos demasiado —le prometió él.

Estaban de pie junto al lago, donde los peces que salían a la superficie dejaban círculos en el agua.

—Si te molesta, tráelo a casa rápidamente.

—Nunca me molesta. Es muy buen chico. Debes de estar muy orgullosa, Kate.

«Es muy buen chico». Esas palabras significaban mucho más de lo que él imaginaba.

—Lo estoy —dijo Kate y se mordió el labio. Pensó en avisarlo sobre sus ataques de furia, pero decidió no hacerlo. Tarde o temprano, lo descubriría personalmente.

—Su padre…

—Como te dije, no forma parte de nuestra vida —no tenía ninguna gana de hablarle de Nathan, pero sí quería que comprendiese la situación—. Nunca lo ha hecho y nunca lo hará. No recibimos nada de él y, lo que es más importante, tampoco queremos nada de él —era cierto, al menos en su mayor parte, porque en realidad Aaron quería un padre desesperadamente.

—Él se lo pierde —se limitó a decir JD.

Ya iban dos veces, pensó Kate, invadida por una agradable sensación de calor. Era la segunda vez que decía justo las palabras perfectas y aún no eran las diez de la mañana. Volvió a sonrojarse bajo su mirada, por lo que buscó la manera de cambiar de tema.

—Llevo días queriendo preguntarte qué tal con Callie.

—Sin problema. Trabaja muy bien.

—Es cierto.

—¿Te ha dicho algo?

Kate enarcó ambas cejas. Aquella pregunta le recordaba al instituto.

—¿Sobre qué?

—Nada. Solo quería asegurarme de que no tenía ninguna queja sobre mí.

Más bien al contrario, Callie había llegado de su cada de muy buen humor y había dicho que era fabuloso. Kate pensó que no hacía falta que él lo supiese, y menos de su boca.

—Ninguna queja —le dijo.

JD se metió las manos en los bolsillos de atrás del pantalón y siguió mirando al lago. Los silencios que había entre ellos no eran incómodos, ni siquiera estando en bata.

—Cena conmigo esta noche, Kate.

Aquella invitación salió de manera tan repentina que la sorprendió.

—Le he prometido a Aaron que haría perritos calientes —respondió ella automáticamente.

—Puede hacérselos Callie. Me gustaría salir a cenar contigo, los dos solos.

—¿Por qué?

—Podría decirte que quiero darte las gracias por la cena de la otra noche.

—Podrías, sí.

—También podría decirte que me atraes y me gustaría mucho salir contigo una noche.

Seguramente fue el momento en que lo supo, pensó Kate. Siempre había un momento en el que una sabía que iba a acostarse con un hombre, ella lo supo en ese instante. Solo hizo falta que le dijera esas palabras «me atraes y me gustaría mucho salir contigo una noche». Le daba un poco de vergüenza que hubiera sido tan fácil.

—Está bien —dijo ella—. Pero no esta noche —mejor no parecer demasiado ansiosa y disponible.

—El viernes, entonces —propuso JD.

—Muy bien, si Callie puede quedarse con Aaron —vio el modo en que la miraba y no pudo contenerse—: ¿Es por la lencería?

Él se volvió hacia ella con una sonrisa en los labios.

—Me sentía atraído por ti antes de ver lo que te pones para dormir.

—¿De verdad?

—Sí. Aunque, por supuesto, me alegro de verlo —añadió mientras le abría ligeramente la bata por el escote.

Kate estaba demasiado atónita como para frenarlo.

—¿Por qué?

—Ya tengo algo en que pensar. No voy a aburrirme en todo el verano.

El viernes Callie solo tenía que ir a una casa a limpiar y a la hora de la comida había terminado. Kate preparó la nevera portátil, una bolsa con toallas y puso unas tumbonas en el coche para ir a la pequeña playa que había en el extremo este del lago. Aaron no perdió un segundo en meterse al agua junto a un grupo de niños, mientras que Kate y Callie se sentaron a disfrutar de la comida.

—Quiero pedirte un favor —anunció Kate.

—Lo que necesites.

—¿Puedes cuidar de Aaron esta noche?

Callie no respondió de inmediato, primero observó a Kate.

—Madre mía, estás roja como un tomate. Vas a salir con JD.

—¿Crees que es mala idea?

—Veamos. Le gustas, le gusta Aaron, es… un buen tipo. ¿De verdad te preocupa que sea mala idea?

Kate se puso las manos en las mejillas para bajar el rubor.

—Tengo ciertas inseguridades cuando se trata de salir con hombres.

—Yo me quedo con Aaron —dijo Callie—. No tengo otra cosa que hacer —se mostraba demasiado indiferente—. ¿Qué tal va el artículo? —le preguntó después de dar un trago de limonada.

Kate sonrió con gesto distraído. Le gustaba tener alguien con quien hablar, aunque se tratara de una adolescente algo taciturna, a veces.

—Ya está terminado y tengo buenas y malas noticias. La buena es que van a publicarlo en febrero y la mala es que la redactora con la que yo tenía el contacto en la revista se va.

—¿Qué vas a hacer entonces?

—Eso es lo más extraño. Esa redactora va a trabajar para una revista mucho más grande y quiere seguir en contacto conmigo —hizo una pausa, pues apenas se atrevía a decirlo—. ¿Has oído hablar de *Vanity Fair*?

—¿Estás de broma? Me encanta esa revista. Las fotos que sacan son increíbles. ¿Es ahí donde va a trabajar esa redactora? ¿Y quiere publicar tus artículos?

—Sí, va a trabajar en *Vanity Fair* y dice que quiere seguir en contacto conmigo. Pero está claro que no va a querer que escriba de gente que murió hace años. Si quiero impresionarla, tengo que encontrar un tema más actual y más importante. Algo que influya en la vida de la gente de ahora.

—¿Como qué? Esa revista es sobre estrellas del deporte y famosos de todo tipo, ¿no?

—Tienes razón. Lástima que no conozca a ningún famoso.

—¿Estás segura?

—Completamente.

Callie puso un gesto extraño, parecía incómoda, como si quisiera llevarle la contraria. Pero al final resopló con exasperación.

—Supongo que tendrás que buscar otra cosa.

—Sí, pero hoy no —se recostó sobre la tumbona y puso los brazos bajo la cabeza.

Callie se puso unas gafas de sol baratas y observó a la gente que había en la playa.

—Cuando veo a gente que no conozco, siempre me pregunto quiénes son y cómo será su vida.

—Yo a tu edad solo miraba a los chicos guapos.

—Yo también los miro —protestó Callie—. Ahí hay uno —señaló a uno que estaba jugando al voleibol, con pantalones cortos y camiseta de tirantes.

Kate lo observó detenidamente.

—Aún no ha llegado a los veinte y ya tiene tripita cervecera. Dios, perdona —se apresuró a disculparse en cuanto se dio cuenta.

—No te preocupes, tienes razón. Estoy gordita, pero eso no quiere decir que me parezca algo atractivo.

—No sé por qué he dicho esa tontería. Seguramente sea un chico estupendo…

—Sí, todos los gordos lo son —Callie le hizo un gesto para que se olvidara del tema y señaló a otro chico.

Pero Kate no se perdonó tan fácilmente. Habría querido darse una bofetada a sí misma. Conversar con un adolescente, y más si era chica, era completamente distinto a hablar con un niño. Parecía un campo minado.

—Ese sí que tiene un buen cuerpo —murmuró Callie.

Kate miró al muchacho al que se refería. Torso esculpido, bronceado y brillante, parecía que lo hubiesen bañado en caramelo.

—Está bien, pero eso es un cuerpo de gimnasio —comentó.

—¿Qué quieres decir?

—Que se pasa horas en el gimnasio para estar en tan buena forma. Probablemente se gasta una fortuna en el mejor gimnasio de la ciudad y puede que hasta en un entrenador personal. Ah, y afeitarse y ponerse aceite en el cuerpo también es caro. Está bien que un chico se sienta orgulloso de su aspecto, pero cuando es evidente que le dedica tanto tiempo… No sé. ¿Qué crees que hará su novia mientras?

—¿Esperarlo en la puerta del vestuario?

—Eres muy rápida. ¿Qué tal ese? —Kate señaló a un chico de pelo oscuro, cuerpo esbelto, pantalones cortos y una cinta en el pelo.

—¿Qué pasa con él? —dijo Callie en voz baja y con una sonrisa en los labios.

Kate la miró detenidamente. Realmente pensaba que Callie era guapa a pesar de su poca autoestima, pero cuando vio el modo en que miraba a ese chico, se cuestionó a sí misma. Con ese brillo en la mirada y esa sonrisa, era toda una belleza.

Callie lo saludó de lejos y, al verla, el chico echó a andar hacia ellas.

—¿Lo conoces? —le preguntó Kate.

—Es Luke Newman.

—Vaya, no lo habría reconocido.

Callie se puso recta para saludarlo con aparente tranquilidad.

—Hola, Luke.

—Hola —el chico parecía nervioso y miraba una y otra vez a su espalda.

—Esta es Kate Livingston, la madre de Aaron —la presentó Callie.

—Encantado.

—En realidad nos conocimos hace años —le dijo Kate—. Soy amiga de tu abuela. ¿Entonces estás pasando el verano con ella?

—Sí, señora —Luke miró a su alrededor con gesto casi furtivo antes de agacharse junto a Callie—. ¿No trabajas esta tarde?

Kate decidió dejarlos a solas, así que se puso en pie con la excusa de que Aaron le había pedido que se bañara con él y se dirigió al agua. De modo que Callie se había hecho un amigo, pensó con satisfacción. Un amigo muy guapo además, aunque tenía una actitud algo reservada, pero quizá superara esa fase con el tiempo. Era un momento muy importante en cualquier relación, cuando se pasaba de la titubeante etapa inicial y se descubrían más cosas de la otra persona.

Callie tenía mucho para descubrir y Kate se alegró de ver que parecía que ese Luke se había dado cuenta de ello.

Ya era hora de que alguien lo hiciera.

Era tan absurdo ponerse nerviosa por culpa de una cita. Kate estaba acostumbrada a las primeras citas. Tenía muchas, precisamente porque solían ser un desastre y nunca pasaba de ahí.

La mayoría de los hombres no volvían a llamarla cuando se enteraban de que tenía un hijo. Al menos eso era lo que se decía Kate a sí misma.

Pero al mirarse al espejo la invadieron las dudas. ¿No sería ella el problema? ¿Y si en realidad era ella lo que no les gustaba?

Se sentó en la cama y miró al suelo. A menudo se decía a sí misma que los hombres no querían tener nada serio con ella porque tenía un hijo, pero en el fondo sabía que era mentira. Siempre era ella la que los apartaba y quizá hubiera llegado el momento de afrontarlo.

Sintió un escalofrío, pero no porque tuviera frío, sino porque era la primera vez que se planteaba hacerle frente a aquello. Miró el teléfono móvil con cierta ansiedad, lo que habría dado en ese momento por poder llamar a su madre y...

¿Y qué? ¿Y preguntarle si los hombres la dejaban por ella o por Aaron? No era justo preguntarle eso a su madre, más bien debería planteárselo a los hombres que la habían abandonado.

—Buena idea, Kate —murmuró—. El sueño de cualquier hombre es que lo llame una ex para preguntarle por qué la dejó.

Se inclinó sobre el espejo para pintarse los labios. Seguramente había reglas que prohibían llamar a un ex para hablar del fracaso de la relación. Pensó que en el futuro tendría que aclarar bien las cosas cuando alguien la dejara.

—Cuando JD me deje, le obligaré a explicarme detalladamente todos los motivos —se dijo mientras metía unas cuantas cosas en un pequeño bolso—. Vaya, Kate, eso sí que es ser positiva. Buena actitud.

Se puso un poco de perfume, luego unas sandalias negras y bajó a sentarse con los niños hasta que llegara JD. Era curioso lo fácil que le había resultado pensar en Callie como una más, como si siempre hubiera vivido con ella.

Los encontró en el jardín, jugando al cróquet, mientras Bandit dormía al sol, tumbado en el felpudo.

—Mamá —le gritó Aaron—. Mira dónde estoy. Voy dos aros por delante.

—Ya veremos por cuánto tiempo —le advirtió Callie justo antes de lanzar su bola para intentar alcanzar a Aaron.

Aaron se puso a pegar saltos.

—¿Necesitas ir al baño, o algo así? —le preguntó Callie, frunciendo el ceño—. Estate quieto, me pones nerviosa.

Pero Aaron se movió aún más. Kate resistió la tentación de intervenir. No podía controlar todos los momentos de su vida, sobre todo si se trataba de una discusión sobre un juego.

Callie le dio la espalda y golpeó la pelota. No solo consiguió hacer que la bola pasara por el aro, sino que la dejó justo junto a la de Aaron.

—Odio hacer esto —le dijo Callie, preparándose para sacar su bola del campo.

—Entonces no lo hagas —gritó Aaron con nerviosismo.

Kate reconoció ese tono de voz de inmediato. Estaba a punto de perder los nervios y ella no debía intervenir; hacía mucho que había aprendido que no servía de nada intentar mediar.

—Pero más odio perder —le explicó Callie antes de lanzar la bola de Aaron a más de dos metros de distancia.

—¡Mamá! —protestó Aaron.

Callie no le hizo el menor caso.

—Te toca.

—Estaba a punto de ganar —se lamentó—. Lo has estropeado todo.

—Lo siento, pequeño.

—Voy a poner la pelota donde estaba.

Pero Callie se interpuso en su camino.

—Si tocas esa pelota, quedas eliminado y habrás perdido.

—¡Mamá! —protestó de nuevo, con la cara enrojecida por la furia.

Kate respiró hondo y no se movió de donde estaba. Si intervenía, debilitaría el control de Callie sobre él, entonces no querría quedarse a cuidarlo, Kate no podría salir y, una vez más, perdería a un hombre que le interesaba igual que le había ocurrido con todos sus predecesores.

Callie no estaba familiarizada con el comportamiento de Aaron, pero tampoco parecía dispuesta a dejarse intimidar por su rabia.

—Si no respetas las reglas del juego, será mejor que no juguemos —declaró antes de darle la espalda y alejarse de allí con deliberada tranquilidad.

Aaron explotó. Soltó un grito y golpeó el suelo con el mazo.

—¡Mamá! —chilló—. Dile que no haga trampas. Dile…

—No es asunto mío —le dijo Kate, pero él no lo oyó. Estaba inmerso en su rabia, un lugar al que solía ir solo y del que a veces parecía no encontrar escapatoria. Le preocupaba que pudiera hacerse daño, o se lo hiciera a alguien, con las bolas y los mazos de madera del cróquet. Estaba a punto de acercarse a intentar calmarlo cuando intervino Callie.

—Vaya, qué molesto te pones cuando explotas de esa manera —le dijo la joven con aparente tranquilidad y se agachó a agarrar su bola.

—Espera —le dijo Aaron, con voz tensa pero controlada—. Me… me toca tirar.

Aaron no vio el gesto de alivio de Callie porque estaba de espaldas a él, pero Kate sí lo vio. Esa chica era una maravilla. Kate vio, con profunda admiración, que esperaba pacientemente a Aaron. Seguía teniendo la respiración acelerada y la cara roja, pero había conseguido controlar su ira. Era todo un avance. Hacía un año, habría pasado toda una hora haciéndole la vida imposible a todo el mundo.

—Como quieras —dijo Callie y se echó a un lado—. Adelante.

Aaron demostró haber dejado atrás su ataque de rabia y

querer volver a concentrarse en el juego. Con un solo golpe colocó la bola de nuevo en un buen lugar.

—Buen golpe —lo animó Callie.

Kate esperaba que el desodorante siguiera funcionándole porque se había puesto muy nerviosa con el conato de conflicto y el alivio que sentía en ese momento había hecho que se quedara floja, como sin fuerza.

—Estás muy guapa con ese vestido —le dijo Callie.

—¿Tú crees?

—Desde luego.

—Gracias.

Volvieron al juego como si no hubiera pasado nada. El cumplido de Callie hizo que Kate se sintiera más segura, pues la muchacha tenía un gusto sorprendentemente sofisticado en cuestiones de moda. Sorprendente porque ella siempre iba con prendas enormes que no le favorecían nada; ni siquiera se ponía bañador, prefería meterse al agua con pantalones cortos y una camiseta.

Kate deseaba poder borrar todas las cosas que le habían ocurrido en el pasado, de las que apenas hablaba, a veces hacía algún pequeño comentario, pero nunca explicaba nada verdaderamente. Sin embargo, sabía que no se podía cambiar el pasado, así que la clave era que Callie superara lo ocurrido. El problema era que ella aún no había descubierto cómo ayudarla a hacerlo.

Callie y Aaron se tomaron un descanso que Kate aprovechó para darles algunas instrucciones para la noche.

—Acordaos de apagar el gas después de haceros las hamburguesas. Aaron, vete a la cama cuando te lo diga Callie. Nada de excusas, ¿de acuerdo?

—Callie me ha dicho que puedo quedarme levantado hasta la hora que quiera —le dijo su hijo con orgullo.

El corazón le dio un vuelco al oír eso. Ya le había explicado a Callie que Aaron tendía a perder el control cuando estaba cansado o ante demasiados estímulos. Parecía que la muchacha no le había hecho mucho caso.

—Dile todo lo que te he dicho, listillo —le ordenó Callie, dándole un suave codazo.

—Solo puedo quedarme despierto si estoy tumbado en la cama, leyendo —miró a Callie de reojo—. Y tiene que ser un libro, no valen los cómics.

Kate se acercó a darle un beso en la frente.

—Me parece muy buena idea. Maravillosa idea —añadió, mirando a Callie.

Justo en ese momento llegó JD y Kate sintió el hormigueo de los nervios.

Salió de la camioneta y, mientras iba acercándose a ella, el hormigueo se convirtió en un terremoto. Estaba… resplandeciente, esa era la palabra. Era como si brillara. Llevaba unos pantalones caqui que le quedaban como un guante, camisa blanca y americana azul marino, pero sobre todo estaba inesperadamente elegante. No sonreía; casi nunca lo hacía, pero Kate tenía la impresión de que, tras las gafas de sol, le brillaban los ojos.

Al contrario que él, ella no pudo evitar sonreír.

—Me vas a matar, Kate —le dijo—. Ese vestido es un arma letal.

—Tú tampoco estás nada mal —respondió ella al tiempo que se echaba un chal sobre los hombros—. Casi no te reconocía.

JD se acercó a saludar a los niños y luego, mientras se despedían de ellos, Kate tuvo que hacer un esfuerzo por no volver a repetirles todos los avisos y normas para la noche. Callie había demostrado sobradamente que era capaz de hacer frente a Aaron, así que debía confiar en que todo iría bien.

—Estás muy callada —le dijo JD mientras se alejaban en el coche.

Kate se fijó en una medalla de san Cristóbal que había colgada del espejo retrovisor de la camioneta.

—Pensaba en todo lo que puede pasar. No tienen teléfono, así que no pueden ponerse en contacto conmigo.

—El puesto de los guardas forestales está a pocos metros —le recordó—. Relájate y deja de preocuparte.

—Eso es algo casi imposible de hacer cuando se tiene un hijo.

—Es imposible si no intentas controlarlo.

—No sé cómo hacerlo.

—Entonces te queda mucho que aprender. Piensa que, si te pasas toda la noche preocupada, no va a ser muy divertido para ninguno de los dos.

De pronto se dio cuenta por qué todas sus citas eran un desastre. Lo que las arruinaba no era el hecho de que tuviera un hijo, sino su constante preocupación. Se recostó sobre el respaldo del asiento y se prometió a sí misma que no iba a permitir que esa noche ocurriera lo mismo. Iba a relajarse y a disfrutar de la velada. Desde luego merecía la pena intentarlo por aquel hombre.

JD la llevó a C'est Si Bon, un insólito restaurante con un nombre aún más insólito. Aquel restaurante francés se salía por completo de lo que era la norma en un pueblo como Port Angeles, que eran las cafeterías y los bares de carretera; era una especie de oasis gastronómico con un jardín maravilloso y una decoración que hacía décadas que no cambiaban.

—¿Habías venido aquí alguna vez? —le preguntó Kate.

—No, pero Sam me hizo prometerle que vendría.

—Hizo bien. Estoy segura de que nunca has estado en un sitio como este.

El menudo y enérgico propietario los recibió en la entrada y se alegró mucho de volver a ver a Kate.

—*Oh, la belle* —exclamó—. *Et vous êtes retournée enfin.*

Kate apenas hablaba francés, pero no era necesario para comprender aquella cálida bienvenida.

—*Bienvenu, monsieur, je suis enchantée* —le dijo el dueño a JD.

—*Merci pour nous avoir ce soir* —respondió él en lo que a Kate le pareció perfecto francés.

Y ella le había creído un habitante más de la América profunda.

También el dueño del restaurante se mostró sorprendido.

Una vez los hubo acompañado a una mesa situada en un rincón apartado, el camarero encendió una vela que, junto al ramito de dalias que había en el centro del mantel, le daba un aire muy romántico al ambiente.

—Hablas francés —observó Kate en cuanto se quedaron solos.

—Un poco —JD se puso las gafas para ver la carta de vinos.

—¿Dónde lo estudiaste? —le preguntó a pesar de que él parecía más interesado en la lista de caldos.

—De niño tenía un amigo de Haití —le dijo—. Y luego fui a clases de Francés y de Español.

—¿Era parte de la preparación para el Ejército?

—Sí —se limitó a decir.

—Nunca habría imaginado que hablaras francés —admitió Kate.

—¿Por qué?

—Supongo que por culpa de las botas de trabajo y las camisas de cuadros.

—Podría ser del Canadá francófono.

—¿Lo eres?

—Eres una esnob —le dijo.

—Tienes razón.

—Yo no sé mucho de vino —reconoció al tiempo que le daba la carta de vinos—. Elige tú.

Cuando llegó el camarero para tomarles nota de la bebida, Kate pensó que JD tendría ganas de una buena cerveza, así que pidió una Kronenbourg de la Alsacia francesa y también una botella de Vouvray para tomar con la cena.

Para comer pidieron vieiras de Saint-Jacques con manzanas, acompañadas de una ensalada de castañas y queso roquefort. En varias ocasiones, Kate tuvo la extraña sensación de que los demás clientes del restaurante los miraban, pero apartaban la vista rápidamente en cuanto se volvía hacia ellos. JD agachó la cabeza y Kate empezó a pensar que habían sido imaginaciones suyas. No había que olvidar que su acompañante estaba como un tren, y ella llevaba un ajustado vestido de diseño, una de las ventajas de su antiguo empleo. Se dio cuenta de que esa noche parecían una de esas parejas a las que solía envidiar: jóvenes, atractivos y mirándose mutuamente con ojos de deseo.

—Pareces contenta —le dijo él.

—Lo estoy. Me gusta salir. Desde que Aaron nació no es tan fácil hacerlo, así que esto es todo un lujo para mí —«buena oportunidad», se dijo a sí misma—. ¿Y tú, tienes muchas citas?

—No.

Enseguida se dio cuenta de que no iba a darle más explicaciones.

—Muy bien, ¿empiezo yo con las veinte preguntas, o prefieres hacerlo tú?

—¿Qué veinte preguntas?

—Las que se hacen en las citas para conocerse mejor.

—Yo ya sé todo lo que necesito saber sobre ti.

—Eso es imposible.

JD tomó un trago de cerveza.

—Pues es verdad.

Eso despertó su curiosidad.

—Muy bien, ¿qué sabes sobre mí?

—¿Quieres que te halague?

—No, te estoy retando a que demuestres lo que acabas de decir.

—Está bien. Te diré lo que sé de ti. Eres inteligente y te has traído libros suficientes para leer uno al día durante todo el verano. No eres muy deportista, pero finges serlo para motivar a Aaron a que haga ejercicio. Él es lo más importante de tu vida. Este verano estás echando mucho de menos a tu familia, más aún de lo que pensabas. ¿Qué tal voy?

—Demasiado bien.

—Pareces sorprendida.

—Lo estoy. La mayoría de los hombres con los que he salido solo hablan de sí mismos —admitió—. Muchos ni siquiera sabrían de qué color tengo el pelo y, si se fijan, es solo para preguntarme que si soy pelirroja de verdad… ya sabes —se le sonrojaron las mejillas—. No sé por qué he dicho eso.

—Entonces no te lo preguntaré —aseguró JD y luego añadió—: Ya lo comprobaré personalmente, ya sabes.

Kate levantó la copa.

—Necesito más vino.

JD se las arregló para llenársela sin apartar la mirada de sus ojos.

—Me parece que no has salido con los hombres que debías —le dijo.

—Estoy de acuerdo.

—Pues tengo buenas noticias.

—Dime.

—Tu suerte está a punto de cambiar.

Kate sintió calor y frío al mismo tiempo, una sensación que hacía años que no experimentaba, ni siquiera estaba segura de haberlo sentido alguna vez.

—Pareces muy seguro de ti mismo.

—Lo estoy.

—Ni siquiera te conozco.

—Hablo un poco de francés, no sé pescar pero sí limpiar una trucha. Se me da bien el bricolaje y tengo buena mano con los perros y con los niños.

—Todo eso ya lo sabía sin tu ayuda —replicó Kate.

—Mi color preferido es el azul, mi canción *Radio America*, de los Libertines, pero depende de la semana. No me gusta ver deporte por televisión, no me gustan las alturas ni los lugares llenos de gente. Me gustan las camionetas, los lugares tranquilos y los buenos amigos. Y tú. Tú me gustas mucho. ¿Qué más necesitas saber?

La cabeza le daba vueltas, de una manera muy agradable.

—¿De dónde vienen las siglas JD?

—¿John Deere?

—Muy gracioso. Ya sé, te pusieron el nombre en honor a JD Salinger —lo miró fijamente—. A lo mejor Aaron tiene razón y debería buscar tu nombre en Internet.

—¿No lo has hecho? Yo sí te he buscado a ti.

—¿Qué? —en lugar de sonrojarse, esa vez sintió que la cara se le quedaba pálida, con solo las pecas para darle color.

—O eres profesora de Semiótica en la universidad, o la estrella de una página porno.

—Me declaro culpable de los cargos —dijo, recuperando el color.

—¿De cuál de los dos?

—Puede que de los dos.

JD dejó de sonreír y la miró a los ojos.

—No te he buscado en Internet, Kate.

—Yo tampoco —sentía tanta tranquilidad al mirarlo a los ojos—. No creo que eso ayude a conocer realmente a alguien —hizo una pausa—. John David.

—¿Qué?

—JD son las iniciales de John y David.

JD puso una mano sobre la suya y, al sentir su roce, Kate se quedó sin respiración. No podía creer que un gesto tan sencillo pudiera provocarle semejante reacción.

Era la primera vez que la tocaba deliberadamente. La primera demostración física de la atracción que Kate había sentido desde que lo había visto por primera vez. Miró las dos manos entrelazadas y se preguntó si podría haber algo más sexy que aquella mano enorme que sostenía la suya como si fuera algo frágil y valioso.

—¿Estás bien? —le preguntó él.

Kate se aclaró la garganta y trató de no sonreír como una tonta.

—Estoy muy a gusto.

—Entonces es que mi plan está funcionando —dijo él.

—¿Tienes un plan?

JD no respondió a eso, pero siguieron charlando y disfrutando de la cena. Kate se sentía cómoda y relajada con él.

En un momento dado sintió su mirada, observándola y deteniéndose especialmente en algunos lugares de su cuerpo y de su rostro.

Cuando ella empezaba a estremecerse, llegó el camarero.

—¿Desean algo más?

—Desde luego —respondió JD sin apartar los ojos de ella y le costó tanto hacerlo, que Kate se echó a reír—. La cuenta, por favor.

Ya en la puerta del restaurante, JD le echó el chal sobre los hombros y apoyó las manos suavemente sobre ellos durante un instante. El propietario se acercó a despedirse de ellos.

—Estaba todo delicioso —le dijo Kate.

—Todo sabe mejor en buena compañía.

—Claro.

—*Bonsoir, les amis* —les dijo y le hizo un guiño a JD—. *C'est un bon soir pour sauter la femme.*

—¿Qué te ha dicho? —le preguntó Kate mientras JD le abría la puerta para que saliera.

—Me ha deseado una buena noche —pero el modo en que se le sonrojaron las orejas daba a entender que esa no era exactamente la traducción.

—Mentiroso.

—¿Yo? —preguntó con fingida inocencia al tiempo que le abría la puerta de la camioneta.

Pero Kate no entró en el vehículo.

—Dime qué te ha dicho.

—Algo muy… francés.

—Madre mía. Te estás ruborizando.

—Yo no me ruborizo.

—Es evidente que sí. Es encantador que te sonrojes.

—Ni me sonrojo, ni soy encantador.

—No pienso moverme hasta que me digas qué te ha dicho —dijo tapando el hueco de la puerta del copiloto.

JD respiró hondo, después puso una mano a cada lado de ella y se acercó a hablarle al oído.

—Ha dicho que… —el resto se lo dijo en un susurro, acariciándola con su respiración.

—Dios —murmuró Kate.

La miró sonriendo y se acercó aún más hasta rozarla con las caderas.

—¿Quién es ahora la que se ruboriza?

—Vamos, Aaron —dijo Callie—. Me prometiste que, si te leía algo, te irías a dormir a las nueve.

—No —replicó Aaron, con los ojos abiertos de par en par—. Te prometí que me iría a la cama. Dormir es otra cosa.

Una cosa que Callie estaba deseando hacer porque estaba muy cansada. Últimamente siempre estaba cansada, y no era solo por culpa del trabajo. A veces se encontraba como aletargada y sin energía incluso en sus días libres. Aún no podía creer lo maravilloso que era llegar a casa de Kate después de un largo día y encontrar un lugar tranquilo y la cena sobre la mesa. Kate y Aaron siempre esperaban a que ella llegara para cenar todos juntos. Y siempre daban las gracias por la comida. Para ella eran increíbles e inusuales, aunque ellos no sentían que tuvieran nada de extraño.

Le estaba costando muchísimo no contar nada sobre JD, pero sabía que iba a cumplir la promesa que le había hecho. Hablando de personas inusuales. Él sí que era algo fuera de lo común. Había salido en todas las noticias y seguía apareciendo en todas las revistas de famosos y de chismorreos. A ella le parecía que estaba completamente loco por esconderse en lugar de aprovecharse de la fama. Coches, yates, casas, viajes, fiestas… ¿por qué querría huir de todo eso? La mayoría de la gente soñaba con esas cosas de las que él podría disfrutar fácilmente si jugaba bien sus cartas. Lo más curioso era que parecía muy contento allí en el lago, donde nadie lo conocía.

«Hay gente para todo», pensó Callie. Claro que últimamente había un gran incentivo para que JD no quisiera moverse del lago. Cada vez que iba por allí, Callie veía cómo aumentaba la química que había entre Kate y él. Lo extraño era que Kate no sabía nada. A ella le gustaba JD tal como lo veía, creyendo que era un tipo corriente, sin saber que era el orgullo del Ejército de los Estados Unidos, galardonado con la Medalla de Honor Presidencial.—

Había encontrado información sobre dicha medalla en una vieja enciclopedia que, según le había dicho Kate, pertenecía a la familia desde hacía años. Se trataba de un honor que recibían muy pocas personas, la condecoración militar más importante del país. Se concedía a personas que «ponen en peligro su vida con valor y gallardía más allá de lo que exige el deber».

Obviamente, pensó mientras recordaba las terribles imágenes que habían aparecido una y otra vez en las noticias de televisión durante las pasadas Navidades. No podía creer que nadie se hubiera dado cuenta de que era Jordan Donovan Harris. Aunque también la había engañado a ella. ¿Qué era lo que le había dicho? La gente veía lo que quería ver. Desde luego en su caso era completamente cierto.

Solo tenía que pensar en Luke Newman, por ejemplo. Luke, con su cabello oscuro y sus maravillosos ojos. ¿Qué vería él cuando la miraba? ¿Vería a una chica gorda o solo a alguien que intentaba salir adelante? ¿Vería una amiga, o quizá otra cosa, algo más romántico?

—La tierra llamando a Callie —dijo Aaron, sacándola de su ensimismamiento—. Léeme algo más.

—Ya te he leído dos capítulos de *Soup y yo*.

—Bueno, entonces elige otro libro.

Callie tomó aire para reunir paciencia.

—Uno más —le dijo—. Pero esta vez me lees tú a mí.

—Callie… —protestó Aaron.

—Ese es el trato, o lo tomas o lo dejas —sabía que Aaron tenía ciertos problemas con la lectura. Kate le había explicado que tenía problemas con prácticamente todo lo relacionado con el colegio. Buscó algo sencillo y corto en la librería que había en la habitación—. Tienes una buena colección de libros.

—No es mía. Son de la casa.

Y, como todo lo demás, encajaban allí de maravilla. Jamás lo admitiría ante nadie, pero a veces fingía que ella también era parte de aquel lugar, de aquella familia en la que los edredones, los álbumes de fotos y las enciclopedias pasaban de generación en generación, una familia que mantenía tradiciones que hacían que todo el mundo se sintiera integrado y feliz. Sabía que solo era una fantasía, pero a veces no podía evitar preguntarse cómo sería tener una familia así.

Aquella librería albergaba desde Peter Pan a Nancy Drew o Harry Potter, pero Callie no quería someter a Aaron a una novela.

—Este —dijo, sacando un libro con coloridas ilustraciones—. *La gallinita roja* —en la portada aparecían una gallina vestida con un delantal.

—Será una broma —protestó Aaron, apartando el libro—. Es un libro para bebés.

—Entonces lo terminarás muy rápido. ¿O prefieres leer algo más largo? —le mostró uno de los tomos de Harry Potter.

—Olvídalo —dijo, resignado, y agarró *La gallinita roja*—. Es una historia muy tonta.

—¿Por qué no me dejas que lo decida yo?

Aaron la miró con la boca abierta.

—¿No conoces la historia?

—No —nunca había leído esa clase de cuentos porque el hermano Timothy no aprobaba las historias de animales que hablaban o en las que los sueños se hacían realidad. Sin embargo no tenía ningún problema con la pedofilia—. Vamos, Aaron —le pidió.

—Está bien —dijo con tono de sufrimiento. Se incorporó en la cama y comenzó a leer.

La historia resultó muy buena elección, con palabras sencillas y frases que se repetían. *¿Quién va a ayudarme?*, preguntaba la gallinita a todo el mundo y la respuesta era siempre la misma: *Yo no. Yo no. Yo no.*

Callie se sintió identificada. Cuando las autoridades desmantelaron la comuna, los trabajadores sociales intentaran que algún familiar la acogiera, pero todos ellos miraban a Callie, gorda, con granos y mal carácter, y todos decían, «Yo no». Y así acabó en familias de acogida.

Entonces pensó en Kate, en que su aparición había sido como un regalo porque era un verdadero ángel. Después de hacer solo unas cuantas preguntas, la había dejado quedarse en su casa y desde el principio la había tratado como una amiga, o quizá incluso una sobrina o algo así. Kate era la primera persona que había conocido que no había dicho «Yo no». Más bien había hecho lo contrario, había dicho, «Sí, yo te ayudaré», y lo había dicho en serio.

Callie intentaba agradecérselo siendo una buena huésped, pero lo cierto era que no era más que una gorda loca.

Se dio cuenta de que empezaba a ponerla en tensión que la Gallinita roja se viera obligada a hacerlo todo sola, cortar el trigo, trillar (fuera lo que fuera eso), molerlo para hacer harina, hacer la masa y hornear el pan. No hacía más que trabajar y trabajar todo el día mientras sus amigos no movían un dedo, o una pata, para ayudarla.

Y, por si eso fuera poco, además tenía que empollar unos huevos. Acabó con seis pollitos y, como era de esperar, sin un gallo que la ayudara a alimentarlos. Pero la gallinita no se daba por vencida. Seguía adelante, hacía el pan, empollaba los huevos y se enfrentaba al mundo con valentía. Callie se alegró cuando oyó que el pan le salía perfecto y que los animales de la granja, atraídos por el olor, acudían a probarlo.

La gallinita disfrutaba de su triunfo al poder decirles que

no iba a compartir el pan con ellos, pues ellos no habían querido ayudarla cuando tenía tanto trabajo que hacer. Allí estaba, una madre soltera haciéndolo todo sola.

—… y eso hizo —concluyó Aaron, leyendo la última línea con dramatismo.

—Genial —dijo Callie—. Me gusta la historia.

—¿De verdad?

—Claro. Habla del triunfo contra la adversidad, ¿no te parece? La gallinita lo hace todo a su manera y lo consigue todo sola.

—Pero pierde a todos sus amigos —Aaron cerró el libro y se lo dio—. ¿Qué me dices de eso?

—Que no eran sus amigos, eran unos aprovechados —respondió Callie. Aunque no era más que un cuento infantil, contenía mucha verdad—. Pero sus pequeños sí que la quieren de verdad.

En el trayecto de regreso al lago, Kate no conseguía elaborar ningún pensamiento coherente. Eran los efectos del deseo desenfrenado. Algo le dijo a JD, pero sin duda fueron palabras intrascendentes, prácticamente sin sentido. Quizá él hablara del mismo modo; no habría sabido decirlo porque su mente controlada por las hormonas o completamente fascinada con él escuchaba cada palabra que pronunciaba como si estuviera revelándole el secreto mejor guardado del universo.

Quizá la temperatura de Venus. No importaba. Kate había perdido todo raciocinio. Sentía que algo ardía dentro de su cuerpo y tenía el pulso acelerado. Todo aquello era nuevo para ella. Después de tantos años por fin había encontrado un hombre que la sorprendía y superaba todas sus expectativas. Además de atraerla enormemente, JD era un desafío que la confundía. Había tantas cosas para descubrir sobre él. Se giró ligeramente hacia él y subió la rodilla, adoptando una postura que sabía provocativa.

Algo que él no pasó por alto, a juzgar por el brillo que apareció en sus ojos cuando la miró.

—¿Qué piensas? —le preguntó JD.

—En las matrioskas rusas.

—¿Qué?

—Ya sabes, esas muñecas rusas que se abren y tienen otra

más pequeña dentro, y luego otra y otra. Las vas abriendo hasta llegar a la más pequeña.

—¿Y qué sentido tiene?

—Es la naturaleza humana. Es imposible no seguir abriéndolas hasta el final, aunque lo cierto es que la última es bastante decepcionante.

—Nunca me había parado a pensar en ello —dijo al tiempo que tomaba el desvío que conducía al lago. Aunque eran casi las diez de la noche, el cielo aún seguía cubierto con los colores del ocaso: rosas y naranjas que se reflejaban en la tranquila superficie del lago—. Este es el momento en el que yo te pregunto si quieres venir a casa a tomar un café o una copa.

Kate se mordió el labio. «Mantén la calma». ¿Realmente quería que la velada continuara, o lo decía solo por cortesía?

Parecía completamente relajado excepto por un pequeño detalle que lo delataba. Tenía un brazo extendido sobre el respaldo del asiento y con la otra mano, agarraba el volante con demasiada fuerza; se notaba porque se le habían quedado blancos los nudillos.

Por algún motivo, a Kate le consoló que estuviera nervioso.

Apenas quedaban unos metros para pasar el camino de su casa y, medio kilómetro después, llegarían a la de ella. Solo tenía unos segundos para tomar una decisión.

—Cuando un hombre ofrece café o una copa, realmente no significaba café o una copa —dijo ella.

—Pareces una experta.

—No lo soy. Soy madre soltera, no recibo invitaciones de ese tipo todos los días.

—Me cuesta creerlo —tomó el camino que conducía a su casa, que pronto apareció bañada por la luz de los faros.

Kate sintió una presión en el pecho.

—No he dicho que aceptara la invitación —protestó.

—Lo he decidido por decreto —JD detuvo la camioneta, se bajó y fue a abrirle la puerta.

Kate se quedó atónita cuando se inclinó sobre ella y le

desabrochó el cinturón de seguridad. Al hacerlo, le rozó la cadera con la mano, fue un roce increíblemente sexy que le provocó un escalofrío.

—Tú sí que pareces un experto.

—¿En qué?

—No sé cómo llamarlo. ¿Extracción y seducción?

—Buena definición —le tomó la mano para ayudarla a ponerse en pie.

Una vez fuera de la camioneta, la apoyó en el vehículo y se colocó delante de ella. El deseo era tan intenso, que Kate no podía decir ni palabra, ni siquiera podía moverse.

JD le acarició el pelo, un gesto tierno e íntimo. Después le puso la mano en la mejilla y la miró a los ojos.

Necesitaba que la besara urgentemente. Ya, pensó. Por favor.

Como si supiera exactamente lo que estaba pensando, JD esbozó una sonrisa y dio un paso atrás.

—Quiero enseñarte algo —le dijo.

—No me lo digas. Tienes una colección de sellos.

—Mejor aún —respondió él al tiempo que encendía una linterna que había sacado de la camioneta.

Kate vio una extraña silueta que no tardó en identificar. Era el casco de una barca apoyada sobre dos caballetes. El aire olía a madera y a pintura.

—Estoy restaurando el bote de Sam.

Kate no habría sabido decir por qué aquello le pareció tan emocionante, pero lo cierto fue que la conmovió ver todas aquellas herramientas, los papeles llenos de anotaciones y dibujos. Alargó el brazo y apoyó la mano sobre el casco de caoba.

—Me acuerdo de esta barca —dijo Kate—. Sam y yo la utilizábamos mucho cuando éramos pequeños.

—¡Qué envidia me da Sam!

—¿Porque tenía una barca?

JD la rodeó con los brazos desde atrás y la apretó contra sí, inclinándose para sentir el olor de su pelo.

—Porque te tenía a ti.

Kate se apoyó en él. Rindiéndose a la maravillosa sensación. Dios, no había un hombre más sexy que él.

—¿Te lo ha contado Sam? —le preguntó—. ¿Te ha dicho que éramos novios?

—Me dijo que eso es lo que le habría gustado a él, pero que tú tenías otros planes. ¿Es cierto?

—Sí. Yo era muy tonta —recordaba bien a Sam, tan fuerte y leal como un San Bernardo. Ella había tonteado con él, seguramente lo había provocado, pero nunca había querido traspasar la línea y empezar algo serio—. Siempre estaba soñando con otro tipo de persona, con hombres que solo existían en mi imaginación, como Spiderman o…cualquier otro superhéroe —sintió la tensión del cuerpo de JD, como si estuviera conteniéndose—. No te rías. Tenía dieciséis años, a esa edad todas las chicas quieren un superhéroe.

—¿Y ahora?

Se echó a reír y se volvió hacia él entre sus brazos.

—Ahora he suavizado un poco mis exigencias. A veces creo que me conformaría con alguien capaz de respirar.

—Eres una chica dura.

Kate lo miró a los ojos y decidió lanzarse.

—Sinceramente, me basta con salir de vez en cuando.

—¿Como la cita de esta noche?

—Exacto.

—Aún no ha terminado. Todavía no te he llevado a casa, ni te he dado un beso de buenas noches.

—No me has dado ningún tipo de beso.

—Lo sé y no sabes cuánto me pesa.

Pero aun así no lo hizo. Kate apretó los dientes para no lanzar un grito de frustración cuando él se retiró. La llevó hasta la casa sin quitarle el brazo de la cintura. Se detuvieron en el porche para volverse a mirar el lago, donde aún podían verse reflejadas las luces púrpuras del cielo y las estrellas, tan brillantes y numerosas que parecían llenar toda la superficie.

Dios, cuánto lo deseaba. Quería sentir su boca, su piel, sus manos acariciando lugares que nadie había explorado desde hacía demasiado tiempo. Se le escapó un suave sonido sin que pudiera hacer nada para impedirlo.

—¿Estás bien? —le preguntó.

Era maravilloso sentir su brazo alrededor de la cintura, pero también la ponía nerviosa.

—No voy a quedarme —murmuró.

—¿Qué?

—Que no voy a quedarme contigo esta noche. No puedo... —sabía que lo estaba estropeando todo, pero no sabía qué otra cosa decirle.

—No puedes quedarte —repitió él con media sonrisa en los labios.

—Eso es. Soy una madre responsable. No puedo... no podría...

—Entonces no lo hagas —dijo él con total sencillez, ahorrándole la incómoda explicación.

Kate asintió y se sintió como una tonta, con más frustración que alivio.

Se veían a lo lejos las luces de su casa. Solo había un par de ventanas iluminadas, la habitación de Callie y el porche de atrás.

—Aaron está bien —aseguró JD, adivinando una vez más sus pensamientos.

—Lo sé —titubeó un poco antes de tomar la decisión de explicárselo—. Aaron tiene ciertos... problemas. El noventa y nueve por ciento del tiempo es un verdadero ángel.

—¿Y el otro uno por ciento?

—Es cuando tiene los problemas. Es muy impulsivo, a veces pierde los nervios y es un poco difícil.

—¿Conoces a algún niño que no sea difícil?

—No tengo con qué comparar, pero según sus profesores y sus médicos, Aaron lo es especialmente. Y, según los hombres con los que he salido, es demasiado especial.

—Olvídate de esos hombres, Kate, olvídate de cualquiera

que lo vea de esa manera. Aaron es un regalo del cielo y cualquiera que no se dé cuenta es que no tiene ni idea. Él es
mucho más que todos esos problemas que se supone que tiene.

Kate se apoyó en la barandilla del porche, en busca de un
poco de apoyo.

—Es increíble que hayas dicho eso.

—¿Por qué?

—Porque pareces demasiado bueno para ser verdad y yo
quiero que seas de verdad.

—Tu hijo es una bendición. Créeme. Seguro que te gustaría
tener diez más como él.

—Bueno, tanto como diez…

—Pero sí que quieres tener más hijos.

Dios. ¿Y ahora qué?

—No lo sé… Aaron fue una sorpresa. Ocurrió sin más.

—Como un regalo.

«Como tú», pensó Kate, sonriéndole.

—Adelante, dime que ya me avisaste —le dijo Kate a Mable Claire Newman ante la taza de café que estaban tomándose en el First Street Haven Café.

—Refréscame la memoria. ¿Qué te dije?

—Estoy saliendo con alguien que tú me recomendaste. Es el hombre que está alojado en casa de los Schroeder.

Mable Claire la miró con una enorme sonrisa en los labios.

—Me alegro mucho, Kate. Parece un tipo estupendo, por no hablar de lo guapísimo que es.

—Sí, de eso me di cuenta de inmediato —Kate no pudo contener la sonrisa.

Tenía todos los síntomas de un encaprichamiento. Estaba despistada y solo con pensar en él se le aceleraba el corazón y la respiración. Todo el rato estaba a medio camino entre la risa y el llanto y estaba increíblemente sensible a todo, desde el olor del café hasta el calor del sol sobre la piel. Estaba claro. Estaba en ese momento de una relación en la que se podía pasar horas mirando por la ventana y sonriendo sin motivo.

—Cuéntame más —le pidió Mable Claire—. A una vieja viuda como yo le encanta que le hablen de romances.

—No sé muy bien cómo explicarlo. En la primera cita fuimos a cenar al C'est Si Bon. Después de eso, empezamos a vernos casi todas las noches, a veces con los niños y otras veces los dos solos. Es algo… no sé. Especial —Kate pinchó un trozo de sandía del plato de fruta que había pedido. Otro síntoma, un apetito que fluctuaba entre la voracidad y la falta absoluta de hambre—. Es horrible, ¿verdad? Me considero escritora y ni siquiera encuentro palabras…

—Vamos, Kate —la interrumpió Mable Claire—. Cualquiera que haya estado enamorado alguna vez sabe exactamente a lo que te refieres.

—No estoy… —Kate estuvo a punto de atragantarse con la sandía.

—Claro que lo estás. O al menos vas en esa dirección. Relájate, Kate. Te mereces enamorarte.

Aquellas palabras resonaron en su cabeza. «Te mereces enamorarte». ¿Sería cierto? ¿Por qué nunca había permitido que ocurriera?

—Hay una gran diferencia entre salir con alguien durante el verano y enamorarse.

—¿Qué más da? Déjate llevar, a ver qué pasa.

—Eso estaría muy bien si solo tuviera que pensar en mí, pero también está Aaron. Está completamente fascinado con JD y lo va a pasar muy mal cuando esto se acabe.

—Si es que ocurre.

Kate sintió la presión de las lágrimas en los ojos, otro síntoma de aquella agridulce aflicción. Lloraba con cualquier cosa, con una canción bonita o con ver a una pareja de ancianos dados de la mano en la iglesia. Para Kate, estar enamorada era como una enfermedad terminal: muy doloroso y casi siempre con un final terrible.

—No va a quedarse con nosotros —aseguró Kate—. ¿Por qué habría de hacerlo?

—Veamos. Porque eres una mujer maravillosa y guapísima, con un hijo encantador. ¿Qué podría ver en ti un hombre? Apenas habéis empezado y ya tienes intención de perderlo.

—Solo intento ser práctica y que Aaron no se haga demasiadas ilusiones —insistió Kate—. A mí estas cosas nunca me salen bien.

—El noventa y nueve por ciento de los suflés se desinflan al sacarlos del horno, pero eso no quiere decir que no debas seguir intentando hacerlos.

—Lo tendré en cuenta —prometió con cierta reticencia—. Tenemos un acuerdo tácito de no hablar de cuando termine el verano. Él vive en la Costa Este y está pensando estudiar Medicina en UCLA. Yo no podría marcharme de Seattle, así que…

—Deja de pensar en cómo va a acabar y céntrate en lo que estás viviendo en este momento.

—Lo que estoy viviendo es maravilloso —admitió Kate con una sonrisa de fascinación.

JD parecía estar cada vez más a gusto con ella. Participaba de buena gana en todos los rituales de la familia Livingston, paseos en bici, lanzar piedrecitas desde el muelle, excursiones por el monte, partidas de dardos, historias de fantasmas y asar malvavisco en una hoguera junto al lago. No se lo había dicho, pero lo cierto era que empezaba a llenar el hueco que había dejado la ausencia de su hermano, con su energía, su risa y esa jocosidad masculina tan propia de su familia, cosas que ella no podía aportar.

—Bueno —dijo, obligándose a sí misma a salir del ensimismamiento—. Te he traído las fotografías. Las he digitalizado para incluirlas en el artículo que he escrito sobre mi abuelo. Y te he traído una copia en un CD.

—Tu abuelo era un hombre estupendo —recordó Mable Claire—. Aaron se parece a él, ¿verdad?

El mismo pelo pelirrojo, los mismos ojos brillantes, pensó Kate. Pero Walden había sido un líder nato, algunos lo consideraban un visionario. Se preguntó si Aaron tendría alguno de esos dones. JD le había dicho que Aaron era un regalo.

—El artículo se publica en febrero.

—¡Qué emocionante, Kate! Estoy muy orgullosa de ti.

—Gracias —la respuesta de Mable Claire hizo que Kate

echara de menos a su madre—. La verdad es que al principio de verano estaba muy desanimada.

—Pero seguiste adelante y mírate ahora.

—Quería hablar contigo sobre Callie. Pronto es su cumpleaños y le estoy preparando una fiesta sorpresa. ¿Podrías venir Luke y tú el sábado por la noche?

—Claro. Seguro que Luke también está encantado de ir. Cuando llegó, estaba muy aburrido, pero por suerte se ha hecho amigo de un grupo de adolescentes.

—Siempre viene a ver a Callie él solo, pero si quiere, puede invitar a sus amigos.

—Se lo diré. Es todo un detalle por tu parte, Kate.

—Me gusta ayudar a Callie. Aaron está como loco con lo de estar preparándole una sorpresa.

—¡Qué bien! No creo que Callie haya tenido muchas fiestas de cumpleaños.

—No. Pero va a dejar de ser así.

La noche antes de la fiesta, Aaron se quedó con Callie, y Kate y JD salieron juntos. Antes de la cita propiamente dicha, tuvieron que pasar por varias tiendas a comprar los regalos de Callie. Una antología de Jimmy Hendrix y algunos CDs de música electrónica que JD aseguró que le encantarían, aunque a Kate le horrorizaban. También le compró cuatro esmaltes de uñas de distintos colores y se detuvo ante el escaparate de una tienda de ropa.

—Siempre se pone vaqueros y ropa de deporte —le comentó a JD—. No quiero que piense que me parece mal.

Al final decidió darle un cheque regalo para que se comprara lo que ella quisiera. No era el regalo que le habría gustado hacerle, pero era lo más práctico. Por último pasaron por una papelería y le compró unos cuadernos preciosos y una buena colección de rotuladores.

—La verdad es que estoy encariñándome mucho con ella —admitió Kate.

—Es una chica con suerte —respondió JD.

—¿Tú crees?

—Estoy seguro. Vamos a cenar.

El plan era ir al cine del pueblo después de la cena, pero estaban dando cuenta del postre cuando Kate notó que JD estaba mirándola con una intensidad inconfundible. Tuvo la impresión de poder sentir realmente el calor que emanaba de su mirada.

—¿Te ocurre algo? —le preguntó.

—No me apetece ir al cine —se limitó a decir, pero el tono en que lo hizo no dejaba lugar a dudas.

—A mí tampoco. ¿Qué quieres hacer entonces?

—Vamos a mi casa.

No era nada nuevo, pero ambos sabían que esa noche sería distinta.

—De acuerdo.

No hablaron mucho durante el camino. En la radio sonaba una canción de amor. JD le abrió la puerta y fueron juntos hasta el porche.

—Estás muy callada.

Kate respiró hondo y dijo lo que tenía en la cabeza desde hacía tiempo.

—Todavía no me has besado y me preguntaba por qué. ¿Tienes alguna objeción?

JD se quedó inmóvil.

—¿Contra los besos en general, o contra besarte a ti?

—¿Tienes algo en contra de besarme?

—Yo no he dicho eso.

Le dieron ganas de gritar.

—Escucha, a lo mejor debería irme.

—Kate —susurró al tiempo que la agarraba del brazo para girarla hacia sí—. Yo…

Parecía un actor que hubiese olvidado el guion, pero no titubeó a la hora de moverse. Se acercó a ella y la besó sin preámbulos ni ceremonia alguna, con la boca abierta. Kate se entregó a él con nerviosismo y deseo, con temor, pero con la determinación de no pensar en el futuro.

Era algo completamente nuevo y emocionante y, al mismo tiempo, sintió que encajaba a la perfección entre sus brazos. De pronto, tuvo la sensación de llevar toda la vida esperándolo.

—¿Mejor? —le preguntó sin apartar la boca de sus labios.

—Mucho mejor —Kate respiró hondo—. Pero no sé si deberíamos… yo…

—Vamos, Kate. Ya sé que eres una madre responsable. Pero también eres responsable de tu propia felicidad.

—Y crees que me hará feliz hacer el amor contigo.

—No lo creo. Lo sé —dijo sonriendo—. Te lo prometo.

La levantó del suelo como si pesara menos que una pluma y la llevó en brazos al interior de la casa, hasta dejarla junto a la cama del dormitorio. Pero no dejó de besarla en ningún momento, solo cuando le dio la vuelta y le desabrochó el vestido. Kate cerró los ojos para sumergirse en aquella sensación, aunque le dio tiempo a pensar qué ropa interior llevaba. Recordó que había elegido un conjunto sencillo, pero adecuado. Un tanga de color cereza nunca fallaba.

Cuando volvió a abrir los ojos sentía que todo su cuerpo estaba a punto de arder en llamas. Le gustó ver la rapidez con la que JD se despojó de la chaqueta y de la camisa. Solo contaban con la luz de la luna que entraba por la ventana, pero Kate intuía la perfección de aquel torso.

Observó que tenía algunas sombras en el pecho y comprobó con horror que se trataba de cicatrices.

—¿Cómo te hiciste eso? —le preguntó.

—Ya sabes que estuve en el Ejército.

—Sí, pero, ¿cuándo?

—Desde que terminé el instituto hasta la primavera pasada.

—Y eras técnico de emergencias médicas, como Sam.

—Sí.

Le pasó el dedo suavemente por una cicatriz.

—Pensé que vuestra misión era ayudar a los heridos.

—Sí, pero a veces para hacerlo hay que ponerse en peligro.

—Lo dices como si fuera algo fácil.

—Es parte del trabajo cuando estás en el Ejército, ya sea como conductor de un camión o como francotirador.

—¿Y dónde ocurrió?

—En Afganistán, en la provincia de Konar. Fue allí donde conocí a Sam.

Hubo un breve silencio.

—No sé si te has dado cuenta de que estoy esperando que digas algo más.

—Preciosa, te tengo delante en ropa interior. Lo único de lo que quiero hablar es de lo que voy a hacerte.

Aquellas palabras hicieron que se olvidara de su intención de ir despacio, pero, aunque estaba deseando echarse en sus brazos, una parte de ella seguía diciéndole que tuviera cuidado. Casi con dolor, volvió a subirse el vestido.

Él gimió como si lo hubiera herido.

—Ya te dije que quería conocerte mejor.

—Ya me conoces, Kate —aseguró JD—. Sabes todo lo importante.

—Nunca hablas de tu vida, de tu familia, ni de tu pasado…

—Vivo en un apartamento horrible en Washington, soy técnico de emergencias médicas y crecí solo con mi madre. Sam es lo más parecido a una familia que tengo.

—¿Qué hacíais en Afganistán?

Lo vio apretar la mandíbula, pero Kate se mantuvo firme hasta que consiguió que claudicara y empezara a hablar.

—Estábamos en dos unidades diferentes, en una extraña alianza entre uzbekos, tayikos y unos cuantos soldados estadounidenses de las Fuerzas Especiales. Una noche nos enviaron a un valle en que una unidad de reconocimiento había sufrido una emboscada y teníamos que evacuar a los heridos.

A ella le sonaba surrealista.

—Tengo la impresión de que lo estás suavizando para que parezca menos peligroso.

—No he dicho que no fuera peligroso. Esa noche topamos con una zona de carga viva.

—¿Carga viva?

—Sí, artefactos explosivos que no han detonado. El terreno estaba lleno de ellos.

—¿Fue así como acabaste herido? —preguntó, horrorizada.

—No, pero le dio mucha emoción a la operación. Al menos conocí a mi mejor amigo, así que hubo algo bueno. En cuanto a ese tanga… —volvió a bajarle el vestido y le dio un beso en el hombro.

A Kate le resultó muy difícil no dejarse llevar por el placer de sentir su boca en la piel.

—Termina la historia —le pidió sin demasiada fuerza.

—Ya he terminado. Háblame de ti —le besó el otro hombro.

—Comparado con lo tuyo, yo no he hecho nada con mi vida.

—Has hecho mucho.

Kate apoyó la cabeza en su hombro. Con un hijo de nueve años se sentía mucho más vieja que el resto de sus amigas sin hijos.

—Te lo puedes imaginar. Lo mío con Nathan fue un completo error, pero si no lo hubiera conocido, ahora no tendría a Aaron.

—¿Estabas enamorada de él?

—No me habría acostado con él si no lo hubiera estado.

—¿Eso significa que no te acuestas con nadie a menos que estés enamorada?

—¿Intentas que te diga que te quiera?

—Solo si es eso lo sientes.

Estaba a punto. JD no imaginaba lo cerca que estaba de dejarse llevar por completo.

—Sé lo que es amor y lo que no —le dijo con una sonrisa, pensando en la joven Kate, embarazada y abandonada por un chico al que había adorado y en el que había confiado—. Las cosas ocurren a su debido tiempo.

JD asintió y a continuación le desabrochó el sujetador. Al sentir el roce de sus dedos, Kate dejó a un lado sus reticencias.

—Esto va a cambiarlo todo —susurró con una voz que apenas reconocía.

—Eso espero.

—¿De verdad?

—Claro —respondió mientras le pasaba la mano por la cinturilla del tanga.

—¿Qué tiene de malo como estábamos hasta ahora?

—Nada… pero esto es mejor.

Apenas podía respirar.

—Tienes razón —consiguió decir. Era consciente de que en pocos segundos no podría articular palabra, así que le confesó lo que sentía—. Tengo miedo.

Él la estrechó en sus brazos.

—¿Miedo de qué?

—De perderte como amigo —levantó la cabeza para mirarlo y sintió una especie de mareo. Dios, era increíble—. Es lo que va a pasar. En cuanto hagamos el amor, dejaremos de ser amigos.

—Sí —susurró él contra su boca—. Seremos algo más.

El día de su cumpleaños, Callie se sentía como una vieja con la espalda y las piernas doloridas. Se había pasado la tarde limpiando una casa en la que había habido una gran fiesta antes de que los ocupantes volvieran a la ciudad. Era una vivienda para seis personas, pero era evidente que allí había habido al menos el doble de gente bebiendo y comiendo comida basura, para lo que habían utilizado todos los platos y utensilios disponibles y lo habían llenado todo de latas, botellas, papeles y todo tipo de basura.

Por si eso fuera poco, Yolanda se había marchado temprano, por lo que había tenido que terminar el trabajo ella sola. Ahora, volvía caminando hasta la casa de los Livingston. En realidad no le importaba caminar un kilómetro y sabía que el ejercicio le hacía bien. Era lo mejor de un día horrible.

Como de costumbre, la carretera estaba vacía. Se veía el lago entre los árboles, no el Sutherland, sino el lago Crescent, donde tenían casa solo unos pocos privilegiados. Era bastante increíble que ella hubiera acabado allí, como si el destino lo hubiese querido así. A veces imaginaba que el lago era parte de un mundo encantado, protegido por una burbuja invisible. Cuando estaba allí con los Livingston, se sentía parte de ese mundo, protegida y a salvo.

El propio lago era el centro del mundo. A Callie siempre le

había encantado el agua. Le encantaba contener la respiración y sumergirse en aquel silencio absoluto donde podía olvidarse de su propia vida durante unos cuantos minutos.

Subió el volumen de la música y se dejó llevar por la melodía de The Visitors hasta que estuvo inmersa en aquella poesía sobre el dolor humano que hizo que dejara de pensar en su propio dolor. Por eso le gustaba tanto la música. Desearía poder desaparecer en un mar de notas musicales y no tener que volver a salir a tomar aire, no tener que ver el desastre que era su vida.

Pero no era tan tonta como para pensar que pudiera hacerlo. Aunque sí era tonta. Tenía que dejar de esconderse de sí misma porque ya no aguantaba más. Sus errores eran parte de ella y no podía escapar de ellos porque entonces estaba escapando de sí misma. Siempre sería California Sequoia Evans, criada en una granja de locos y luego trasladada de una casa de acogida a otra, donde sus padres adoptivos la veían como una manera de conseguir algo de dinero extra.

Debía ser justa porque no todos eran así. La primera familia con la que había estado, siendo una niña asustada e inadaptada, había sido bastante amable. Los Cline. Aún recordaba cuánto le habían sorprendido hasta las cosas más sencillas, como que una madre la ayudara con los deberes o ver dibujos animados en la tele. Pero el alivio que había supuesto sentirse normal había durado muy poco. Cuando había empezado a sentir cierto aprecio por su vida, la habían trasladado a otra familia, mucho más tensa y estricta y, después de desobedecer demasiadas normas familiares, la habían llevado con los Coldwell, una familia de bien formada por una madre amargada y desconfiada, un padre exigente y crítico y un hijo de diecinueve años.

Pero ahora estaba con Kate y Aaron en el lago. Nunca había conocido a nadie como ellos. Kate era amable, divertida y cariñosa, y Aaron era adorable. A veces era un poco raro, pero igual que les pasaba a todos los niños. Callie no debería encariñarse demasiado con ellos porque, cuando el verano acabara, volverían a la ciudad. Conociendo a Kate, seguramente intentara ayudarla, pero no iba a seguir aprovechándose de ella. Ya se le ocurriría algo. Aún no tenía ni idea de qué.

Movió un poco los hombros mientras caminaba para intentar aliviar un poco la tensión que sentía. Yolanda siempre le decía que tenía que probar a hacer yoga, que era una manera muy suave de hacer algo respecto a su gordura, como si el yoga fuera a servirle de algo a esas alturas. Había leído en alguna parte que el tiempo curaba todas las heridas, pero había descubierto que era una maldita mentira.

El día de su cumpleaños y ella con esos pensamientos tan deprimentes. Era un día deprimente. Se suponía que debía celebrar el día en que había nacido, pero solo podía pensar en lo terrible que era su vida.

—Déjalo de una vez —se dijo a sí misma mientras sacaba una botella de agua de la mochila. Todos los días se preparaba una bolsa con la comida y con una botella de agua helada. Dio un largo trago y luego se echó unas gotas en la cabeza. Estaba harta de arrastrarse por ahí todo el día, de llevar ropa de gorda y fingir que era normal.

Si era sincera, no quería ningún regalo de cumpleaños. Quería algo para la vida en general. Ser normal. Reírse y divertirse sin preocuparse por el futuro. Tener un amigo. Un novio.

—Sí, claro —murmuró, pero enseguida levantó la cabeza y siguió caminando como una reina de la belleza, a pesar de que no hubiera nadie a su alrededor. Era lo que le ocurría con solo pensar en Luke Newman, le daban ganas de seguir adelante y enfrentarse al mundo con una sonrisa.

Era algo muy extraño. Parecía gustarle. Daba la impresión de que a Luke no le importaba su aspecto, que no hubiera vuelto al colegio desde antes de Navidades o que vistiese como una vagabunda. No la juzgaba. Y era curioso que lo hubiese conocido en ese momento, poco después de conocer a Kate y a Aaron. Cuando pensaba que no podría caer más bajo, había tenido la suerte de encontrarse con aquella gente junto al lago. Después de estar sola toda su vida, de pronto estaba con gente que parecía preocuparse de verdad por ella.

Por eso precisamente se sentía tan culpable por mentirles, pero a esas alturas ya no sabía qué hacer al respecto. Excepto seguir mintiendo.

Volvió a sentir un nuevo mareo, como llevaba ocurriéndole todo el día, y se tropezó.

«Calma», se dijo a sí misma. Debía de ser por el calor. Tenía mucha sed y había acabado la botella de agua.

Bueno, ya casi había llegado a la casa. Podía ir a bañarse con Aaron, eso siempre la hacía sentirse mejor, zambullirse y desaparecer durante un rato. Nunca usaba bañador, no podía hacerlo con ese aspecto; estaba gorda y tenía esas manchas oscuras en la piel. Al verlas por primera vez, había creído que era suciedad y se había frotado para quitárselas. Pero se había dado cuenta, con horror, de que no desaparecían. Era horrible. ¿Sería una especie de castigo por sus mentiras y sus engaños?

O quizá solo mala suerte. La única que tenía ella.

Se concentró en seguir poniendo un pie delante del otro y pensó en el lago. Sí, iba a salir a nadar. Tenía ganas de enjuagarse la boca y beber toda el agua que pudiera porque sentía un sabor extraño, como afrutado. Si aún así no conseguía hacer desaparecer el mareo, cerraría los ojos, se tumbaría en el agua y dejaría que la engullera. Quizá siguiera flotando eternamente y la corriente la arrastrara por el canal hasta el río y luego al mar.

Por fin vio el camino de entrada a la casa. Estaba todo muy tranquilo. Kate y Aaron debían de haber salido con el perro porque normalmente Bandit salía a recibirla pegando saltos. Si alguien le hubiera dicho que iba a hacerse amiga de un perro, habría pensado que estaba loco. Pero lo cierto era que le gustaba Bandit. Era la prueba de que, aunque le hubiera mordido un perro, no todos eran peligrosos.

Quizá habían ido a ver al sargento Harris porque últimamente Kate y ella estaban siempre juntos, aunque intentaban ser discretos. Nadie excepto Callie sabía que era sargento y menos que era el sargento Jordan Donovan Harris, cuyo heroísmo no había dejado de aparecer en televisión desde las Navidades.

Callie debía reconocerle que había sabido esconderse del mundo, convirtiéndose en otra persona. Quizá debería pedirle consejo.

Al principio le había sentado mal descubrir su secreto y darse cuenta de que les había engañado. Sabía que no tenía motivos para ofenderse. Al menos había servido para hacerle entender que los secretos y las mentiras, aunque fueran por el mejor de los motivos, como los de JD, siempre acababan por ocasionar problemas. Después de escuchar la historia de su madre y las razones que lo habían llevado a esconderse, Callie lo había perdonado.

De pronto se le había pasado por la cabeza una idea esperanzadora. El mero hecho de conocerlo la convertía en algo especial, con solo una llamada conseguiría que acudiera todo un equipo de televisión al completo. Podría ganar un montón de dinero vendiendo su secreto y así asegurarse el futuro.

El problema era que le había prometido que no iba a decir nada. Además, le tenía demasiado cariño como para hacerle eso.

En ese momento le llegó un ligero olor a barbacoa que hizo que le rugieran las tripas. Últimamente comía como un cerdo; le resultaba imposible contenerse. Una lástima. Pero ese día era su cumpleaños, así que, por una vez, no iba a preocuparse por nada.

Entró por la puerta de atrás. No estaba cerrada, lo que quería decir que no debían de andar muy lejos.

—Hola —dijo. Todo estaba muy tranquilo y silencioso, pero había algo distinto en el aire—. ¿Hay alguien en casa? —preguntó.

Nada. No obtuvo respuesta. Fue al fregadero de la cocina a

beber agua y mojarse la cara. En uno de los libros antiguos que había descubierto en el salón, las mujeres siempre se mojaban las mejillas cuando se encontraban mal.

Siguió el ejemplo, pero no consiguió que eso la hiciera sentirse mejor.

Se dirigió a la puerta con la intención de sentarse en el porche a mirar al lago y esperar que volvieran a casa. «Feliz cumpleaños, Callie», pensó.

Entonces abrió la puerta del porche y todo estalló.

—¡Feliz cumpleaños! —dijo un coro de voces—. ¡Sorpresa!

Callie se quedó en la puerta, completamente inmóvil. Por un momento no entendía nada, no comprendía qué hacían allí aquellas caras sonrientes, las guirnaldas o la mesa con una enorme tarta.

—Callie —gritó Aaron, pegando saltos—. ¿Te hemos sorprendido, Callie?

Se obligó a sí misma a cerrar la boca y asentir en silencio. Era como en la tele, las felicitaciones, la música de fondo y la gente aplaudiendo.

Pero había una gran diferencia. En la televisión la chica de cumpleaños siempre era guapísima y se mostraba encantadora y agradecida. Callie era incapaz de actuar de ese modo. Intentó sonreír, estuvo a punto de conseguirlo y poder dar las gracias, pero solo consiguió echarse a llorar.

Empezó a sollozar allí mismo, delante de todo el mundo. Era humillante, pero no podía controlarse. Lloraba de felicidad porque por fin alguien se hubiese molestado en prepararle una fiesta sorpresa. Pero también de tristeza porque hubiesen tenido que pasar tantos años para que tuviera tan buenos amigos y porque todo fuese a acabar al final del verano.

—Oye, ¿estás bien? —le dijo Luke, dándole una palmadita en el hombro.

—Se supone que deberías alegrarte —intervino Aaron, ostensiblemente molesto—. Por si no te has dado cuenta, esto es una fiesta.

—Sí me he dado cuenta —respondió Callie antes de secarse la cara con una servilleta de papel—. Y estoy contenta —miró al grupo de personas que se había reunido en el jardín… Kate y Aaron, JD, la señora Newman, Yolanda y su novio, Richie. Y, por supuesto, Luke.

Había juegos y todo tipo de comida. Aaron estaba contándole a alguien como se asaban los malvaviscos al estilo de los Livingston. Luke se preparó y luego se comió cuatro, por lo que Callie sintió envidia porque pudiera comer lo que quisiera y no engordar. Pero esa noche no iba a preocuparse por el peso, así que ella también comió algunos malvaviscos que lograron darle aún más sed. De nada sirvió que se bebiera toda una botella de agua de un litro.

Volvió a sentir el mareo, así que cerró los ojos y trató de controlarlo como si estuviera haciendo surf sobre una ola enorme.

—Gracias —susurró. Sabía que no la oían y que nunca sabrían que habían hecho que aquel fuese el día más feliz de su vida.

—A mí me parece que ha sido todo un éxito —opinó Mable Claire unas horas después mientras, sentados en la playa, observaban el ascenso de la luna en el cielo—. La hemos sorprendido y todo el mundo se lo ha pasado de maravilla.

—Ha salido muy bien —asintió Kate. Los demás estaban jugando a adivinar títulos de películas y canciones alrededor de la hoguera, pero Mable Claire y ella se habían quedado al margen de los juegos—. Nunca había preparado una fiesta sorpresa para nadie.

—Yo tampoco. Supongo que, para alguien como Callie, todo lo bueno que le pase es una sorpresa.

Kate se recostó sobre el enorme tronco que llevaba siglos en la playa. Phil había grabado en él sus iniciales y la fecha: 7-4-84, para conmemorar una noche de fuegos artificiales de hacía mucho tiempo. Era el turno de Richie, que estaba intentando que alguien adivinara el nombre de un animal con cuernos.

—Toro —gritó Aaron.

—Caribú, alce, búfalo —probaron otros.

—Yak —dijo JD y consiguió que Richie se arrodillara ante él para darle las gracias por haber acertado.

—¡*Yakety Yak!* —exclamó Callie. Había dado con la solución y, por supuesto, tenía que ser ella, que conocía todas las canciones del mundo.

—Me toca —afirmó Mable Claire, uniéndose al grupo.

En el aire flotaban pequeñas chispas anaranjadas y la luz del fuego iluminaba al grupo. Los rostros relajados y sonrientes de los invitados a la fiesta provocaron en Kate cierta nostalgia porque le recordaron otras noches de verano de hacía muchos años, noches llenas de diversión y de risas.

De pronto se fijó en que Aaron parecía ausente, incapaz de seguir concentrado en el juego. Antes de que pudiera decirle algo para hacerlo volver, JD lo agarró y empezó a hacerle cosquillas hasta que Aaron acabó llorando de la risa, tras lo cual volvió a unirse al juego. Kate se descubrió sonriendo como una tonta mientras observaba la escena. Había llegado al lago convencida de que iba a ser el verano más solitario de su vida. ¿Quién iba a pensar que acabaría encontrando tanta felicidad?

Unos minutos después, JD fue a sentarse a su lado.

—Pareces contenta.

—La fiesta ha salido muy bien.

—Sí —dijo al tiempo que se inclinaba sobre ella para sacar dos nubes de malvavisco de la bolsa y ponerlas en una brocheta.

La familiaridad con la actuaba hizo que Kate sintiera una agradable emoción. En realidad todo lo relacionado con JD le resultaba emocionante. Le encantaba comportarse como una pareja con él.

—Este año llegué aquí con muy pocas expectativas. Pensé que Aaron y yo íbamos a estar muy solos y tristes sin el resto de la familia.

JD puso las nubes al fuego y las tostó meticulosamente.

—¿Y ahora?

—Ahora no importa porque está siendo un verano estupendo —señaló al grupo, que cada estaba más bullicioso—. Es como si estuviéramos en familia, aunque nadie sea pariente de nadie.

Él siguió dando vueltas a las nubes.

—Callie parece muy feliz —dijo Kate mientras la observaba

agarrándose del brazo de Luke, que estaba diciéndole algo muy gracioso—. Espero que ese chico sea bueno para ella.

—Es muy joven —señaló JD.

En su tono de voz había algo que atrajo la atención de Kate.

—Es el nieto de Mable Claire, ella dice que es inofensivo. ¿No piensas lo mismo?

—Solo digo que es muy joven.

—Ella también —respondió Kate.

JD le acercó las dos nubes de malvavisco perfectamente tostadas.

—Para usted, *madame* —le dijo con la formalidad de un camarero francés.

—¿Cómo haces para tostarlas tan bien sin prenderles fuego?

—Soy un profesional.

Kate se llevó a la boca la nube de malvavisco, que se derritió de inmediato en su lengua, llenándola de dulzura. Quiso que JD se comiera la otra.

—Se me ocurren ideas muy perversas mientras te miro —susurró Kate, observándolo.

—Son las mejores —miró de reojo a los demás para comprobar que nadie los miraba antes de darle un beso rápido pero apasionado en la boca.

Kate estuvo a punto de derretirse igual que el malvavisco, pero se obligó a sí misma a mantener la compostura.

—Te recuerdo que estamos rodeados de adolescentes —le dijo mientras pinchaba otras dos nubes para ponerlas al fuego.

—Por eso no te hago el amor aquí mismo —bromeó él—. Deja de preocuparte, Kate. Todo el mundo lo sabe y no creo que a Aaron le haga ningún mal ver que alguien está loco por su madre.

Aquellas palabras la dejaron sin respiración, pero trató de parecer tranquila. Aquello era lo más parecido que había hecho JD a declarar lo que sentía por ella. Apenas podía creerlo.

—Define «loco» —le pidió—. Loco en el sentido de desearme

o… —se detuvo para no decir el resto y que él no viera cuánto deseaba oírlo.

—No —dijo él—. Por supuesto que te deseo, a todas horas. Pero me refería a otro tipo de locura.

Se le cayó de la mano el palito con las dos nubes, que quedaron carbonizadas en unos segundos. Una voz en su interior le advirtió que no lo estropeara.

—Perdona —susurró—. Creo que no lo he oído bien. ¿Acabas de decir…?

—Kate —la voz de Mable Claire interrumpió la conversación bruscamente—. Os necesitamos a los dos. A Callie le pasa algo. Se ha desmayado.

Kate apenas había asimilado las palabras cuando JD ya estaba junto a Callie. Estaba tirada en la arena, rodeada por todos los demás. No quedaba ni rastro de las risas.

JD la movió ligeramente, gritó su nombre y la examinó.

—Que alguien traiga de mi camioneta el maletín de primeros auxilios —ordenó con una autoridad que Kate nunca le había oído—. Está dentro de la caja de herramientas.

—Menos mal que hay alguien capaz de ayudarla —dijo Mable Claire.

JD se hizo con los mandos de la situación con sorprendente competencia. Comprobó sus constantes vitales mientras Yolanda se hacía cargo de Aaron y lo tranquilizaba. Por una vez, no fue difícil hacerlo, pues sin duda comprendía la gravedad de lo que estaba ocurriendo.

Mientras JD comprobaba el pulso de Callie, Kate fue a buscar su bolso y las llaves. Cuando volvió, JD tenía a Callie en brazos sin conseguir que reaccionara.

—Tenemos que llevarla al médico —le explicó Kate a Aaron dándole un abrazo—. Quédate con la señora Newman y con Luke y yo volveré en cuanto pueda.

—Tengo miedo —le dijo su hijo.

—Lo sé. Ya verás como se pone bien. Ahora tengo que irme, mi amor —lo apretó contra sí una vez más antes de salir corriendo hacia el todoterreno, donde Richie y JD estaban ya poniendo a Callie en el asiento trasero. Luke los observaba con la cara pálida y el mismo miedo que Aaron.

Kate pensaba que iba a pedirles si podía ir con ellos, pero no lo hizo.

—Se va a poner bien —le dijo a él también.

El muchacho asintió y se retiró.

Kate se puso al volante mientras JD iba detrás con Callie. La auscultó con el estetoscopio y le tomó la presión arterial sin dejar de hablarle en ningún momento, tratando de hacerla reaccionar.

Con la mirada clavada en la carretera, Kate estaba pendiente en todo momento. Callie volvió en sí unos minutos después, diciendo que no quería ir al hospital, pero respondiendo a las preguntas que le hacía JD, que hizo caso omiso a sus protestas.

En cuanto estuvieron en un lugar con cobertura, JD hizo una llamada de la que Kate solo comprendió la mitad de las palabras que utilizó para informar sobre el estado de Callie.

—Mujer de raza blanca, de dieciocho años… Síncope… Presión sanguínea 102, 66 —iba diciendo—. Pulso 160, respiración superficial. Está temblorosa, claramente mareada. Tono muscular normal…

Había algo profundamente reconfortante en su manera de actuar. Parecía tan seguro de sí mismo y tan profesional… Y parecía otra persona, alguien a quien ella no conocía.

—Estamos a diez minutos —añadió.

Kate no oyó el resto. Le temblaban las manos, pero agarró con fuerza el volante y siguió conduciendo.

Quería creer que Callie estaba a salvo, pero no era lógico que una muchacha aparentemente sana se desmayase de pronto.

CUARTA PARTE

No podemos cambiar nada sin antes comprenderlo. La repulsa no nos libera, nos oprime.

Carl Gustav Jung, *Psychological Reflections*.

—No pienso quedarme aquí —atrapada como una ladrona bajo las luces fluorescentes, Callie sintió la presión del pánico en el pecho—. No puede obligarme a quedarme —le dijo a la doctora o la enfermera, a quien fuera esa mujer con bata azul.

A pesar de su empeño en huir de aquella sala en la que unos desconocidos no dejaban de mirarla y tocarla, en realidad Callie no sabía cuáles eran sus derechos. ¿La entregarían a la policía y de ahí al tribunal de menores? En cualquier caso, las perspectivas no eran buenas. Lo mejor que podía hacer era huir una vez más.

—Vamos a cuidar de ti —le dijo la mujer.

—No pueden obligarme a que me quede. Tengo dieciocho años.

—No, no los tienes —le respondió la mujer con calma pero con firmeza.

Callie sintió un escalofrío. Deseaba gritar que era mayor de edad, lo que le permitía votar o arrancarse la vía y largarse de aquel lugar tan aterrador.

Pero parecía que aquella mujer había descubierto su secreto.

—¿Qué quiere decir? —le preguntó Callie—. Sé cuántos años tengo.

—Y yo también.

Callie la observó durante unos segundos.

—¿Cómo lo sabe?

—Soy médico, es mi trabajo. Soy la doctora Randall, médico de urgencias y una verdadera maestra en lo que se refiere a evaluar el historial de los pacientes.

Callie sintió un escalofrío. Tenía que salir de allí cuanto antes, pero lo cierto era que le daba terror quitarse la vía. Resultaba irónico, después de todo lo que le había pasado en la vida, que le diera miedo retirar las tiras de esparadrapo y sacarse la aguja que tenía clavada en el brazo. Había tenido que sufrir el dolor que le habían provocado otras personas, pero tenía sanas objeciones a hacerse daño a sí misma. Había visto cómo la gente se arrancaba las vías en las películas con un movimiento rápido y certero, pero se acobardó ante la idea de hacerlo ella. ¿Y si dolía? ¿Y si empezaba a sangrarle el brazo? Además, aunque se quitara la vía, ¿qué haría después? No podría largarse así como así; llevaba puesta una bata de papel azul y no tenía ni idea de qué habían hecho con su ropa. Ay, Dios. Le habían quitado la ropa. Qué humillante.

Luke, pensó. Luke la rescataría. Pero enseguida se dio cuenta de que en realidad no quería que lo hiciera. Si la veía así, seguramente saldría corriendo y no pararía hasta el siguiente pueblo.

Así pues, decidió probar otra estrategia con la doctora Randall.

—No tengo dinero para pagar la factura del hospital.

—Eso ya está solucionado.

—¿Ha sido el señor Harris? —dijo sin siquiera pensarlo.

—No lo sé. No me encargo de eso.

Seguro que había sido JD. Se sintió agradecida de que estuviera cuidando de ella, pero también frustrada. No quería convertirse en un caso de caridad, aunque era exactamente eso lo que era. Y JD era su benefactor. Pero JD no le debía nada, ni había ningún motivo para que la ayudara, excepto que era buena persona. Bueno, pues ella no necesitaba ningún héroe. Solo necesitaba salir de allí.

—Quíteme esto —le dijo a la mujer, señalando la vía—. Y devuélvame mi ropa. Me voy.

—Antes de tomar ninguna decisión, deberías saber lo que te ocurre —la mujer hablaba con tal calma que resultaba molesta—. Te han traído porque te habías desmayado, lo cual es motivo suficiente para preocuparse. Pero más aún en tu estado.

—¿Mi estado? —preguntó Callie con desconfianza. Su estado era obvio, estaba gorda y no tenía casa, pero eso no iba a solucionarlo quedándose en un hospital—. Ay, Dios… —de pronto empezó a temblar mientras intentaba acordarse de cuánto hacía que no tenía el periodo—. Ay, Dios —repitió.

—¿Cuándo fue la última vez que fuiste al médico?

—¿Qué le hace pensar que he ido alguna vez? —intentó parecer dura y despreocupada. Para ella era todo un honor no haber ido nunca al médico. Ningún trabajador social la había llevado nunca a hacerse un reconocimiento ni nada parecido.

La doctora Randall se limitó a asentir como respuesta y para Callie fue un alivio que no se indignara. Así era cómo había reaccionado la primera familia con la que había estado. La madre siempre decía cosas como: «¿Cómo se atreven a descuidar de ese modo a una pobre niña? Es un abuso».

—¿Callie? ¿Puedo llamarte Callie? —le preguntó la doctora, interrumpiendo sus pensamientos.

Callie levantó la mirada hacia el techo.

—Entonces cree que ahora necesito un médico.

—Depende. Tenemos que hacerte algunas pruebas.

—¿Qué clase de pruebas? —se estremeció de nuevo ante la idea de que le preguntaran con quién lo había hecho, con qué frecuencia y si había usado protección. Ay, Dios.

—Tienes cincuenta de glucosa, lo que confirma que tienes algo llamado hipoglucemia. Por eso te hemos puesto alimentación intravenosa.

—Estupendo —Callie frunció el ceño, sin atreverse a relajarse todavía—. No me vendrán mal las calorías.

Pero a la doctora no le hizo gracia la broma.

—¿Qué hábitos de alimentación tienes?

—¿No es obvio?

—Necesito que me des más detalles. ¿Tienes horarios de comida regulares? ¿Te saltas alguna comida y luego comes mucho en la siguiente?

—Sí. ¿Qué pasa? —¿acaso no se daba cuenta? Antes de empezar a vivir con Kate, Callie no había tenido la oportunidad de decidir cuándo o qué comer. Cuando una no sabía cuándo podría comer de nuevo, lo que hacía era almacenar—. Pero ya no lo hago tanto desde que estoy viviendo con… unos amigos.

—Pero sigues tendiendo a comer mucho unas veces y nada, otras.

—Menuda cosa. No soy ningún bicho raro…

—Nadie ha dicho que lo seas. En realidad es algo propio de muchos adolescentes, el problema es que en tu caso ha provocado algo muy peligroso —dijo al tiempo que escribía algo en la carpeta que llevaba.

Callie sintió un escalofrío de pavor.

—¿Qué clase de peligro?

—Tenemos que hacerte un estudio completo, pero las primeras pruebas indican que tienes resistencia a la insulina. Eso es bueno y malo.

—Dígame primero lo malo.

—Lo normal es que se convierta en una diabetes de tipo 2. ¿Sabes lo que es eso?

—Más o menos. Se puede tener una sobredosis de azúcar o algo así.

—Es mucho más que eso, pero vamos poco a poco. En cuanto las pruebas confirmen el diagnóstico, empezarás un curso intensivo sobre la enfermedad.

«Enfermedad», pensó Callie. «Tengo una enfermedad». Por si no era suficiente con estar gorda, ahora además tenía una enfermedad.

—Ha dicho que había algo bueno, ¿no?

—Si te cuidas, podrás llevar una vida normal.

—¿Y si no?

—Es tremendamente peligroso no hacer caso a una diabetes. Fíate de mí, te conviene empezar a cuidarte cuanto antes. Ya lo aprenderás en clase.

—¿Qué clase?

—En realidad van a ser varias clases. Te vamos a meter en un grupo de apoyo en el que aprenderás todo lo necesario sobre la diabetes.

La idea de tener que ir a clase y formar parte de un grupo de apoyo la hizo estremecerse de nuevo.

—¿Y eso quién lo dice?

—Creo que acabas de oírmelo decir, ¿verdad?

Callie pensaba indignarse, pero lo cierto era que le resultó gratificante que la doctora se mostrara tan firme. Nadie se había molestado nunca en establecer unas normas. Aun así, algo dentro de ella la impulsó a protestar.

—¿Y quién la ha puesto al mando de mi vida?

—Nadie. En realidad todo depende de ti. No puedo obligarte a que te cuides, pero me parece que te lo debes a ti misma. Al menos tienes que esperar a tener un diagnóstico completo y enterarte bien de lo que te pasa.

—¿Y no puede darme una inyección o algo así para que se me pase?

—La resistencia a la insulina no funciona así. De lo que se trata es de controlarlo sin medicación el mayor tiempo posible.

—Perdone —la interrumpió Callie—. De lo que se trata es de curarme.

—Una vez que te diagnostican diabetes, no tiene cura; es una enfermedad crónica que obliga a cuidarse de por vida. Pero sí puedes evitarlo perdiendo peso, haciendo ejercicio y controlando la dieta.

—¿No puede curarme, pero yo sí puedo evitarlo?

—Si realmente tienes resistencia a la insulina, corres el riesgo de desarrollar diabetes, pero no tiene por qué ocurrir si empiezas a cuidarte ya —miró la carpeta de nuevo y se la mostró—. Aquí tienes un resumen de la situación.

Empezó a explicarle las cosas con dibujos y cifras, pero Callie desconectó de inmediato. «Enfermedad crónica», aquellas palabras eran como una puñalada. No iba a llorar, eso nunca le había servido de nada y tampoco la ayudaría ahora.

—¿Y si no me hago las pruebas ni voy a esas clases? —le preguntó, interrumpiendo el discurso.

—Estarás corriendo un enorme riesgo. Tú decides.

«No quiero decidir nada. Dígame qué debo hacer. Solo soy una niña».

—Tus amigos están fuera y están deseando verte —le dijo la doctora.

No. Intentó decirlo, pero en lugar de eso, acabó asintiendo.

Poco después entraron Kate y JD. Callie los miró y su corazón reconoció de inmediato el sentimiento que se reflejaba en sus rostros. Nunca lo había sentido, por lo que no había ningún motivo por el que tuviera que identificarlo, y sin embargo lo hizo. Kate y JD no estaban allí por obligación, ni porque se sintieran culpables o porque el estado les enviara un cheque todos los meses a cambio de hacerse cargo de ella. Estaban a su lado por amor y eso la conmovió hasta lo más hondo.

Se dijo una vez más que no debía llorar y se lo repitió una y otra vez como si fuera un mantra. «No llores, no llores, no llores». No había podido controlarse al descubrir lo que habían hecho por ella; le habían preparado una fiesta de cumpleaños. Una verdadera fiesta, con invitados y regalos que habían elegido especialmente para ella. Una celebración solo porque hubiera nacido. Era lógico que hubiera llorado.

Y volvió a ocurrir. La amabilidad y la preocupación que vio en sus ojos hicieron que se derrumbara y llorara aún más que el día anterior.

Kate la abrazó y le acarició el pelo con una ternura que solo sirvió para que llorara más fuerte. Lloraba porque tenía miedo, su vida era un desastre y no sabía cómo salvarse a sí misma. Lloraba porque había cometido muchos errores y no había manera de borrarlos. Lloró y lloró hasta que se quedó agotada. Apenas tenía fuerzas para mirar a Kate, pero cuando consiguió hacerlo, descubrió que ella también estaba llorando.

—Lo siento —dijo Callie entre sollozos. Pensó que dolía mucho. Dolía querer a alguien. ¿Estaría bien eso?

—No tienes que disculparte por nada.

JD les dio unos pañuelos de papel y ambas se limpiaron la cara. Él parecía estar muy tranquilo. Seguramente había visto muchas escenas como aquella en su otra vida… gente que se derrumbaba y buscaba alguien en quien apoyarse, gente que se aterraba al darse cuenta de que estaban solos. Callie pensó que era un trabajo horrible, pero ella había tenido mucha suerte de tenerlo cerca cuando se había desmayado.

—Me gustaría que me hubieras dicho que te encontrabas mal —le dijo Kate.

—Quería decírtelo, pero me daba miedo. Supongo que estaba hecha un lío. Sabía que algo no iba bien, pero no quería quejarme, ni preocuparte.

—Bonita, para eso estoy aquí.

Callie se sentía como si se hubiera quedado sin lágrimas.

—La doctora dice que tengo que hacerme un montón de pruebas e ir a unas clases.

—Queremos ayudarte en todo lo que podamos —dijo Kate y miró a JD—. Bueno, al menos yo.

—Los dos queremos ayudarte —matizó él.

—Tengo que deciros algo —Callie sabía que parecía una tonta, pero seguramente era lo mejor después de todo lo ocurrido y con todo lo que sabían de ella. De todas maneras estaba aterrada porque había algo, algo muy importante, que aún no les había dicho—. A los dos.

Kate le puso una mano sobre la suya.

—Te escuchamos.

No sabía cómo empezar.

—¿Te acuerdas de el primer día que nos vimos? —le preguntó a Kate—. Cuando te pegué ese susto y tú me ofreciste que me quedara en tu casa.

—Claro —respondió Kate.

—¿Te acuerdas que me dijiste que contigo estaba a salvo, y yo me eché a reír? No me reía de ti. Era porque no tenías ni idea de a quién estabas metiendo en tu casa.

—Claro que lo sabía —Kate volvió a acariciarle el pelo—. Y no me arrepiento de haberlo hecho.

—No se puede estar a salvo de uno mismo —dijo Callie con voz temblorosa.

—No comprendo —murmuró Kate.

Callie miró a JD, que no parecía tan confundido como Kate. Se dio cuenta entonces que a él no le había engañado en ningún momento.

—Vamos, cariño, ¿qué es lo que querías decirnos?

Callie tragó saliva antes de tratar de volver a hablar.

—Os mentí sobre mi edad —apenas podía hablar—. Si queréis que me vaya después de esto, lo entenderé.

—No —oyó decir a Kate, con evidente preocupación—. ¿Qué quieres decir exactamente?

Callie se obligó a continuar, tratando de no sentir nada.

—Quería vivir sola y por eso mentí. Ayer no cumplí dieciocho años.

Kate esbozó una sonrisa.

—No nos importa que fuera otro día.

—No, no es eso —dijo Callie—. No es eso en lo que mentí. Aún no tengo dieciocho años —bajó la mirada a sus manos, hinchadas y entumecidas—. Acabo de cumplir los quince.

Kate llamó a Mable Claire Newman para ver qué tal estaban Aaron y Bandit y contarles lo que les habían dicho de Callie.

—Diabetes —repitió Mable Claire con compasión—. ¡Pobre muchacha!

—Según nos ha dicho la doctora, tiene suerte porque es resistencia a la insulina, lo que quiere decir que no ha desarrollado diabetes —hizo una pausa. Sabía que tarde o temprano habría que decirle a Mable Claire la verdadera edad de Callie, pero Kate necesitaba un poco más de tiempo para pensar en ello y considerar todas las consecuencias—. Aún tardaremos bastante en volver.

—No te preocupas. Yo me quedo con Aaron y Bandit todo el tiempo que sea necesario. Y le daré las noticias a Luke.

El nieto de Mable Claire tenía diecisiete años y acababa de terminar el instituto. Habría que contarle más cosas de lo que pensaba Mable Claire. A Kate no le había importado los años que tuviera Callie porque había creído que era casi mayor de edad. Por eso le había dejado que saliera con el coche y con Luke y que tuviera una libertad que jamás le habría permitido a una muchacha de catorce años. Las cosas se habían complicado y Kate empezaba a acusar las horas que llevaba sin dormir.

—Creo que también debes decirle que Callie acaba de cumplir quince años.

Mable Claire se quedó muda durante unos segundos.

—¡Madre mía!

Efectivamente. Debían pasar de pensar que Callie era un par de meses mayor que Luke a asimilar que tenía dos años menos. Una diferencia que, en esas edades, era muy significativa.

—Es una larga historia —dijo Kate—. Te contaré más cosas cuando vaya a buscar a Aaron. ¿Está despierto? —con lo cansada que estaba, Kate sintió una agridulce sensación de amor y temor.

Se moría de ganas de ver a Aaron, estrecharlo en sus brazos y asegurarse de que sabía que lo quería con todo su corazón. La dura experiencia de Callie le había hecho pensar una vez más que la vida era algo valioso y frágil.

—Sigue durmiendo, pero le diré que has llamado en cuanto se despierte.

Después de colgar el teléfono, Kate se dio la vuelta y se encontró con JD y un café.

—Muchas gracias —le dijo.

—Vamos a sentarnos un poco —sugirió él señalando un banco tapizado en cuero sintético—. Van a tardar bastante en hacerle las pruebas.

Kate se sentó a su lado con una tranquilidad que no había sentido nunca antes. Todo lo ocurrido durante la noche le había dado una nueva perspectiva de las cosas. Habían estado unidos ante la crisis y ahora tenía la sensación de que todo era más importante. No estaban tonteando simplemente y teniendo un romance de verano; estaban creando una relación, con preocupaciones y objetivos comunes. Y quizá incluso mirando al futuro.

—Callie ha tenido mucha suerte de que supieras qué hacer —le dijo.

—Simplemente estaba en el lugar adecuado en el momento justo.

—Y sabías lo que tenías que hacer —insistió Kate—. Es un cumplido, no me lleves la contraria.

—No te llevo la contraria.

Kate sentía el peso del cansancio y, aunque tenía muchas cosas que hablar con JD, aquel no era el mejor momento. Tenían que concentrarse en Callie.

—Todavía no puedo creer que sea tan joven —se frotó el cuello con la mano para intentar relajar un poco los músculos—. Supongo que no tenía ninguna sospecha y por eso no lo vi venir.

JD se puso en pie y fue hasta la ventana, desde donde se veían los picos de las montañas que el sol del amanecer había teñido de naranja.

—Con los niños nunca se sabe. Yo he visto algunos que con doce años parecían adultos y gente que con más de veinte podían pasar por alumnos de instituto.

—¿Sabes algo sobre la diabetes?

—Los síntomas y lo que hay que hacer en una emergencia —enganchó el dedo pulgar en uno de los bolsillos de atrás del pantalón. Parecía tenso.

—¿Qué crees que le pasará?

—Lo normal es que le midan el nivel de glucosa en ayunas y su tolerancia a la glucosa oral. También le harán una prueba de hemoglobina y un reconocimiento completo… masa corporal, análisis de la tiroides y supongo que alguna cosa más. La doctora parecía bastante segura de que lo que van a encontrar es resistencia a la insulina.

Kate no pudo evitar sentirse impresionada. JD quería ser médico y ella esperaba que lo consiguiera porque estaba segura de que lo haría muy bien.

—Eso es malo, ¿verdad?

—No es una condena a muerte. Lo importante es controlar su nivel de azúcar en sangre. Hay medicamentos que lo hacen, pero, si tiene suerte, podrá controlarlo solo con una dieta estricta y haciendo ejercicio. Tiene un largo camino por delante y, para un niño, es más difícil. Tendrá que aprender a medirse el azúcar sola y a cuidar su dieta. No es una enfermedad fácil de llevar porque requiere mucha disciplina y autocontrol, dos cosas por las que no suelen caracterizarse los adolescentes.

—Tú sabías que le pasaba algo —adivinó Kate.

—Tenía mis sospechas —admitió sin mirarla.

—¿Por qué?

—Veía algunos síntomas, pero ninguno concluyente. El exceso de peso y los problemas de piel están asociados a la diabetes, pero también son habituales en la adolescencia.

—¿Hablaste con ella de eso?

—No estaba preparada para hablar —JD se volvió hacia ella con mirada cansada y una sombra de barba en el rostro—. Podría haberle dicho que fuera el médico, pero no tengo ninguna autoridad sobre ella y habría sido peligroso obligarla porque podría haberse escapado. Aún puede hacerlo, quizá el riesgo sea aún mayor que antes.

—No va a irse a ninguna parte —aseguró Kate con determinación, se le había acelerado el pulso—. Yo no voy a dejar que lo haga —se fijó en cómo la miraba JD—. ¿Qué?

—¿Sabes si tienes competencia para impedirlo?

—Seguramente no, pero ya estoy metida de lleno. No puedo evitarlo.

—¿Sueles hacerlo a menudo?

—¿El qué, meterme en la vida de alguien que no conozco? —Kate meneó la cabeza—. Creo que es obvio que no.

—¿Por qué iba a ser obvio?

—Mira lo que le ha pasado a Callie. Le he fallado y anoche estuvo a punto de morir. La he cuidado fatal.

—Las has cuidado maravillosamente.

Aquellas palabras la hicieron derretirse. Ni siquiera se atrevió a decir nada durante unos segundos, pues tenía la impresión de haber hablado demasiado. El sol seguía subiendo, inundando los suelos de linóleo con su luz.

—Eso es lo extraño de todo esto. Es una locura —siguió

diciendo—. Normalmente solo pienso en mis cosas y presto atención únicamente a lo que me rodea. Pero Callie… es muy importante para mí. Ahora que sé lo que le espera, siento el impulso de tomar el control de la situación, quiero estar a su lado y cuidar de ella. La quiero mucho, JD. No sé cómo ni por qué ha ocurrido, pero la quiero como si fuera mi hija. Si le ocurriera algo, no podría perdonármelo.

—Maldita sea, Kate. Escucha lo que estás diciendo. Puedes ayudarla con la enfermedad, pero no puedes controlarla.

—No me grites.

—No te estoy gritando —apuró el vaso de café y lo tiró a la papelera—. No quiero que sufras.

Kate apoyó la espalda en la pared.

—No tengo ninguna duda de que voy a sufrir, pero, ¿crees que por eso tendría que dejar de sentir lo que siento por Callie?

JD se acercó a ella y, para sorpresa de Kate, le tomó una mano e hizo que se girara hacia él. Le puso una mano en la mejilla en un gesto tan cariñoso y tierno que la dejó sin respiración. Se dejó sumergir en aquellos cálidos ojos.

—Di algo —le pidió Kate en un susurro.

—¿Qué quieres que diga?

—Siempre haces esto.

—¿El qué? —preguntó mientras le acariciaba la cara.

—Ves, otra vez —podría haberse quedado toda la vida mirándolo a los ojos, pero le apartó la mano y se alejó de él—. Hay algo que no dejo de pensar desde la conversación de anoche —comenzó a decir titubeando un poco—. Ya sabes, lo que estabas diciendo justo cuando se desmayó Callie —de pronto sintió que le faltaba valor para continuar—. Seguramente ni siquiera te acuerdas de la conversación.

—Te refieres a cuando te dije que estaba loco por ti y me preguntaste si estaba hablando de deseo o de amor.

Kate respiró con alivio; al menos no lo había imaginado.

—Sí, eso. Me pregunto si… si lo decías en serio.

JD la observó detenidamente con gesto indescifrable. Kate se preparó para enfrentarse al rechazo. Le había dado la escapatoria perfecta, podía decir que no lo había dicho en serio, que había tenido tiempo para pensarlo y se había dado cuenta de que se había apresurado.

—Lo siento —dijo ella, agobiada por las dudas—. No debería haberte puesto entre la espada y la pared. No tienes por qué contestarme.

—No me importa —dijo él, muy serio.

Se oyó de lejos el sistema de megafonía del hospital, pero Kate ni siquiera lo oyó porque estaba concentrada en JD. Se quitó las gafas lentamente, después se acercó a ella y la estrechó en sus brazos. Finalmente, se inclinó y la besó, al principio con suavidad, pero enseguida acabó apoderándose de su boca apasionadamente.

El corazón le dio un vuelco dentro del pecho y todo su cuerpo reaccionó ardientemente. Podría hacer lo que quisiera con ella; haría cualquier cosa que él le pidiese. Ya no le importaba la pregunta que le había hecho, ni lo que fuera a contestar.

Cuando lo sintió alejarse gradualmente, Kate lo miró sorprendida, a punto de protestar, pero se contuvo. Tuvo la impresión de que respiraba con dificultad, pero esa fue su única reacción.

En sus labios apareció una misteriosa sonrisa, nada más. Después volvió a ponerse las gafas y la miró con aparente tranquilidad. Kate estaba que se moría por dentro y lamentaba haber sacado el tema. Pero entonces, antes de que pudiera pensar en qué decir, su sonrisa se hizo más grande e intensa.

—Sí —dijo él, levantando la voz por encima de la de la megafonía—. Lo dije completamente en serio.

A la mañana siguiente, ya en casa, Kate reflexionaba sobre la conversación. Como declaración romántica, la de JD había sido algo ambigua, quizá. Lo que se acercaba peligrosamente a la mentira.

—Vamos, Kate —dijo con la mirada clavada en la pantalla vacía del ordenador—. Déjalo ya. Has conocido a alguien con quien salir durante el verano. ¿Qué más quieres?

Sabía perfectamente qué quería y solo con pensarlo apareció en sus labios una sonrisa irónica. Era tan tonta que quería el cuento de hadas completo. A pesar de todas las decepciones y los encontronazos con la realidad, seguía albergando ese deseo secreto. Quería la luna, una declaración, rodilla en tierra, quizá incluso la cajita de terciopelo azul con un diamante que brillara en medio de una sortija.

—Concéntrate —se dijo, tratando de prestar atención a la tarea que tenía entre manos. Se suponía que iba a dedicar el verano a escribir, a reinventarse e idear un nuevo futuro profesional. A seguir su sueño de siempre. Un sueño que ahora estaba a su alcance. Era su oportunidad.

Pero por mucho que lo intentara, no podía quitarse de la cabeza la conversación con JD. La repasaba una y otra vez, analizando las palabras como si formaran parte de un texto críptico de un antiguo oráculo.

«No creo que a Aaron le haga ningún mal ver que alguien está loco por su madre».

Eso era lo que había dicho. Kate recordaba las palabras exactas porque se le habían quedado grabadas en la mente. ¿Sería relevante que hubiese incluido a Aaron? ¿Tendría algún significado especial?

—Buenos días —dijo Callie al entrar a la cocina, aún en bata y con chanclas.

—¿Qué tal estás?

—Supongo que ya iremos comprobándolo, ¿no? —Callie dejó sobre la mesa el medidor de glucosa para hacerse la prueba en ayunas.

Apenas había empezado el tratamiento, pero ya se mostraba muy cínica con el proceso. Por supuesto que suponía un cambio de vida doloroso y pesado, pues a partir de ese momento, tendría que programar atentamente todas sus comidas y respetar los horarios en los que debía medirse el azúcar. Había prometido hacerlo, pero Kate se daba cuenta de lo frustrante que era para ella.

—Ya estoy harta de estar enferma —protestó la muchacha, mirando las instrucciones del medidor.

—¿Quieres que te ayude?

Callie meneó la cabeza.

—Creo que es mejor que aprenda a hacerlo sola.

—Seguro que en el curso te dan muchas ideas para que todo sea más fácil. En el folleto que leí en el hospital decía que vas a controlar la glucemia con ejercicio y una dieta sana.

—Ya. Me muero de ganas de empezar.

Kate sabía que era lógico que se comportara así.

—Nos iremos dentro de una hora. Tengo algunas cosas que hacer mientras tú estás en clase.

—¿Qué cosas?

—Lo primero, quiero investigar un poco en Internet. Verás, te diré lo que se me ha ocurrido —anunció Kate—. Aún no se lo he dicho a la editora, pero me da la sensación de que le gustará la idea. En mi siguiente artículo, quiero contar tu historia.

Durante un instante, la sorpresa y la alegría se reflejaron en el rostro de Callie, pero enseguida borró ambas cosas y soltó una carcajada llena de sarcasmo.

—Mi historia. La historia de una gorda fracasada que acaba con una enfermedad incurable. No creo que nadie quiera leer eso.

—¿Lo dices en serio? Tú eres increíble, Callie, pero estás muy equivocada. No eres una fracasada, sino una luchadora, una superviviente. Te vas a cuidar y te pondrás mejor. Lo prometiste —le recordó Kate.

Callie asintió con tristeza.

—Sí, pero sigue sin tener mucho interés para contarlo en un artículo.

—De eso me encargo yo.

Tenía la cabeza baja, mirando las instrucciones del medidor de glucosa.

—Entonces… ¿vas a contarlo todo?

—No voy a escribir ni una palabra que tú no quieras que escriba. Además, como eres menor de edad, puedo utilizar un alias.

—¿Un nombre falso?

—Si tú quieres. Supongo que el artículo irá acompañado de fotos —añadió—. Eso no es decisión mía, pero una revista de esta categoría siempre trabaja con los mejores. ¿Te importaría que te hicieran fotos?

—¿Qué? ¿Un fotógrafo de *Vanity Fair*? Que se aparten todas las modelos de moda —bromeó con alegría, luego volvió a actuar como si no le importara demasiado—. Supongo que me parece bien.

—Pero hay una regla —matizó Kate—. Todo lo que me digas tiene que ser completamente verdad. Lo que hace que la historia tenga tanta fuerza es precisamente eso, que es cierta.

Callie respiró hondo.

—Después de todo esto, no tengo nada que esconder.

—¿De verdad?

—De verdad.

—¿Quieres decirme por qué mentiste sobre tu edad? —le preguntó Kate suavemente.

—¿Tú qué crees? —Callie meneó la cabeza y apretó los labios—. Por si no lo has notado, no soy la hija adoptiva ideal, así que cuanto antes salga del sistema de acogida, mejor.

—¿Mejor para quién?

—Para mí —miró a Kate con frustración—. ¿Te molesta que alguien te mienta?

—Claro. A nadie le gusta que le mientan.

—No, quiero decir si te molesta de verdad, hasta el punto de hacer que odies a la persona que ha mentido.

—Callie, yo nunca podría odiarte.

La muchacha resopló con frustración.

—No hablo solo de mí, sino en general. Quiero saber si para ti es imperdonable que alguien mienta.

—Está claro que no, puesto que me has explicado por qué mentiste. Por supuesto que no estuvo bien, pero vamos a solucionarlo.

—Dios, me rindo.

Kate la observó durante unos segundos. Tenía la impresión de que hablaban de dos cosas distintas.

—Escucha, si vamos a meternos juntas en este proyecto, tendrás que acostumbrarte a que te haga muchas preguntas. Puede que no sea buena idea.

—He dicho que quería hacerlo.

—Tienes que estar segura de que lo haces porque quieres. No me debes nada, Callie.

—Te lo debo todo, pero no quiero hacerlo por eso. Me parece divertido que escribas sobre mí.

—Lo haré bien —le prometió Kate—. Te doy mi palabra.

—Trato hecho —asintió Callie antes de volver a mirar el medidor y la tabla con los resultados. Por la expresión de su cara, la cifra que había obtenido no era buena—. Voy a vestirme —dijo y se fue a su habitación.

Unos minutos después, apareció Aaron en busca de algo de comer.

—¿Tengo que ir al pueblo con vosotras?

—No —dijo Kate—. Voy a dejarte aquí solo todo el día.

—Genial.

Kate meneó la cabeza.

—Claro que tienes que venir, hijo. Nos vamos dentro de una hora y nada de hacerse el remolón. No quiero que Callie llegue tarde a clase.

—No entiendo para qué tiene que ir a clase —dijo Aaron—. Está enferma, pero no es tonta.

—Le van a enseñar a cuidarse para que no se ponga enferma. Es un curso importante y no va a perdérselo.

—Ya.

Le había contado a su hijo lo más básico de la situación. Callie se había desmayado porque tenía resistencia a la insulina y ahora debía cambiar de dieta y aprender a controlar los niveles de azúcar en sangre. Aaron lo había aceptado sin ningún problema, pero Kate percibía el temor y la incertidumbre de su hijo.

—Venga, pregúntame todo lo que quieras —le pidió—. No sé si podré responderte a todo, pero lo intentaré.

—¿Cómo es que Callie no nos dijo que estaba enferma?

Primer strike y no tenía respuesta, pensó Kate.

—A lo mejor deberíamos preguntárselo a ella, pero supongo que es porque estamos conociéndonos poco a poco. No se le suele contar todo a una persona a la que acabas de conocer.

—Por eso yo a ella no le he contado que soy ambidiestro.

—Eso es. No es ningún secreto, pero aún no has tenido oportunidad de hacerlo.

—¿Cuándo se va a poner mejor? —le preguntó Aaron a continuación.

Kate sonrió.

—Ya está mejor. Lo que tenemos que hacer nosotros es ayudarla para que siga así.

—¿Por qué no se queda con nosotros para siempre?

Segundo strike. La pregunta de su hijo fue directa a lo que más temía Kate. Mientras Callie estuviese bajo su techo, podría ayudarla, pero no sabía cuánto duraría aquello, puesto que aún era menor de edad.

—No lo sé —admitió—. La verdad es que no sé cómo podríamos hacerlo.

—Es muy fácil. Solo tiene que quedarse con nosotros —aseguró Aaron sin dudarlo un segundo, con una lógica aplastante—. ¿Por qué nos dijo que tenía dieciocho años si tiene quince?

Tercer strike.

—Las mujeres siempre mentimos sobre la edad —bromeó Kate al tiempo que le servía el tazón del desayuno—. Pensé que tendrías otro tipo de preguntas, alguna que pudiera contestarte.

—¿Cosas como que por qué no está con sus padres, por ejemplo?

—Sí, por ejemplo. ¿No quieres saberlo?

—No, porque ya lo sé —afirmó con sencillez mientras llenaba el tazón de cereales—. Su madre está en la cárcel. Me lo contó anoche cuando volvisteis del hospital. Me dan escalofríos. Y no me preguntes si quiero saber dónde está su padre.

Kate sonrió, su hijo la conocía muy bien.

—¿No?

Aaron meneó la cabeza.

—Los padres no son tan importantes.

Kate se acercó a él y le dio un beso en la frente. Sabía que seguía queriendo tener un padre que lo llevara de pesca, le enseñara a jugar al béisbol y le transmitiera esa sensación de seguridad que ella sentía cuando estaba con su padre. Pero su hijo jamás querría herir sus sentimientos diciéndoselo a ella.

Lo que no sabía era que, aunque no se lo dijera, a ella le resultaba igualmente doloroso. Nada la hacía sufrir más que el saber que no podía darle a su hijo lo que más deseaba.

—Hola, familia —JD llamó con los nudillos a la puerta mosquitera.

—JD —dijo Aaron, poniéndose en pie de un salto para ir a abrirle.

Bandit acudió también ladrando y meneando el rabo.

Kate también sintió ganas de ir a saludarle con el mismo ímpetu, pero se obligó a no hacerlo. A pesar de lo sucedido en el hospital, o quizá precisamente por ello, JD y ella seguían intentando averiguar qué era lo que había entre ellos. Ahora que ya se habían acostado juntos, se suponía que debían llevar la relación a… alguna parte. Pero el susto de Callie había dejado todo eso en suspenso.

—Llegas justo a tiempo para salvarme —le dijo Aaron.

—¿De qué? —preguntó JD al tiempo que entraba a la cocina.

—De la clase de diabetes —le explicó y luego puso cara de asco.

—Ay, Dios, no me digas que quieren mandarte a clase. Es una verdadera tortura.

—Dímelo a mí —dijo Aaron, encantado.

—No puedo permitirlo. Busca la protección solar y una botella de agua. Nos largamos enseguida.

—¡Sí! —exclamó Aaron, dando saltos de alegría.

Kate fingió mostrarse severa.

—En algunos estados, eso se considera secuestro.

—Yo lo llamo escapar a tiempo.

—¿Dónde te lo llevas?

—Al monte Storm King. Vamos a subir a la cima a hacer fotos.

Se oía correr a Aaron por el piso de arriba, preparándose a toda prisa.

—¿Crees que podrá?

—No tengo la menor duda —respondió JD.

Kate se volvió a mirarlo a los ojos.

—Muchas gracias.

—No pongas esa cara. No me importa quedarme con Aaron.

Kate sabía que la excursión solo era una excusa. A JD parecía gustarle estar con Aaron, al margen de ayudarla a ella y eso le provocó una sensación tan agradable que le sorprendió.

—Ya sabes que a veces se pone un poco difícil —sintió la obligación de advertirlo.

—Podré con ello.

«Lo sé».

—Vamos, Kate —murmuró JD al tiempo que se acercaba a ella.

Le puso las manos en los hombros. Kate sintió el deseo de apoyarse en su pecho, dejar que la abrazara, pero dicho deseo solo le recordó lo difícil que era a veces hacerlo todo sola.

—No estoy acostumbrada a que un hombre comprenda a Aaron y se lleve bien con él a pesar de sus defectos.

—Pues vete acostumbrando —respondió él, mirándola a los ojos—. Para un niño como Aaron, el mundo siempre es algo nuevo.

Kate sintió un nudo en la garganta y, por un momento, no pudo ni hablar. JD lo comprendía. Por primera vez había alguien que entendía a su hijo y lo miraba con ojos compasivos. La idea la dejó desconcertada. Se había acostumbrado a que todo el mundo viera a Aaron como un problema o un desafío. Pero JD no era así y era un verdadero alivio haber conocido a alguien que veía en su hijo todo lo que veía ella. Por fin consiguió decir exactamente lo que pensaba:

—Gracias.

JD bajó las manos por su espalda y la caricia le recordó el modo en que la había tocado mientras hacían el amor.

—Sigues mirándome de una manera extraña.

Kate sonrió, consciente de que sus ojos reflejaban lo que sentía.

—Un hombre como tú no aparece todos los días.

—Afortunadamente, porque no me gustaría tener competencia.

Se inclinó hacia ella y Kate se dio cuenta de que necesitaba que la besara más de lo que necesitaba seguir respirando. Pero de pronto se oyó un portazo en algún lugar de la casa que los separó bruscamente.

No tardó en aparecer Callie, todavía en bata.

—Buenos días —dijo mientras se servía un vaso de agua.

—He oído que vas a ir al pueblo —dijo JD.

Kate no lo miró, aunque seguía inmersa en la sensación de tenerlo cerca.

—Pareces un poco nerviosa, querida —le dijo a la muchacha.

—Tengo miedo —admitió Callie—. Nunca se me ha dado bien el colegio. Saco muy malas notas.

Kate trató de no alarmarse por la inseguridad de Callie. Esa vez no se trataba de notas, sino de su salud.

—No van a ponerte notas, pero van a enseñarte cosas muy importantes que tienes que aprender —le aseguró Kate—. Puede que hasta hagas nuevos amigos.

—Claro, sería estupendo. Una clase llena de gordos fracasados —meneó la cabeza con desprecio—. Como yo.

Kate se acercó a abrazarla. Callie se puso tensa.

—He cambiado de opinión, no voy a ir. Me leeré los folletos que me han dado.

—Claro que vamos a ir.

La muchacha se apartó.

—No puedes obligarme.

Eso sí hizo que Kate se alarmara.

—Callie, todo esto es para salvarte la vida.

—Tonterías —replicó—. No voy a ir.

—No puedes hacer eso.

—Ya lo verás.

—Callie —intervino JD con voz tranquila, pero firme.

—No, tú también, no —protestó la muchacha—. Tú tampoco puedes obligarme a ir.

—Ni se me ocurriría hacerlo.

Kate estuvo a punto de protestar, pero JD le hizo un leve gesto para que esperara.

—Mejor —murmuró Callie con más suavidad, y quizá también más insegura—. Me leeré toda esa información que me han dado.

—Hazlo —dijo JD.

Kate apretó los dientes. Él más que nadie debía saber lo importante que era que fuera a esas clases.

—Lo haré —afirmó Callie con obstinación.

—Se supone que tienes que ir a clase —le dijo Aaron, que llevaba un rato en la puerta—. Te lo ha dicho el médico.

—¿A ti qué te importa? —le preguntó Callie—. Esto es problema mío, no tuyo, ni de Kate, ni de nadie más.

—Claro que le importa —espetó Kate, incapaz de seguir callada—. Igual que me importa a mí, y también a JD. A todos nos importa y estás siendo muy egoísta al no querer hacer lo que te dijo la doctora.

Callie se quedó blanca. Parecía que Kate le hubiera dado una bofetada.

—¿Yo estoy siendo egoísta? ¿Crees que pedí que me pasara todo esto? ¿Te parece que me gusta ser un bicho raro?

—No eres ningún bicho raro —aseguró Kate, a punto de perder los nervios—. Vas a ir a clase.

—No, no voy a ir.

—Entonces ven con nosotros —le propuso JD—. Aaron y yo vamos a subir un monte. Así que, ¿qué prefieres? ¿La clase, o el monte?

Callie miró por la ventana, hacia las montañas que se alzaban al otro lado del lago.

—Te recuerdo que estoy enferma. No llegaría ni a la mitad.

—Después de la clase, yo pensaba ir a comprar maquillaje —le dijo Kate y le mostró las tarjetas regalo que le habían dado a Callie por su cumpleaños—. ¿Tú no tenías que ir de compras también?

Callie la miró con gesto de rabia y frustración.

—Está bien, iré a la clase. Voy a darme una ducha —farfulló antes de salir de la cocina.

Kate le pidió a Aaron que fuera a buscar la cámara de fotos.

—Aún no son las nueve de la mañana y ya estoy agotada —le dijo a JD.

Él le pasó el brazo por los hombros.

—Vamos al jardín. Hace una mañana preciosa.

Kate se maravilló de lo reconfortante que era el simple hecho de tener alguien en quién apoyarse. Se sentaron en el porche, mirando el reflejo de las montañas en el agua. Cuando estaba con JD, Kate tenía a menudo la sensación de haber encontrado su destino, como si estuvieran hechos el uno para el otro. Pero quizá fuera un simple deseo, quizá simplemente estaba agradecida de haber encontrado por fin a alguien dispuesto a establecer un vínculo con ella y con su hijo.

En lugar de hacer que se sintiera más tranquila, el saber que se estaba enamorando tan locamente no hacía sino aumentar la tensión. Se preguntó si él también lo sentiría, pero se dio cuenta de que aún no lo conocía lo suficiente como para preguntárselo.

—Estás muy callada.

Quizá fuera el momento de preguntárselo.

—Tú también.

—Voy a tener que irme unos días.

Vaya. Eso era nuevo. Kate se quedó en silencio, esperando que se explicara un poco más, pero no fue así. Bueno, pensó Kate, «eres periodista. Hazle hablar».

—¿Adónde vas?

—A Los Ángeles.

Kate se emocionó al oírlo, él sin embargo no parecía darle la menor importancia.

—Supongo que vas a la entrevista de admisión.

JD parpadeó como si le hubiera sorprendido, pero luego esbozó una sonrisa.

—Sí.

—Se van a quedar impresionados contigo y te van a pedir que te matricules de inmediato.

—No creo que sea tan fácil, Kate. Pero gracias por el voto de confianza.

—Lo digo en serio. Eres muy bueno. Lo vi con Callie —siguió diciendo Kate—. Parecías otra persona cuando estabas atendiéndola.

—¿Qué se supone que significa eso?

—Es que… vi otro lado de ti, algo que no había visto nunca. Cuando ayudaste a Callie, te vi tal como eres en tu vida real.

—Solo estaba haciendo mi trabajo. Por suerte para Callie, no fue nada complicado.

—No seas modesto —le dijo—. ¿Por qué lo haces?

—No es modestia, pero, ¿a qué vienen todas esas preguntas?

—Es el momento —admitió—. Ya hemos postergado suficiente esta conversación.

—Madre mía, Kate. ¿Qué conversación?

—Una que sirva para conocernos más profundamente.

JD esbozó una sonrisa traviesa.

—Para eso no es necesario hablar.

—Hoy sí —Kate se apretó las rodillas contra el pecho—. Estoy hablando en serio. Aquí en el lago, estamos fuera de nuestro entorno habitual y, después de verte atender a Callie, siento curiosidad por saber quién eres en tu vida real.

—¿Es que esto no es real? —le preguntó con gesto desconcertado.

—Esto es el lago —dijo, como si eso lo explicara todo—.

¿Cómo es tu vida cuando no estás aquí? ¿Quién forma parte de tu día a día? Quiero saber qué cosas te importan.

—Tú me importas —respondió JD—. ¿Cómo eres tú cuando vuelves a la civilización? ¿Una urbanita con tacones de aguja y siempre corriendo de un lado a otro?

Kate se echó a reír y luego se mordió el labio inferior.

—Una urbanita sin empleo, aunque es cierto que me encantan los tacones.

—Perdona —se disculpó él—. No pretendía ponerte en un aprieto.

—No te preocupes. Me las arreglaré. Tampoco es que estuviera tan contenta en el periódico.

JD cambió de expresión.

—¿El periódico?

Kate asintió.

—*Seattle News*. No es precisamente el *New York Times*, pero ese es mi trabajo, soy… escritora. Reportera —JD no dijo nada y aquel silencio inquietó a Kate—. Bueno, no he ganado el Pulitzer, pero tampoco hace falta que pongas esa cara de decepción.

—Pensé que habías dicho que escribías sobre naturaleza, y que estabas haciendo algo para *National Geographic*.

—A ver si escuchar mejor. Te dije que había escrito un artículo para la revista *Smithsonian* —aclaró—. Ahora trabajo como *freelance*.

—¿Cómo es que nunca me has dicho que eres reportera de un periódico?

No le gustó el tono que utilizó.

—Porque no lo soy, ya no —Kate respiró hondo—. Mira, no tengo nada que ocultarte. Trabajé en el periódico durante cinco años, me despidieron a principios del verano —no tenía sentido andarse con rodeos—. Mi jefa tenía dos hijos y estaba divorciada, pero no le suponía ningún problema compaginar el trabajo con la familia. Era la madre trabajadora ideal. Yo sin embargo era un desastre. Varias veces entregué tarde mis trabajos, por lo que recibí unos cuantos avisos —vio la duda reflejada en los ojos de JD—. Pensarás que soy una loca, pero cuando Aaron me necesitaba, yo lo dejaba todo. Cada vez que me llamaban su tía, la niñera o del colegio, yo abandonaba lo que estuviera haciendo y me centraba en él. En realidad lo raro es que no sucediera antes.

—¿Echas de menos el trabajo? —le preguntó JD.

—Claro, pero cuando tuve que elegir entre Aaron y el trabajo, elegí a Aaron, y no me arrepiento. Aunque tener esas prioridades me costó el trabajo.

JD respiró hondo.

—Entonces no eres reportera.

—Ya no.

Él asintió y a Kate le pareció que se relajaba un poco.

—Me las arreglaré —por un instante se preguntó si le parecía mal la idea de tener una novia sin trabajo—. Esto me ha dado la oportunidad de probar suerte como periodista independiente. Lo estudié en la universidad, pero nunca tuve valor para ponerlo en práctica. Supongo que ese despido fue como si el universo me dejara sin excusas —el estar compartiendo su sueño con él le transmitió una cálida sensación de intimidad—. El artículo del *Smithsonian* se publicará el año que viene, pero he tenido un golpe de suerte. La editora ha conseguido el trabajo de sus sueños en *Vanity Fair* y está interesada en mi próximo proyecto.

—¿De qué se trata?

—De la historia de Callie. Aún estoy dando forma a la idea y, después de lo de anoche, me he dado cuenta de que me queda mucho trabajo por hacer. Pero si todo va bien, la revista enviará a un fotógrafo para hacer las fotos.

—¿Lo sabe Callie?

—Por supuesto. No puedo contar su historia sin su cooperación.

—¿Y le parece bien?

—Le parece más que bien. Parece que tiene bastante curiosidad y tengo la impresión de que quiere contar su historia. Puede que para quitarse un peso de encima y quizá aumentar su autoestima. Aún le quedan muchas cosas por superar.

—¿Y la prensa va a ayudarla?

—¿Por qué te pones tan raro?

Quizá fueran imaginaciones suyas, pero lo notaba tenso y, aunque no se había movido, sentía que se alejaba.

—No me pongo raro. Solo me pregunto si será lo mejor para Callie.

—No voy a escribir nada que pueda hacerle el menor daño —replicó, perpleja y preocupada por la desaprobación que mostraba—. Puede que incluso le haga bien —lo miró de nuevo a los ojos—. Te muestras muy escéptico.

—Es que soy escéptico.

—¿Por qué?

—Porque puede que toda esa atención la haga sentirse halagada, pero, ¿cómo podría hacerle bien?

—La hará darse cuenta de lo importante que es —afirmó Kate con fuerza—. Eso no puede ser malo.

—Para eso no necesita ver su foto en una estúpida revista.

De pronto sintió admiración y enfado. Admiración por el modo en que había conseguido dar la vuelta a la conversación. No solo no había respondido a sus preguntas, sino que había acabado acusándola. Y enfado porque ella había permitido que lo hiciera.

—¿Qué quieres decir, que debería echarme atrás?

—Sí —respondió él.

—No creo que Callie necesite que la protejan de mí, por el amor de Dios —Kate apenas podía creerlo—. Este es el trabajo con el que me gano la vida. Tengo un hijo al que mantener. ¿Quién eres tú para criticar…?

—Ya estoy —anunció Callie desde la puerta de la casa, con el pelo recién lavado y el bolso colgado al hombro.

Kate le lanzó una mirada a JD.

—Tenemos que irnos —le dijo—. Escucha, yo tenía pensado que Aaron nos acompañara, así que, si prefieres no…

—Quiero pasar el día con él —aseguró JD—. Por eso he venido.

—Muy bien —Kate se puso en pie y se sacudió la ropa. No tenía sentido estropearle el día a Aaron solo porque JD se hubiera comportado como un cretino con ella. Quizá fuera una suerte que fuera a estar fuera unos días. Acababa de darle muchas cosas en las que pensar durante su ausencia.

A JD no le gustaba nada lo que había descubierto de Kate. Por lo que le había contado hasta aquel día, se había hecho la idea de que era una soñadora que escribía sobre la naturaleza, sobre personajes muertos hacía mucho tiempo o sobre la manera de anidar de las grullas. Ahora se daba cuenta de hasta qué punto se había equivocado. En realidad era una maldita periodista, una reportera, alguien que desnudaba a la gente en público con o sin su permiso. Pertenecía al mismo club que el tipo que se había escondido detrás de un contenedor de basura junto a su apartamento, o la mujer que había llamado a emergencias para después pedirle que posara para hacerle unas fotos.

JD había recibido llamadas de todo tipo de publicaciones, desde *National Review* a *Rolling Stones*, desde *Atlantic Monthly* a *The Star*, así que sabía bien cómo eran los reporteros. Eran capaces de hacerse pasar por el abogado de uno, el mejor amigo o quien fuera necesario y, luego, hacían daño y ni siquiera se quedaban ahí para presenciarlo, pues andaban ya en busca de la siguiente víctima.

¿Kate era así?

—Mira esto, JD —unos pasos por delante de él, Aaron y Bandit se habían subido a una roca con forma de yunque—. Ven, date prisa.

—¿Por qué hace falta que me dé prisa?

—Porque sí, JD. Venga.

El sendero que ascendía por el monte estaba completamente desierto, pues era un día laborable. Era un camino sencillo, pero Aaron había demostrado ser un buen escalador, tal y como había sospechado JD. Caminaba a buen ritmo a pesar de llevar dos cantimploras y una cámara de fotos, como un miembro de un sigiloso comando de montaña. Y no solo no perdía el resuello en ningún momento, sino que además iba charlando constantemente.

Las ardillas y los pájaros salían disparados a su paso. Vieron árboles tan altos que Aaron insistió en hacerles una foto. Entre la vegetación podía verse el lago, con sus aguas azul zafiro; estaba tan lejos y tan abajo que parecía completamente deshabitado.

—Si nos perdiéramos aquí, jamás nos encontrarían —dijo Aaron.

JD no le dijo lo atractiva que le resultaba la idea.

—Según el mapa, estamos en la cota más alta que hay alrededor del lago —dijo y le mostró el mapa topográfico que le habían prestado en el puesto de guardas forestales.

—No —protestó Aaron desde lo alto de la roca—. En realidad es aquí, lo marca esta placa.

Así era, pero a ninguno de los dos le importaba esa placa, prefirieron sentarse allí a disfrutar de aquel increíble paisaje. JD lo observó con fascinación y con la sensación de ser un privilegiado. En la costa Este, nadie pensaba que hubiera bosques y lagos tan aislados y con un aire tan puro.

Aaron no estuvo mucho tiempo parado, enseguida encontró un palo que tirarle a Bandit. Mientras los observaba, JD se preguntó hasta qué punto influía el lugar donde se criaba una persona en el carácter de la misma. Quizá si él hubiese crecido en un pequeño pueblo junto a la naturaleza en lugar de hacerlo en un barrio de Baltimore, se hubiese convertido en una persona distinta.

O quizá no. En todas partes había drogadictos, por lo que

su madre habría tenido los mismos problemas en cualquier parte. El pensar en Janet hizo que arrugara el ceño. Era por ella por la que iba a viajar a Los Ángeles, no para acudir a una entrevista de la facultad de Medicina como había creído Kate. La terapia de Janet incluía una visita de la familia y él era el único familiar que tenía. Solo esperaba que nadie lo reconociera cuando fuera a verla.

De pronto pensó en cómo sería decirle la verdad a Kate. «Tengo una reunión en el centro de desintoxicación de mi madre». Desde luego no parecían las mejores palabras para conquistar el corazón de una chica. Además, ¿para qué iba a decírselo? Si ella había querido creer que iba a una entrevista de la universidad, estaba en su derecho. Y, después de lo que le había dicho esa mañana, también estaba en su derecho de pedirle que se largara y no volviera más.

—¡Sonríe! —la voz de Aaron lo tomó por sorpresa y la cámara digital dejó constancia de su perplejidad.

JD trató de luchar contra la paranoia. Se dijo a sí mismo que no era más que un niño haciendo fotos de una excursión.

—Déjame la cámara para que te haga una foto yo a ti —le sugirió—. Aquí, en la cumbre de la montaña.

Aaron se la dio. Era una cámara digital último modelo, no un juguete infantil. JD trató de encontrar el botón de eliminar.

Aaron posó con gesto de conquistador, con un pie apoyado en la piedra que marcaba la cima, el palo en una mano y Bandit, sentado junto a él. La brisa le alborotó el pelo rojizo y el brillo del sol se reflejaba en sus ojos. De pronto JD se vio invadido por una extraña e inesperada emoción, una mezcla de orgullo y cariño, intensificada por algo que no había sentido jamás y que apenas reconocía.

No tenía hijos, pero de repente se dio cuenta de que sabía lo que podía sentir un padre por su hijo. Cada vez que observaba a Aaron haciendo cualquier cosa sentía una profunda ternura; daba igual qué hiciera, beberse un vaso de leche, jugar con un perro, correr o saltar desde el muelle. Era una sensación desoladora y abrumadora, pero también maravillosa. Pensó en Kate, en lo mucho que amaba a su hijo y se preguntó cómo era posible que el padre de Aaron no tuviese ninguna relación con él.

—Déjame verla —le pidió el muchacho.

JD no era ningún profesional, pero había conseguido plasmar su valentía, su inocencia y su orgullo.

Impulsado por la curiosidad, JD apretó el botón de la flecha y se encontró con su propia imagen a todo color. Echó hacia atrás un poco más y descubrió toda una serie de imágenes suyas escalando la montaña. Parecía relajado y satisfecho, sin saber que estaban haciéndole fotos.

—Oye, ¿qué eres, un agente secreto?

—Exacto —respondió Aaron, riéndose.

—¿Dónde está el botón de eliminar?

—No quiero que borres nada.

—No necesitas tantas fotos mías. Solo te ocupan espacio.

—Claro que las necesito —le rebatió al tiempo que le quitaba la cámara de las manos. Tenía las mejillas y las orejas enrojecidas.

Estupendo, pensó JD. Seguramente iba a tener una de sus rabietas. Kate le había advertido sobre sus ataques de mal humor, pero no le había dicho qué debía hacer exactamente.

—Tranquilo —le dijo, con voz suave—. Somos amigos.

Pero Aaron se apartó.

—Cuando el verano termine, no volveré a verte nunca más.

Entonces era eso lo que le preocupaba.

—No voy a mentirte. Cuando acabe el verano, tendré que irme del lago, igual que tu madre y tú.

—Y Callie —añadió Aaron.

—Sí, también ella. Pero, ¿por qué te preocupas ahora por eso?

—Porque lo odio —dijo al tiempo que le tiraba la cámara.

JD se lanzó a agarrarla sin pararse a pensarlo y la atrapó en el aire. Seguía encendida, así que la apagó.

—Llama al perro —le ordenó—. Tenemos que volver.

—No, aún no —la ira de Aaron se convirtió en pesar—. Vamos, JD. No quería tirar la cámara, te juro que no quería hacerlo.

—Sí, claro, a mí me ha parecido un accidente —mientras hablaba, JD examinó la zona en busca de todo aquello con lo que Aaron pudiera hacerse daño.

Había ramas afiladas y piedras, una enorme caída por la ladera de la montaña, árboles caídos. Los peligros eran innumerables. Sabía al riesgo que se enfrentaba.

—Escucha, no voy a tolerar tus rabietas —le advirtió—. Ya eres muy mayor para eso. Ahora volvamos.

—Yo no me voy —dijo, con la cara casi morada de rabia.

—Muy bien. Entonces me iré solo —silbó con los dedos para llamar a Bandit.

Ahora tendría que echar a andar sin Aaron para que no creyera que no hablaba en serio.

El perro acudió corriendo y JD comenzó a caminar montaña abajo. No se volvió a mirar para ver si Aaron lo seguía, siguió andando pero sin dejar de pensar que quizá estuviera equivocándose. Aaron podría salir corriendo y desaparecer, perderse en medio de aquel enorme monte.

Mientras caminaba, JD hizo todo el ruido posible con la esperanza de que Aaron se rindiera y lo alcanzara. Pero en realidad no tenía ni idea de si saldría bien, pues tenía una experiencia muy limitada con los niños. Normalmente los trataba en los peores momentos, cuando estaban heridos, intoxicados o tenían una fiebre tan alta que era necesario llamar al servicio de emergencias. Los niños sanos eran para él un verdadero misterio, sus cerebros funcionaban de una manera completamente distinta. Una manera que no comprendía. No sabía cómo ser padre. A pesar de su intensa preparación y de su experiencia en el Ejército y en las calles, estaba perdido cuando se trataba de entender a un niño. Lo único que sabía que no debía hacer era rendirse ante el mal genio de Aaron.

Aquello era la prueba de que un niño era el mayor desafío ante el que podría encontrarse. Comparado con criar a un niño, esquivar balas o salvar vidas parecía un simple paseo.

Y sin embargo todo el mundo lo hacía y entregaban su corazón a sus hijos en un acto de fe.

Tuvo que echar mano de toda su fuerza de voluntad para no darse la vuelta e ir a asegurarse de que Aaron estaba bien. Si lo hacía, creería que podía conseguir todo lo que se le antojase mediante rabietas.

Dio una curva en el sendero. Seguía sin haber ni rastro de Aaron. Tenía el estómago encogido. Había abandonado al hijo de Kate, había dejado a un niño en medio del monte.

Era una mala idea que empeoraba con cada momento que pasaba.

«Vamos, Aaron», pensó JD.

Decidió hacer una pausa y tomar un trago de agua de la cantimplora. ¿Le quedaría agua a Aaron? Aún era pequeño y podría deshidratarse fácilmente con el calor que hacía.

Miró a su alrededor como si no quisiera la cosa.

Ni rastro de Aaron.

Se tomó su tiempo en volver a guardar la cantimplora en la mochila. Bandit estaba olisqueando el suelo a pocos metros, pero Aaron seguía sin aparecer. JD calculó que habría andado unos doscientos metros. Había pasado muy poco tiempo.

Respiró hondo y siguió caminando haciendo mucho ruido para que pudiera encontrarlo fácilmente. Pero a cada paso que daba, aumentaban sus dudas. La estrategia no estaba funcionando. Aaron no era más que un niño.

Llegó a un lugar en el que el camino se bifurcaba y no supo qué hacer. Un segundo después tomó una decisión. Tenía que volver atrás. No podía arriesgarse a que Aaron se perdiera solo para demostrarle algo. Así que se dio media vuelta para ir a por él.

Vencido por un niño testarudo que le había tirado una cámara.

No sabía qué otra cosa hacer. Se había arriesgado y había sido un error. Silbó al perro y echó a correr montaña arriba. Una vez que había tomado la decisión, se dejó llevar por la impaciencia y la preocupación. Una preocupación que muy pronto se transformó en pánico. Tomó aire para llamarlo a gritos.

Un segundo después, apareció Aaron corriendo y se lanzó a sus brazos.

—Tranquilo, tranquilo —le dijo JD.

Tenía la cara roja y sudorosa, pero en sus ojos no había ni rastro de ira. Tampoco miedo.

—Lo siento —afirmó con sorprendente dignidad—. Te tiré la cámara a propósito y no debería haberlo hecho. También siento haberte dicho lo que te he dicho.

A juzgar por la manera en que le temblaba la voz, estaba siendo un discurso muy difícil de pronunciar. JD sabía que su reacción era importante, por lo que trató de hacerlo bien.

—Estoy impresionado por tu sinceridad.

—¿Aceptas la disculpa?

Había mucho que hablar sobre lo ocurrido. JD sabía que aquello era lo que Kate denominaba un momento para aprender. Tendía que decirle que debía aprender a darse cuenta de cuándo estaba a punto de perder los nervios y empezar a controlarse. Debía darle ideas para manejar esa fuerza extraña que se apoderaba de él.

Lo miró a la cara, ahora compungida por el arrepentimiento, y pensó: «otra vez será».

—Sí —dijo y le tendió la mano derecha—. La acepto.

Aaron se la estrechó solemnemente, pero tardó un poco más de lo normal en soltársela.

—¿De verdad pensabas irte y dejarme solo?

—No —respondió JD—. Yo nunca te dejaría solo.

Kate consultó el podómetro que llevaba enganchado a la cinturilla de los pantalones.

—¿Qué tal? —le preguntó a Callie, que caminaba junto a ella a buen ritmo.

—Estupendamente.

—Llevamos casi cinco kilómetros. ¿Necesitas un descanso?

—No, no. Vamos a seguir.

Las dos estaban sudando generosamente bajo el sol de la tarde, pero ese día la actitud de la joven era muy buena. El proceso de aceptación de la enfermedad estaba siendo una verdadera montaña rusa para Callie, que iba de la rabia al abatimiento. Su actitud cambiaba de un momento para otro; tan pronto se mostraba rebelde y desesperada como decidida a cuidarse y lograr controlar la enfermedad. Kate había leído que todas esas reacciones eran normales. Ella estaba intentando aprender todo lo que podía sobre la diabetes y la resistencia a la insulina. Sin siquiera pararse a pensarlo, había adoptado el papel de madre con Callie. Dios sabía que la muchacha necesitaba un poco de cuidado maternal.

Y Kate tenía la innegable necesidad de dárselo. Se entregó a la causa como una estratega, armándose de información para después idear un buen plan para vencer al enemigo. Preparó menús semanales diseñados para mejorar el metabolismo de la glucosa y organizó un programa de ejercicio propio de una atleta profesional. Acompañaba a Callie mientras apuntaba los niveles de glucosa y el peso en la agenda de bolsillo que le había comprado. Caminaban por lo menos ocho kilómetros al día, salían a remar y a nadar y, después, como recompensa, solían ir al cine o hacían alguna excursión en la que siempre tenían que hacer un poco más de ejercicio.

A veces tenían algún enfrentamiento cuando Callie se negaba a seguir el programa, pero ahora, a pesar de los altibajos, a Kate le pareció que estaba progresando mucho. Ya había empezado a perder peso; siendo tan joven el cuerpo reaccionaba muy rápido al cambio de dieta y el ejercicio. Incluso después de tan poco tiempo, ya se le notaba que había perdido unos cinco kilos. También tenía mejor la piel gracias a las pastillas y a las cremas que le habían recetado. Pero el cambio más evidente había sido el de su actitud. El diagnóstico la había dejado destrozada, pero, curiosamente, la enfermedad había resultado ser una fuente de motivación.

Todo esto mantenía muy ocupada a Kate durante todo el día y la impedía derrumbarse por lo sucedido con JD. Después del enfrentamiento que habían tenido por el artículo sobre Callie, JD se había ido a Los Ángeles. Ya había vuelto, pero Kate no lo había visto. Debía ser él el que diera el primer paso.

Unos metros por delante de ellas, Aaron exploraba las dunas, mirándolas de vez en cuando para comprobar dónde estaban. Para cambiar un poco de escenario, habían ido a Dungeness Spit, una lengua de tierra que se adentraba en el estrecho Juan de Fuca. Era un paisaje espectacular, un paraje agreste que servía de refugio a ochenta especies de aves, con un antiguo faro justo en la punta.

—Me gustaría conseguir una copia de tu certificado de nacimiento —dijo Kate—. Lo necesitamos para poder tomar el ferry de Victoria e ir allí de compras y de visita.

Por un instante el deseo se reflejó en los ojos de Callie, pero enseguida lo apagó con sus propias palabras.

—No. No quiero llamar la atención. Si lo hiciera, no tardaría en acabar en otra casa de acogida.

Aquel asunto también preocupaba Kate desde hacía tiempo. Por el momento, Callie tenía un lugar estable donde vivir, pero siendo tan joven como era, Kate tendría que ponerse en contacto con las autoridades sin tardar mucho.

—No puedes pasarte toda la vida escondida —le advirtió—. Tarde o temprano, descubrirán que te escapaste.

—Me obligaron a hacerlo.

Kate siguió caminando en silencio durante unos minutos. Ese era el tipo de información que necesitaba para el artículo, pero había empezado a albergar dudas también sobre eso. Había estado tan segura antes de la conversación con JD…

—Antes no te importaba todo eso —le reprochó Callie.

—Porque pensaba que tenías dieciocho años, pero el hecho de que te queden todavía tres años para ser mayor de edad lo cambia todo.

Aaron se quedó dormido en el asiento de atrás durante el camino de vuelta. Callie estaba agotada, pero muy satisfecha consigo misma. Había días que merecía la pena estar esforzándose tanto. Si respetaba el horario de las comidas y hacía el ejercicio que debía, notaba que tenía mucha más energía y sentía que cada vez estaba más fuerte.

Aquel había sido un buen día, algo que era cada vez más habitual y le resultaba increíble, teniendo en cuenta todo lo que le había ocurrido desde su cumpleaños.

Otros días, sin embargo, sentía que lo odiaba todo: la enfermedad, a sí misma, su vida, su situación.

—Otro motivo para solicitar el certificado de nacimiento —dijo Kate, retomando la conversación que habían tenido un par de horas antes—… es que podrías sacarte el carné de conducir el año que viene. Supongo que querrás aprender a conducir, ¿no?

—Ya sé conducir —había aprendido con el coche de su madre, cuando se habían trasladado a vivir a Washington. Su objetivo, por supuesto, era que su madre la descubriera y la castigara, pero eso nunca ocurrió, por supuesto. Había sido un plan muy malo para llamar su atención.

—Digo legalmente —matizó Kate.

Callie se quedó mirando por la ventana mientras cruzaban el pueblo de Sequim, una población turística rodeada de campos de lavanda.

El silencio era agradable, cómodo.

Había vuelto a conducir durante su estancia con una familia de acogida que tenía todo un parque móvil. Todos los días estorbaba algún coche para mover otro y ella había acabado siendo la encargada de retirar el coche que molestara. Hasta que un día, mientras sacaba a la calle un Chevrolet Malibú, había seguido conduciendo sin pensarlo. Había llegado al final de la calle y de ahí a la autopista, donde los camiones no habían dejado de pitar para protestar por lo despacio que iba. Había llegado al pueblo siguiente antes de que la policía la hiciera parar. Aquella excursión tan impulsiva había significado el final de su convivencia con aquella familia.

Se volvió a mirar a Kate y dejó de pensar en el pasado.

—Dime, ¿cuándo vas a olvidaros de la pelea JD y tú?

Kate apretó el volante con las manos.

—¿Qué pelea?

—Buen intento, pero no me engañas —no quería atosigar a Kate, pero sentía verdadera curiosidad. JD había dejado de ir por la casa. Aaron sí iba a verlo para ayudarlo con la restauración de la barca, pero no había habido más cenas juntos, ni juegos de mesa. No había vuelto a oírlos mientras intentaban escabullirse. Se moría de ganas de enterarse de si le había contado algo a Kate sobre su verdadera identidad y si Kate había reaccionado mal—. ¿Por qué os peleasteis? —insistió.

—Por nada —estaba apretando tanto el volante que tenía los nudillos blancos y la cara roja.

—Tú no nos dejarías contestarte así ni a Aaron ni a mí. Vamos, cuéntamelo.

Kate respiró hondo y miró por el espejo retrovisor. Aaron seguía dormido.

—Está en el país de los sueños —le dijo Callie—. Desembucha.

—No fue una pelea… solo un desacuerdo.

—¿Y eso no es una pelea?

—No, simplemente nos dimos cuenta de que teníamos una opinión muy distinta sobre algo.

—¿Sobre qué?

Kate titubeó mientras se mordía el labio inferior y prestaba atención a la carretera.

—Sobre mí —dijo Callie, sin preguntar. Solo con ver el titubeo de Kate supo que había sido culpa suya—. No puede ser, Kate. Yo no tengo ninguna importancia…

—Claro que tienes importancia.

—Me refiero a que yo no debería influir en tu relación con JD.

—Ha quedado claro que entre nosotros no hay nada, así que es mejor no perder el tiempo tratando de hacer funcionar algo que solo era para el verano. Y eso es algo que he decidido yo sola.

Kate podía ser muy cabezota, quizá por llevar tantos años siendo madre soltera. Estaba acostumbrada a que se hiciera lo que ella decía.

—¿Qué quieres decir con que no hay nada entre vosotros? Eso es una tontería.

—No me gusta esa manera de hablar.

—Y a mí no me gusta que no me cuentes lo que ocurrió. Somos amigas y se supone que los amigos se cuentan las cosas. Por Dios, tú sabes cuánto peso y cuáles son mis niveles de glucosa.

Kate apretó los labios como si no quisiera decir nada, pero finalmente habló.

—Discutimos porque le dije que iba a escribir un artículo sobre ti.

Estupendo, pensó Callie. Era de imaginar que a JD no le pareciera bien y ella sabía perfectamente por qué, pero Kate no y ella no iba a decírselo. O quizá sí debiera hacerlo, así comprendería la postura de JD. Claro que también podría enfadarse con él por habérselo ocultado y decidiera olvidarse para siempre de él. No, lo mejor sería mantener la boca bien cerrada. Al fin y al cabo no era ella la que debía revelar el secreto y, además, se lo había prometido a JD. Pero era un tonto, un tremendo tonto.

—¿Le dijiste que yo quiero que lo escribas?

—Claro. También le dije que no iba a dar tu verdadero nombre.

—Yo le diré que me parece bien —decidió Callie.

—Ni se te ocurra. Esto es entre JD y yo.

—Pero es por mí.

Kate dio al intermitente para tomar el desvío de Port Angeles y, unos segundos después, estaban pasando por la oficina de reclutamiento donde seguía el póster con la imagen de Jordan Donovan Harris. Callie lo miraba siempre que pasaba por allí. Estaba tan guapo en esa foto… Era increíble lo mucho que se podía cambiar poniéndose unas gafas feas y una gorra de béisbol.

—JD cree que estoy aprovechándome de ti y de tu situación —explicó Kate—. Callie, te juro que yo no quiero hacer nada de eso.

—Ya lo sé.

—¿De verdad quieres que salga tu foto en una revista de tirada nacional?

Claro. Sería lo más increíble que podría ocurrirle. Pero Callie había aprendido algo a lo largo de su vida: cuando más deseaba algo, más imposible se convertía. Así que trató de no desearlo con demasiada fuerza.

—Ya lo hemos hablado —le recordó a Kate—. No soy una

modelo de revista precisamente, pero si quieren que el artículo tenga fotos, yo no tengo ningún problema. Dios, no entiendo a JD —dijo y se mordió el labio antes de hablar de más.

—¿Has hablado con él de esto? —preguntó Kate frunciendo el ceño.

—No —respondió Callie rápidamente—. Pero parece la típica cosa que puede hacer que se agobie porque es muy reservado —se dio cuenta de que, por algún motivo, para ella era importante que JD y Kate siguiesen juntos.

En realidad no era asunto suyo, pero entre ellos había algo especial y por eso le daba lástima que pudieran romper. Kate y JD eran la pareja perfecta; ella, la eterna optimista y él, el peligroso protector. Por no mencionar lo guapos que eran ambos, su imagen debería aparecer en las revistas de famosos. Algo que volvería loco a JD, pensó Callie.

Esos últimos días Kate parecía apagada, quizá un poco perdida. Estaba claro que lo echaba de menos. De pronto, pensó que ella podía intervenir si se le ocurría una excusa para que volvieran a verse. Seguro que había algo estropeado en la casa de Kate, algo que JD pudiese reparar. A él se le daba muy bien arreglar las cosas. Quizá esa fuera la clave.

—No puedo creer que vayáis a romper por eso —dijo después de una pausa—. Me siento como el hada del mal karma.

—No tienes por qué —aseguró Kate—. Y no vamos a romper porque, técnicamente, no estábamos juntos, así que no hay nada que romper.

Callie soltó un resoplido.

—Vamos, Kate. ¿Qué quiere decir eso de «técnicamente»? —esperó unos segundos, pero Kate no respondió—. Acuérdate de que me salvó la vida.

—No es necesario que me recuerdes que es un buen hombre.

—Entonces te recuerdo que no crecen en los árboles precisamente.

—¿Sabes qué? —le dijo entonces Kate con su habitual carácter—.Vamos a dejar de hablar de eso. Tenemos un proyecto entre manos, que es que te pongas mejor, así que vamos a concentrarnos en eso, ¿de acuerdo?

—Solo si me prometes que vamos a volver a retomar el artículo.

Kate se detuvo en el arcén de la carretera, respiró hondo y se volvió a mirarla.

—Si lo hago, tendremos que ir a ver a tu madre.

A Callie le dio un vuelco el corazón al oír aquello.

—¿Por qué?

—Porque es uno de los elementos fundamentales de tu historia, y no estaría completa sin ella.

Callie se vio invadida por una dolorosa mezcla de miedo y deseo. Su madre le había fallado en todos los sentidos y había acabado por dejarla abandonada sin preocuparse por cómo iba a arreglárselas. Pero, con todo y con eso, seguían siendo madre e hija y, a pesar de que Callie no quería que eso le importara, lo cierto era que le importaba mucho.

—Lo que tú digas —dijo por fin—. Me da igual.

—Callie cree que hemos roto —dijo Kate, soltando aquellas palabras antes de perder el valor.

La noche anterior, después de mucho caminar por la habitación en plena madrugada y preguntarse cómo salir del punto muerto y aclarar las cosas con él, había acabado por aceptar que no iba a encontrar una respuesta.

JD había aparecido allí por la mañana como si le hubiese leído la mente, pero no daba la impresión de que su intención fuera aclarar las cosas. Después de un breve saludo, le dijo:

—Me dijo que necesitabas que te arreglara una luz del porche.

¿No se daba cuenta?, se preguntó Kate. Estaba claro que era una estratagema para hacerlo ir a la casa, pero él parecía empeñado en no verlo.

Levantó la mirada de la mesa del porche, donde había dejado algunas piezas y herramientas.

—¿Prefieres un interruptor de palanca o un reostato? —le preguntó.

—¿Qué?

—¿Qué clase de interruptor quieres?

—No hagas como si no hubieras oído lo que he dicho.

—Lo he oído —se colocó el delantal de carpintero que llevaba puesto—. Yo creo que uno de palanca está bien para un porche —decidió.

—Estás huyendo del problema —respondió ella, aunque en realidad ya estaba arrepintiéndose de haber empezado la conversación porque parecía una novia llorona y posesiva.

—No hay ningún problema —sujetó el interruptor con unos alicates y abrió un paquete de cable—. Tenía que irme unos días y ahora he vuelto.

Kate apretó los labios y esperó. Aunque no sabía muy bien a qué. ¿Quería que le dijera que lo sentía, que no tenía derecho a censurar o aprobar nada que ella decidiese hacer? ¿O quería que le dijese que se había equivocado, que debía escribir sobre Callie? ¿Y que ella merecía saberlo todo sobre sus idas y venidas?

Ahora que lo pensaba, lo cierto era que estaba dolida y enfadada y que la respuesta a todas esas preguntas era «sí».

Las cosas se complicaban. Lo que sentía por él se complicaba. Si supiera en qué situación estaban exactamente, insistiría en hablar de ello, incluso podría discutir; lo que ocurría a veces entre dos personas que sentían algo el uno por el otro. Pero JD y ella no estaban discutiendo, estaban huyendo y actuando como si lo que había entre ellos no tuviera la importancia suficiente como para luchar por ello.

Quizá ella le había dado una importancia que no tenía. Quizá todo iba mejor cuando se trataba de un simple romance de verano, una relación que se apagaría cuando la temporada llegara a su fin.

—¿Podrías pasarme ese pelacables?

Muy bien, era obvio que no quería hablar de ello. Mejor así. Se habían llevado tan bien desde el primer día que casi daba miedo. Kate se dio cuenta de que era porque la decisión más seria que habían tenido que tomar juntos había sido si cenar hamburguesas o perritos o qué música poner. Deberían haberse conformado con seguir así el resto del verano, sin profundizar nunca lo bastante como para implicarse realmente el uno con el otro.

Kate le pasó la herramienta mientras hacía como si no estuviera pensando en otra cosa.

—El electricista del pueblo me dijo que no podría pasarse por aquí hasta dentro de un par de semanas.

—Pero yo soy tu esclavo, ya lo sabes —respondió mientras pelaba un cable.

Kate se ruborizó y automáticamente, volvió la cabeza para localizar a Aaron. Estaba junto al cobertizo con Luke Newman, ayudándole a inflar una colchoneta. Callie estaba sentada en una hamaca no muy lejos de ellos. Kate observó a los dos muchachos durante un rato, charlaban y reían. A Aaron le encantaba estar con Luke y este, a pesar de la diferencia de edad, parecía tolerar muy bien a Aaron.

—Si creyera eso —comenzó a decir Kate con una fugaz sonrisa—, pensaría en cosas más difíciles para pedirte.

Aunque había utilizado un tono desenfadado, Kate se preguntaba si las palabras de JD tendrían algún doble significado, si habría pretendido decirle algo sin decírselo realmente. Habían hecho el amor, sí, pero en lugar de aclarar las cosas, había hecho que Kate estuviese más confusa que nunca. JD había mencionado que estaba loco por ella, pero nunca habían llegado a hablar directamente de lo que sentían el uno por el otro.

Kate deseaba preguntárselo, pero se contuvo porque Callie y Luke estaban acercándose. Callie había cambiado mucho, Kate miró a JD para ver qué cara ponía o si notaba la transformación. Pero la expresión de su rostro era indescifrable.

Callie estaba cumpliendo al pie de la letra el programa de ejercicio y la dieta. La muchacha con sobrepeso y poco interés por su vestimenta se había convertido en una joven de aspecto tan frágil y espiritual como una de las protagonistas de los libros de Charlotte Brontë. Kate se detuvo a pensar que el contexto lo era todo.

—Vamos al pueblo —anunció Callie—. Luke va a llevarme a clase y después vamos a alquilar una película para verla en casa de su abuela.

—Conduciré con cuidado —prometió Luke, adivinando lo que iba a decirle Kate—. Volveremos antes de las diez.

Después de que se hubieron ido, Kate admitió:

—Me cuesta dejar que se vayan solos.

—Su coche tiene airbags y sé dónde vive —dijo JD, como si eso lo explicara todo.

Kate volvió a sumergirse en sus confusos pensamientos y él se centró en arreglar la lámpara. Kate se preguntó si sentiría la tensión que había en el ambiente. Llevaban tan poco tiempo juntos que no sabía muy bien cómo catalogar aquella… discusión. Desde luego no era una pelea porque ninguno de los dos había levantado la voz.

—Nunca hemos hablado de lo que sentimos el uno por el otro —soltó Kate de pronto.

A JD se le escapó el tornillo que estaba apretando.

—Claro que sí —le tendió una mano sin mirarla—. Grapas.

Ella apretó los dientes y le dio lo que le pedía.

—¿Cuándo? ¿Cuándo nos hemos dicho lo que sentimos? Volvió a estirar el brazo.

—Destornillador de estrella.

Ella se lo dio.

—Te he preguntado que cuándo…

—Te he oído. Me has preguntado cuándo nos hemos dicho lo que sentimos el uno por el otro. Si necesitas corazones, flores y declaraciones, me temo que te equivocas de persona.

—¡Qué romántico! —replicó ella con rabia.

Era tonta por esperar algo así de él, de él y de cualquier hombre. Ya lo sabía.

—Si quieres romanticismo —dijo JD—, léete un cuento de hadas.

—No entiendo que te suponga tanto problema que hablemos. A mí me gusta hablar las cosas.

—Sí, ya me había dado cuenta —colocó el aplique que cubría la bombilla—. No sé tú, Kate, pero yo te digo lo que siento cada vez que te toco. Si no lo notas, a lo mejor deberías escuchar con más atención.

¿Había una respuesta mejor a eso que quedarse allí mirándolo, con la boca abierta?

—Ya no lo haces —dijo después de un rato—. Ya no me tocas.

JD volvió a colocarlo todo con precisión quirúrgica y a Kate no le sorprendió cuando dio al interruptor y la lámpara funcionó a la perfección.

—Creo que ya está —zanjó.

—Gracias a ti, no seguiremos tropezándonos en la oscuridad —Kate intentaba ser civilizada, pero el ambiente estaba muy extraño.

—Me alegro —JD se volvió hacia ella y la observó mientras se quitaba el delantal—. ¿Por qué me miras así?

—¿Cómo? —preguntó Kate, fingiendo no saber a qué se refería, a pesar de la palpable sensación de que algo no iba bien entre ellos.

—Estás molesta por algo.

—No sería un buen detalle por mi parte enfadarme con la persona que acaba de arreglarme la luz del porche.

—Estás enfadada —insistió él.

—No me digas lo que siento —Kate se sentó en los escalones y JD hizo lo mismo.

Se debatía entre el deseo de apoyarse contra él y el impulso de empujarle. Tenía el corazón encogido. Aquello era el principio del fin. Siempre le pasaba lo mismo con los hombres que le gustaban. Siempre. Era una locura haber creído que sería distinto con JD.

Pero lo cierto era que lo había deseado con todas sus fuerzas, como una adolescente enamorada.

Debería haberse dado cuenta. Debería haber reconocido las señales que tantas veces se habían repetido en su vida. Siempre que le gustaba un hombre las cosas iban bien durante un tiempo, pero luego siempre ocurría algo. A veces era un comentario, o una simple mirada. A Kate siempre le sorprendía ver lo poco que hacía falta para romper un vínculo frágil.

Sintió la mirada de JD y el peso de sus expectativas. Eso era todo.

Kate respiró hondo.

—¿Alguna vez te ha pasado que ves un hilo suelto en un suéter y cuando tiras se deshace toda la prenda?

JD asintió.

—Suelo dejar de tirar cuando me doy cuenta de que se está deshaciendo.

—A veces se deshace solo —respondió ella—. Sin necesidad de tirar.

—No sé qué tratas de decir.

—Nada. No estoy loca, es que… estamos deshaciéndonos —sintió que le ardían las mejillas y apartó la mirada de él. Al oírselo decir en voz alta pensó que parecía una tontería. Y ella era una tonta por sentirse decepcionada. Así era como solían desarrollarse sus relaciones; debería estar acostumbrada—. Bueno, esa es mi experiencia.

—¿Cuál es el hilo suelto? —preguntó JD.

—¿De verdad no lo sabes?

No respondió, se limitó a quedarse mirándola, a la espera.

Eso era lo que hacían los hombres, se recordó Kate. Dejaban que la mujer hiciera todo el esfuerzo emocional y ellos se alejaban intactos.

—Te conté que estaba escribiendo sobre Callie —le recordó Kate—, y tu reacción fue cuestionarme.

JD no lo negó.

—Me gustaría saber si crees que te va a reportar mucha felicidad hacer pública la vida privada de otra persona.

Vaya.

—Lo importante aquí no es mi felicidad. Y no pienso defenderme ante ti. Quiero hacerlo y esforzarme para ello y tú no tienes derecho a cuestionarme.

—Entonces deberíamos cambiar de tema.

—No es tan sencillo. No puedo estar con alguien que no muestre un poco de apoyo hacia mis sueños y mis ambiciones.

Es una de las reglas más básica e inquebrantables de las relaciones.

Ay, Dios, pensó, acababa de trazar una línea en la arena.

Él guardó silencio. Kate se preguntó qué estaría pensando.

—Kate…

—JD…

Los dos hablaron al mismo tiempo.

—¡Eh! —les gritó Aaron de lejos—. ¡Mirad!

Estaba subido a la bici en lo alto de una pronunciada pendiente. En cuanto levantaron la mirada hacia él, se inclinó sobre el manillar y se lanzó cuesta abajo a gran velocidad. No tardó en perder el control de la bici.

Kate se puso en pie de un salto. JD echó a correr, pero estaban demasiado lejos para poder frenarlo. Él seguía bajando, directo al embarcadero, mientras le gritaban que se detuviese.

Con el corazón encogido por el miedo, Kate vio cómo su hijo llegaba al embarcadero y seguía de largo hacia el lago, adonde cayó con un grito de alegría al tiempo que se desmontaba de la bici.

En cuanto lo vio emerger con un grito victorioso, el miedo de Kate se convirtió en furia. Adelantó a JD y fue hasta el borde del embarcadero. La bici estaba flotando en el agua, gracias a dos chalecos salvavidas que le había atado Aaron.

—¿Qué crees que haces? —le preguntó Kate.

—Nada.

Era la típica conversación entre una madre iracunda y un hijo travieso. Pero Aaron tenía toda su atención puesta en JD, que lo observaba desde el embarcadero con los brazos en jarras.

—¿Lo has visto, JD? —preguntó Aaron.

—Sí, lo he visto. ¿Cómo piensas sacar la bici del agua?

—Lo tengo todo pensado. ¿Pero has visto lo que he hecho? Ha sido genial —afirmó con una enorme sonrisa mientras tiritaba de frío.

Kate miró a JD. No le gustaba nada que Aaron y él se aliasen contra ella.

—No deberías hacerle creer que ha sido genial.

—Es que lo ha sido.

Aún se podía notar la tensión de la discusión.

—No creo que esté bien que lo animes a hacer cosas tan temerarias.

—No parece que necesite que yo lo anime —replicó JD—. Esto se le ha ocurrido a él solo.

Fueron hasta la rampa para barcos por la que Aaron estaba subiendo la bici.

—Estás castigado —le dijo Kate llegó al final de la rampa.

—Ha merecido la pena —respondió Aaron.

JD atacó la barca con fuerza, sirviéndose del compresor de aire para limpiar la superficie. No debía haber ni la más mínima partícula sobre la madera cuando aplicara el tapaporos, así quedaría suave e impecable.

Pero, por más ímpetu que pusiera en la tarea, lo cierto era que le costaba mucho mantener la atención en lo que estaba haciendo. ¿Y ahora qué? Se preguntaba una y otra vez mientras veía el mundo distorsionado por culpa del cristal de las gafas de seguridad. ¿Qué demonios se suponía que debía hacer a continuación?

Como un tonto, había comenzado algo con Kate Livingston y había sido aún más tonto al destruirlo.

Se había enamorado de ella por accidente. Un suceso imprevisto que no había podido controlar, que no debería haber ocurrido.

Limpió todas las partículas que pudiera haber sobre el casco de la barca, tan meticuloso como un cirujano esterilizando el material antes de una operación. Él sabía mucho de accidentes; durante años su trabajo había consistido en limpiar después.

«Ha sido un accidente», solía decirle la gente cuando llegaba al lugar de los hechos. «No ha sido culpa mía», era otra de las frases habituales. O «La culpa no es de nadie» y «No era mi intención». Siempre le había puesto muy nervioso escuchar esas disculpas de boca de las víctimas o de los familiares. Ahora se daba cuenta de que cualquiera de esas frases podía aplicarse a lo suyo con Kate. Ese verano había ido allí a desaparecer durante un tiempo, no a descubrir un sueño que ni siquiera se había permitido albergar.

Estaba cambiando la cuchilla del cepillo de carpintero cuando se le escurrió la mano. Miró el profundo corte que se había hecho en el dedo, del que manaba abundante sangre, pero tardó varios segundos en sentir el dolor. «Estúpido», se dijo a sí mismo. Fue a lavarse la herida en el grifo del jardín y luego se la cubrió con un paño limpio antes de volver al trabajo. No era propio de él ser tan patoso, estaba claro que debía tener más cuidado.

Estaba enfadado consigo mismo por haber permitido que las cosas llegaran tan lejos. Si miraba atrás, no sabía decir cómo había ocurrido. Todo aquello de entregar el corazón a alguien era completamente nuevo para él, pero una de las primeras cosas que había aprendido era que el amor era algo que uno no podía controlar. Más bien lo controlaba a uno. Y no solo quería a Kate, también a Aaron. Incluso a Callie, con sus secretos y sus heridas del pasado. Juntos formaban una unidad que era infinitamente más grande que la suma de las partes. Tampoco sabía muy bien lo que se sentía al formar parte de una familia, y sin embargo tenía la absoluta certeza de que ese verano había encontrado la esencia de ese sentimiento. Era una sensación de cercanía, de seguridad y de satisfacción que lo invadía todo cuando estaban juntos, incluso cuando había algún tipo de enfrentamiento entre ellos.

Había muchas razones por las que no podía funcionar y, aun así, deseaba con todas sus fuerzas encontrar la manera de poder estar juntos, no solo durante el verano, sino para siempre. Pero era evidente que Kate no pensaba lo mismo. No les quedaba mucho más que decirse después de la discusión sobre Callie. Kate le había dicho que no podía estar con él si no respaldaba sus ambiciones y JD no podía obligarse a cambiar de opinión sobre el proyecto de escribir sobre la vida de Callie.

Eso debería haber sido el final, pero más bien había sido el comienzo de una enfermedad de la que no podía librarse. No dejaba de pensar en ella y sentía una añoranza que no le dejaba dormir por las noches, un sentimiento que había hecho desaparecer su necesidad de estar solo y que hacía que estuviese completamente distraído. Incluso una tarea tan manual y mecánica como la de arreglar el barco de su amigo suponía un esfuerzo casi imposible.

Por una parte, se odiaba a sí mismo por haberlo estropeado todo, pero al mismo tiempo sentía una extraña sensación de alivio. Seguramente porque su plan era estar solo, era el propósito para aquel verano.

—Felicidades —le dijo Callie de lejos.

Tenía muy buen aspecto. Parecía contenta y dispuesta a empezar a trabajar.

—¿Por qué? —le preguntó mientras se miraba la mano vendada.

—Te han ascendido a completo idiota.

—¿Qué?

—No hagas como si no supieras de lo que hablo.

—Es que de verdad no lo sé.

—Estoy hablando de Kate —le informó Callie—. Es una auténtica idiotez que te hayas enfadado por lo del artículo. Y no, no me envía Kate para que te lo diga, así que no me lo preguntes.

—No estoy enfadado, lo que ocurre es que creo que no es una buena idea. Deberías pensártelo bien, Callie.

—Solo es un artículo.

—Estas cosas pueden acabar adquiriendo vida propia —le advirtió.

—No me importa. Yo no soy como tú, JD, a mí no me da miedo que la gente me conozca.

—Escucha, cuando empezó todo esto, comencé a perder

mi vida privada y no podía hacer nada por evitarlo. Me quedé sin nada y, cuando ocurrió lo de mi madre, sentí que tenía aún menos que nada. Créeme, a ti tampoco te gustaría recibir toda esa atención.

—Déjame que lo descubra por mí misma.

—Cuando lo descubras, ya será tarde. Imagínate que alguien se pone a investigar sobre tu madre.

—Se lo merecería.

—Nadie se merece eso.

—¿Sabes una cosa? —le preguntó, enfurruñada—. No quiero seguir hablando de esto. No, espera, quiero decirte otra cosa. Estás loco por dejar que esto sea un motivo para romper con Kate.

—Eso ya lo has dicho.

—Entonces ya no digo nada más. La pelota está en tu campo.

JD estaba encantado de cambiar de tema. Sentía mucha simpatía por Callie, despertaba en él un curioso instinto de protección y el hecho de que se hubiese atrevido a discutir con él de ese modo, hacía que la respetara aún más. Pero no quería hablar con ella sobre Kate. Sus diferencias iban más allá del hecho de que creyera que estaba cometiendo un error al escribir ese artículo sobre Callie. Kate y él tenían unos valores fundamentalmente distintos. Cuando acabara con Callie, se pondría a escribir de otros temas, y estaba en todo su derecho, pero él siempre tendría reservas al respecto, unas reservas que se interpondrían entre ambos. Ella era una reportera en busca de una historia y él estaba harto de ser la historia.

—¿Te ha dicho el médico que puedes trabajar ya? —le preguntó a Callie.

La muchacha asintió con fuerza. Era evidente que su recuperación había hecho que toda ella mejorara. Eso era lo que le fascinaba de la Medicina; a veces tenía el increíble poder de curar, de transformar por completo una vida y convertir una tragedia en una segunda oportunidad.

—Me alegro de que estés de vuelta —le dijo.

—Gracias. Por cierto, aúno no te había dado las gracias por lo que hiciste por mí esa noche. La noche de mi cumpleaños. Si no llega a ser por ti, no estaría aquí.

JD pasó el día entero trabajando, descansando solo para pagar a Callie y despedirse de ella. Al final del día estaba cubierto de sudor y polvo y el vendaje de la mano estaba hecho jirones. Se quitó la camisa y se zambulló en las heladas aguas del lago, que lo recibieron con suavidad, limpiándolo al mismo tiempo que el frío le cortaba la respiración. Apenas tuvo que nadar unos metros para poder ver la casa de Kate, el verde intenso del césped y las luces en medio de la oscuridad. Se preguntó qué estaría haciendo. ¿Estaría trabajando en el artículo? ¿Estaría jugando con Aaron, o charlando con Callie? Quizá había ido al pueblo. Quizá ya había conocido a alguien, alguien que no fuera tan paranoico como él y que no la juzgara.

Alguien que no escondiera un enorme secreto.

Si la última conversación no hubiera supuesto el final de la relación, sin duda habría acabado en cuanto se enterara de que llevaba todo el verano mintiéndole.

JD había imaginado la conversación decenas de veces:

—Kate, no soy quien tú crees que soy. Espera, sí soy quién tú crees, pero hay algo que debes saber de mí…

Después le contaría lo sucedido en Walter Reed de la manera más sencilla posible y Kate, que en una ocasión le había dicho que parecía demasiado bueno para ser cierto, descubriría que no se había equivocado al pensar eso.

Quizá lo comprendiera. Quizá incluso sintiera curiosidad por conocer a alguien que se había hecho famoso sin querer. Pero JD sabía que tarde o temprano descubriría lo destructiva que era la fama, igual que le había ocurrido a Janet. Era como un monstruo con vida propia. Allí, en el lago, no importaba quién era, pero eso no era el mundo real.

El mundo real estaba lleno de paparazis que lo acosaban, de artículos plagados de mentiras, de reporteros de televisión siguiéndole a cada paso, de teléfonos que no dejaban de sonar, de agentes y publicistas que le exigían todo tipo de cosas y de personas que no paraban de pedirle favores. La mente humana no estaba preparada para soportar tanta presión. Él era la prueba de ello. Con el tiempo, Kate acabaría detestando toda aquella atención, especialmente cuando repercutiera en Aaron, y terminaría por sentir rencor hacia JD por ser la causa de tantas molestias e intromisiones. La fama podía ponerlos en peligro de mil maneras y, si les sucedía algo por su culpa, jamás se lo perdonaría.

Sam y Penny le aseguraban una y otra vez que la gente acabaría por olvidarse de él, que su madre se recuperaría y un día recuperaría su vida. Quizá entonces…

Volvió a la orilla y salió del agua. Se sentía limpio y más tranquilo, pero también helado hasta los huesos, así que fue a buscar una toalla.

Era el momento de ocuparse de otras cosas.

Se secó y se vistió antes de ponerse un vendaje nuevo, después miró detenidamente los impresos antes de decidirse a sentarse. No era tan difícil, sin embargo no dejaba de postergar el momento de rellenar la solicitud de admisión. Había imaginado la entrevista cientos de veces; seguramente verían su experiencia laboral con buenos ojos, pero no sabía qué pensarían sobre el hecho de que un famoso entrara a formar parte de tan venerable institución. Había oído muchas historias de actores y actrices que hacían una pausa en su carrera para estudiar en Princeton o en Stanford, la diferencia era que ellos no sentían la aversión que sentía él hacia la fama.

Otro de los motivos que le hacía dudar era que quería que lo admitieran por sus propios méritos, no por haber aparecido en la portada de la revista *Time*.

Sam siempre le decía que era una tontería hacer como si todo aquello no hubiese ocurrido. El incidente del día de Nochebuena ahora era parte de él y, por tanto, no podía separarlo de su vida. También solía decirle que debía aprovechar cualquier cosa que pudiera ayudarle a entrar en la facultad de Medicina, aunque supusiera mencionar que un día había sido el protagonista de las noticias del mundo entero. JD sabía que estaba preparado para que lo aceptaran. Solo necesitaba un poco de tiempo.

Se frotó el cuello mientras se imaginaba como estudiante. Llevaría una vida monacal, estudiando hasta tarde y levantándose temprano por las mañanas. Seguramente acabaría agotado, como les había ocurrido a compañeros suyos de las Fuerzas Especiales que habían estudiado Medicina y habían descubierto que suponía tanto esfuerzo, tiempo y concentración como la preparación de los Boinas Verdes. JD pensó que seguramente no tendría tiempo para nada que no fuera estudiar.

«Ya está bien», pensó mientras daba vueltas al bolígrafo una y otra vez. Tenía muchas razones para alejarse de Kate y solo una para estar cerca de ella.

Aunque trató de no hacerlo, se preguntó de nuevo qué estaría haciendo en esos momentos.

Kate parecía más nerviosa que Callie con la sesión de fotos para *Vanity Fair.*

—No te pongas nerviosa porque me pones nerviosa a mí —le pidió Callie.

—Tienes razón.Voy a intentar calmarme —prometió mientras aparcaba frente a la peluquería donde iban a peinar y a maquillar a Callie.

Resultaba muy intimidante y Kate no estaba ayudando mucho.

—Yo no estoy nervioso —aseguró Aaron desde el asiento de atrás. Llevaba un rato empañando el cristal con el aliento para después dibujar caritas con el dedo. «Que alguien le dé una Game Boy», habría querido decir Callie—. ¿A qué viene tanta preocupación? —preguntó.

—No me gusta que me hagan fotos.

—¿Por qué?

—Porque no me gusta mi aspecto, ¿vale?

—No, no vale —dijo Kate—.Y no lo dices en serio.

—Está bien —respondió Callie, que no quería hablar de ello delante de Aaron. Además, quizá Kate tuviera algo de razón pues, desde que había empezado con el programa de prevención de la diabetes, había perdido bastante peso y tenía mejor la piel, sin granos ni manchas oscuras. Había descubierto que la acantosis pigmentaria y el acné no eran una especie de castigo cósmico, sino síntomas de la diabetes. Gracias al tratamiento, habían desaparecido—. No lo digo en serio. Me encanta mi aspecto y las fotos van a salir de maravilla.

—Ahora estás siendo sarcástica.

—¿Qué quiere decir sarcástica? —preguntó Aaron.

Ninguna de las dos le hizo caso.

—No puedo evitar sentir lo que siento —admitió Callie.

—A mí sí me gusta tu aspecto —dijo Aaron.

Siguieron sin prestarle atención.

—Claro que puedes evitarlo —aseguró Kate.

—He dicho que a mí sí me gusta tu aspecto —repitió Aaron a gritos, para que tuvieran que escucharlo—. Me gusta toda tu estúpida cara.

—Eres muy gracioso —le dijo Callie con ironía.

—Y tú estás loca.

—Pues anda que tú.

—No es a mí a quien le van a planchar el pelo y a pintar la cara.

—¿Salimos? —los interrumpió Kate en cuanto apagó el motor.

—Escucha, ¿no te importaría que fuera yo sola? Así Aaron no se aburrirá esperando…

—No me importa esperar —dijo él.

Callie miró a Kate a los ojos y ella lo comprendió de inmediato.

—Volveremos dentro de una hora.

—Gracias.

Callie los vio alejarse hacia el muelle donde se tomaba el ferry y donde había una torre con un mirador desde el que se podía ver la isla canadiense de Vancouver. Miró la hora, tenía que esperar quince minutos antes de su cita en la peluquería y, si había algo que había aprendido cuando vivía en la calle, era a matar el tiempo. Era toda una experta. Echó a caminar por la calle y se vio reflejada en el escaparate de una tienda, una chica caminando sola con las manos metidas en los bolsillos. A veces se sentía muy sola, incluso con Kate y Aaron. Eran estupendos, pero hacía tanto tiempo que no tenía amigos de su edad que lo echaba de menos hasta el punto de dolerle. A menudo se imaginaba rodeada de amigos, riéndose juntos como…

Al final de la manzana por la que iba había un grupo de muchachos hablando junto a la puerta de la oficina de reclutamiento. Luke. Estaba segura de que era él. El corazón se le aceleró. Hacía un par de semanas que no lo veía porque le había dicho que ya no podía pasar tanto tiempo con ella. Estaba ocupado porque le habían aumentado el horario.

Ahora no parecía estar muy ocupado. Parecía contento y animado charlado con varios chicos y chicas. Callie le había preguntado si se sentía raro porque no fuera tan mayor como había creído y él le había asegurado que no. También le había preguntado si le resultaba raro que estuviera enferma y también le había dicho que no.

Sin embargo estaba claro que había algo raro.

Aminoró el paso para contemplar la escena durante un instante. Él aún no la había visto, así que podría darse media vuelta y hacer como si no lo hubiera visto tampoco. Pero sabía que no podría olvidarlo. Luke llevaba todo el verano diciéndole que no tenía amigos allí y ella le había creído. Pero parecía tener bastante confianza con la gente con la que estaba en esos momentos.

Callie pensó que podría ser divertido pasar las semanas que quedaban de verano con un grupo de amigos. Las chicas iban vestidas con minifaldas y suéteres ajustados que les dejaban el vientre a la vista. Seguramente llevaban piercings en el ombligo, algo que Callie había prometido hacerse en cuanto alcanzara su peso ideal. Una de las chicas, que tenía una perfecta melena negra, estaba coqueteando con Luke; se apoyaba en él mientras le hablaba y se reía a carcajadas de todo lo que él decía.

Callie decidió no seguir mirando más y acercarse. Así pues, respiró hondo, irguió la espalda y se dirigió a él. Era curioso que estuviese justo frente a la oficina de reclutamiento, delante del póster de JD, ya descolorido por el sol. A veces Callie se moría de ganas de contárselo a Luke, pues nunca había tenido un secreto tan genial. Quizá pasara más tiempo con ella si le contaba quién era realmente JD.

Esbozó una sonrisa al aproximarse al grupo. Los demás no la reconocieron, claro, pero Luke sí, y reaccionó como si hubiera visto un fantasma.

No era buena señal, pensó Callie, arrepintiéndose de haberse acercado. No era buena señal en absoluto.

—Hola, Luke —le dijo tratando de no sonar forzada.

Él apoyó la espalda en la pared.

—Hola.

Callie esperó a que les presentara a los demás, cuyas miradas sentía clavadas en ella.

—¿Qué tal?

—Bien, ocupado —respondió con aburrimiento.

—Ya veo —Callie quería morirse. Deseó que la tragara la tierra y, aunque sabía que era una cobardía y que debía enfrentarse a él, no se atrevió a hacerlo. Se dijo que no merecía la pena luchar por Luke—. Bueno, tengo que irme. Adiós.

—Adiós.

Se dio media vuelta y echó a andar. Aunque intentó escuchar, oyó perfectamente la risa y la voz de Luke:

—… nadie —dijo—. Una chica que limpia casas para la agencia de mi abuela.

Callie siguió caminando y no se detuvo hasta llegar a la base de la torre del mirador. Vio el todoterreno de Kate aparcado junto a la torre y, más allá, a Kate y a Aaron tirándoles galletas a las gaviotas. Solo con verlos se sintió mejor, aunque solo un poco mejor. Era tan bonito verlos juntos, ese par de cabezas pelirrojas. Mientras lo miraba sintió algo extraño… una sensación de pertenencia.

Los saludó de lejos y ellos acudieron de inmediato.

—Qué rápido —dijo Kate, pero al verla de cerca, cambió de expresión—. ¿Qué ha pasado?

—He cambiado de opinión. No voy a ir.

—Pero el fotógrafo…

—Me voy a hacer las fotos, pero tendrá que hacérmelas así.

Y así fue. El señor Saloutos llegó a casa de Kate acompañado de dos ayudantes y los tres hicieron rápidamente su trabajo, con una enorme seguridad. Callie estaba nerviosa al principio, pero allí fuera, con el lago a su espalda, empezó a sentir la apacibilidad del paisaje. «Al infierno con Luke», pensó mientras miraba a la cámara. Aquella era su oportunidad de brillar.

Kate se había sentado en los escalones del porche para apuntar todas las preguntas que quería hacerle a la madre de Callie cuando la entrevistara. Aaron estaba en el jardín jugando con el perro y Callie se había ido al pueblo en autobús para asistir a su clase y a una sesión con el grupo de apoyo. Mientras, se suponía que Kate tenía que adelantar un poco con el trabajo, pero ahora empezaba a preguntarse si realmente estaba hecha para ser una aguerrida periodista freelance porque solo con pensar en aquellas preguntas le había dado dolor de estómago. No se imaginaba a sí misma haciéndoselas a la madre de Callie y tampoco esperaba recibir respuestas sinceras a las preguntas que había escrito hasta ese momento:

Señora Evans, ¿qué la llevó a vivir en una comuna dirigida por un pedófilo?

¿Se planteó usted que iría a por su hija en cuanto llegara a la pubertad?

Cuando la abandonó en Tacoma años después, ¿pensó usted que estaba siendo una madre responsable?

En la facultad de Periodismo había aprendido algunas técnicas para conseguir que hasta los entrevistados más reacios proporcionaran información. Pero no recordaba qué debía hacer si era la entrevistadora la que se mostraba reacia. Siempre podía recurrir al viejo método de dejar hablar a la persona, tomar nota de todo lo que dijera y luego contar la verdad.

«¿Cómo podría hacerle bien a Callie que su vida aparezca publicada en la prensa?» La voz crítica de JD resonó en su mente, interrumpiendo sus pensamientos y debilitando su confianza. Habría querido decirle que se callara. Que se fuera. No le importaba su opinión. Ya no. Era una mujer independiente que dependía solo de sí misma, aunque durante unas semanas de locura, había llegado a olvidarlo. Ahora había recuperado la cordura y estaba decidida a olvidarse de él cuanto antes.

—Mamá —la llamó Aaron desde el jardín—. Mira.

Kate dejó el cuaderno, agradecida por la interrupción de su hijo.

—Te miro, hijo.

Quería mostrarle un truco que llevaba todo el verano ensayando con Bandit, sin éxito hasta el momento.

—Vamos a rezar —le dijo Aaron, levantando las manos y agachando la cabeza.

Inmediatamente, el perro se sentó, bajó la cabeza también y aguantó así hasta que Aaron le gritó.

—¡Amén!

Momento en el que Bandit se levantó de un salto y salió corriendo.

Kate estaba impresionada. Bandit era un perro encantador, pero no se trataba precisamente de un ejemplo de inteligencia canina; solo comprendía un par de órdenes sencillas, de no más de una palabra. Pero, con su insistencia, Aaron había logrado enseñarle algo nuevo. Kate también acababa de aprender algo nuevo; a no dar por perdido a nadie solo porque pareciera carecer de habilidad.

—Eres increíble, los dos sois increíbles —le dijo Kate a su hijo—. Estoy muy orgullosa de ti, Aaron.

—¿Lo bastante como para levantarme el castigo? —le preguntó con una enorme sonrisa en los labios.

—Ya te gustaría. Son dos cosas completamente distintas.

—Mamá…

—Di una cosa más y añadiré un día más sin bici, ni baños en el lago.

Aaron dejó caer los hombros.

A Kate le daba mucha lástima, pero sabía que debía mantener su palabra a pesar de que sabía que era especialmente cruel al no dejarle bañarse en el lago ni salir en bici ahora que se acercaba el final del verano.

—Hiciste algo reprobable y ahora tienes que cumplir la condena.

Aaron parecía muy triste y era cierto que merecía una recompensa por haber sido tan persistente con Bandit.

—Te propongo una cosa —le dijo—. Vamos a dar una vuelta en el kayak.

—¡Sí! —salió corriendo en busca de los chalecos salvavidas y los remos.

Unos minutos después iban ya rumbo al centro del lago; el sol brillaba en las gotas de agua que salpicaban los remos.

Seguramente también debería haberle prohibido salir a remar, pero en realidad creía haberle hecho aprender la lección limitándose a quitarle la bici y los baños en el lago. Además, el remo era una actividad sana y poco arriesgada.

Kate observó a su hijo y se fijó en que se le habían puesto los brazos más fuertes a lo largo del verano. El sol le había aclarado el pelo y, a pesar de la abundante protección solar, también le habían salido bastantes pecas. Esas últimas semanas había crecido y parecía más seguro de sí mismo y menos enfadado. Su hijo estaba creciendo, pensó. Remaron en silencio durante un rato y, mientras miraba la sombra de la canoa en las profundidades del agua, sintió cierta nostalgia. Por mucho que conociera aquellas aguas, el lago siempre le parecía algo nuevo y su belleza nunca dejaba de maravillarla.

—Echo de menos a JD —afirmó Aaron de pronto, sin dejar de remar.

«Yo también», pensó Kate.

—¿Por qué ha dejado de venir? ¿Es porque me tiré al agua con la bici?

Kate respiró hondo. Aaron siempre se culpaba a sí mismo cuando los hombres la dejaban.

—Claro que no —se apresuró a decir—. No seas tonto.

—Pensé que erais novios.

Kate apretó los dientes. Había hecho una estupidez. Sabía de sobra que en cuanto miraba dos veces a un hombre Aaron se hacía ilusiones. Eso quería decir que, si se enamoraba, no solo peligraba su corazón, también ponía en peligro el de Aaron. ¿Cómo había podido cometer semejante descuido? De nada había servido que le dijera desde un primer momento que JD no iba a formar parte de sus vidas para siempre, las fantasías de su hijo siempre eran más fuertes.

La tristeza que empapaba la voz de Aaron hizo que también ella sintiera ganas de llorar.

—No estábamos hechos el uno para el otro —trató de explicarle—. Los dos nos dimos cuenta y por eso dejamos de vernos.

Aaron siguió remando.

—Eso es una tontería.

—¿Por qué?

—Porque tú le gustas mucho, incluso yo le gusto.

—Claro que le gustas. Tú le gustas a todo el mundo.

—Sí, claro. Ya sé que se supone que soy tonto, pero…

—Aaron…

—Sé más de lo que tú crees.

—Yo creo que sabes mucho.

—Sé, por ejemplo, que JD es perfecto para nosotros —aseguró—. Y es una mierda que lo hayas dejado.

—Yo no lo he dejado. Él decidió marcharse y no tiene sentido esperar que vuelva. Aunque yo quisiera, no volvería. Es mejor así, Aaron, es mejor que haya pasado ahora que después. Los dos nos dimos cuenta de que estábamos mejor separados.

—¿Por qué?

—Es complicado.

—No, es muy fácil. JD quería estar con nosotros, mamá. Creo que hasta empezaba a querernos y eso no ocurre todos los días.

A Kate estuvo a punto de caérsele el remo al oír aquello. ¿Quién era aquel muchacho que hablaba con tanta seguridad y madurez?

—Nadie empezaba a hacer nada —dijo mientras pensaba que era una mentirosa. No era de extrañar que su hijo se mostrara tan escéptico con ella. Respiró hondo y lo intentó de nuevo—: Hay muchas maneras de querer, hijo. Algunas duran toda la vida, como mi amor por ti. Y otras solo duran un verano, después hay que seguir adelante y ya está. Créeme, es mejor así. Los dos solos.

—Sí, mamá.

Siguieron remando, de nuevo en silencio. Kate se las arregló para avanzar en la dirección opuesta a la casa de JD e intentó no mirar siquiera hacia allá, pero al final no pudo evitarlo. «No mires, no mires», se dijo.

Pero miró.

Aunque estaban bastante lejos, vio a JD en el jardín, cortando el césped. Se había quitado la camisa y la llevaba colgando de la cinturilla del pantalón. El sol iluminaba los músculos de sus piernas y de sus brazos. Kate no pudo evitar recordar lo que era sentir aquellos brazos rodeándola o su voz susurrándole al oído. Y se dio cuenta de pronto de que Aaron tenía razón. También ella echaba de menos a JD y era cierto que entre ellos había empezado algo, algo de verdad que ella debería haber cuidado en lugar de cuestionar y luego desechar. Pero ya era tarde. ¿O no?

—De todas maneras —dijo Aaron después de un rato—, ya no estamos los dos solos. También está Callie.

—Durante el verano —matizó Kate.

—Pero podría quedarse más tiempo —afirmó su hijo.

Kate también había estado pensándolo.

—Es posible. Hay que hablarlo.

—¿Quién tiene que hablarlo? Ya adoptamos a Bandit, ahora podemos adoptar a Callie.

Su hijo siempre se las arreglaba para sorprenderla.

—Adoptarla no es posible todavía —le explicó—. Pero si el Servicio de Protección de Menores lo aprueba, podríamos ser su familia adoptiva. Por ahora solo es una idea; tenemos que hablarlo… los tres y decidir si es lo mejor para Callie y si creemos que saldría bien.

—Claro que saldría bien.

Kate tuvo que sonreír ante su lógica.

—Los adolescentes dan mucho trabajo.

—Y Bandit, y yo aún más.

Kate frunció el ceño.

—¿Qué quieres decir?

—Vamos, mamá. Piensa en todas las veces que no has podido trabajar por ir a las reuniones o a verme jugar o por atenderme… y al final perdiste el trabajo, pero no te importó porque yo soy más importante que cualquier trabajo —miró hacia atrás para lanzarle una mirada de complicidad—. ¿Qué tal voy?

—Me has dejado sin palabras.

—Mentira, estás hablando.

—Tienes razón. ¿Entonces crees que tú das mucho trabajo?

—No lo creo, lo sé.

Kate había tenido que enfrentarse a la maternidad de manera inesperada y siendo muy joven, pero aún recordaba la mezcla de fascinación, horror, alegría y miedo que la había invadido al ver el resultado de la prueba de embarazo que había confirmado sus sospechas. Después de que Nathan saliera de su vida, se había planteado tanto abortar como darlo en adopción, pero ninguna de las dos opciones le había parecido adecuada para ella. Así que había tenido a Aaron, lo había recibido con los brazos abiertos y todos los días daba las gracias por haberlo hecho. Su hijo era una bendición, tal como le había dicho JD. Pasara lo que pasara, siempre recordaría esas palabras.

—¿Y sabes que también eres una gran alegría? —le preguntó a Aaron.

—Sí. Por eso digo que estaría bien ser la familia de Callie.

—Estaría bien para nosotros dos, para ti y para mí.

—Sí.

—¿Y para Callie?

—Eso no lo sé.

Kate tampoco lo sabía.

—Por eso aún no está decidido —le dijo a su hija—. Tengo que hablar con ella y tendremos que dejar que decida qué opina.

—Puedes hacerlo ahora mismo —le propuso Aaron, señalando con el remo hacia la casa.

Allí estaba Callie, que acababa de bajarse del autobús. Bandit acudió a recibirla, ladrando de alegría. Ella lo acarició y dejó que le lamiera la cara. Mientras veía la escena al tiempo que remaban hacia el embarcadero, Kate sintió muchísimo cariño. Callie llevaba todo el verano siendo parte de la familia y no tenía por qué dejar de ser así.

Después de la comida llegó una camioneta de FedEx que les llevaba un pequeño paquete.

—Es difícil encontrar esta dirección —dijo el conductor mientras Kate firmaba el impreso.

—Por eso nos gusta tanto la casa —respondió Callie con una sonrisa, pero al ver el remite del paquete se le encogió el estómago.

Encontró a Callie y a Aaron terminando de fregar los platos de la comida. Aaron salió corriendo antes de que pudiera pedirle que hiciera nada más.

—¿Quién era? —le preguntó Callie.

Kate no respondió, en lugar de eso, colocó el ordenador portátil sobre la mesa de la cocina y luego le dio el paquete.

—Vaya —murmuró Callie con voz nerviosa.

Le temblaban las manos mientras abría el paquete, en cuyo interior encontró un CD. Kate lo puso en el ordenador y contuvo la respiración mientras esperaba que arrancara.

—Van a ser horribles, lo sé —aseguró Callie.

Kate no dijo nada. Sabía lo frágil que era Callie, así que rezó para que las fotografías no la hicieran sufrir más, pero el riesgo era evidente. Durante los años que había estado en el periódico, había visto mucha gente decepcionada al verse en fotos muy poco favorecedoras. Se recordó a sí misma que esa vez se trataba de *Vanity Fair*, donde trabajaban los mejores fotógrafos del negocio.

Apareció la primera imagen en la pantalla y Kate volvió a respirar lentamente. Callie parecía hipnotizada.

—Se acabó el suspense, ¿no? —le dijo Kate.

A medida que fueron viendo las fotos, fue creciendo su alegría. Las imágenes tenían un aire lírico que conseguía plasmar la riqueza del paisaje en toda su majestuosidad. El lago de fondo parecía una imagen idealizada, una pintura que podría ser obra de Maxfield Parrish. Pero, por hermoso que fuera el paisaje, la verdadera estrella de las fotos era Callie. La lente del fotógrafo había logrado encontrar su fuerza y su vulnerabilidad al mismo tiempo. Las fotos mostraban a Callie tal como era; no había sufrido ningún proceso de sofisticación mediante efectos especiales o retoques, sino que estaba retratada con absoluta sinceridad, algo que la favorecía mucho.

—Creo que esa es mi preferida —dijo Kate, señalando una imagen en la que Callie aparecía mirando ligeramente al objetivo.

La instantánea plasmaba su inteligencia y su tristeza, pero la suave curva de los labios denotaba también un sentido del humor fuerte. Kate sintió el impulso de ir corriendo a casa de JD y enseñarle las fotografías como una madre orgullosa. Obviamente, no se dejó llevar por dicho impulso, pues sabía que a JD no le gustarían las fotos por muy bellas que fueran. Esa obstinación con la que se había empeñado en censurar el proyecto estaba interponiéndose entre ellos como una enorme roca fría e inamovible que les bloqueaba el camino. Era ridículo.

Sin embargo había conseguido que ella se cuestionara a sí misma constantemente. ¿Estaría entrometiéndose en la intimidad de Callie a cambio de dinero? ¿O quizá conseguiría que el artículo inspirara a aquel que lo leyera?

—Estoy emocionada —admitió Callie, mirando las fotos una vez más—. Están mucho mejor de lo que jamás habría podido imaginar.

—Eres preciosa, Callie —aseguró Kate—. Y las fotos te hacen justicia —añadió al tiempo que le pasó la mano por el pelo de manera impulsiva. Por una vez, Callie no se puso en tensión—. No sabes lo contenta que estoy de que estés recuperándote tan bien.

—Me lo recuerdo a mí misma cada vez que empiezo a enfadarme contigo por ser tan estricta con la dieta y el ejercicio.

—¿Estoy siendo estricta?

—Eres bastante mandona, sí. Pero no importa.

—Es la única manera que conozco de ser madre —dijo sin pensar. No sabía si Callie se había dado cuenta, en tal caso, no dijo nada.

Después de admirar las fotos una vez más, se prepararon para dar el paseo de la tarde, una vuelta de seis kilómetros hasta el final de la carretera y vuelta a East Beach. Aunque protestó por no poder ir en bici, Aaron no tardó en agarrar la correa del perro y salir disparado con Bandit. Una vez acabado el trayecto, se detuvieron a descansar un poco en la playa. Callie y Kate se sentaron en un banco con mesa incorporada para hacer picnics. Aaron no quería estar quieto, así que se puso a excavar túneles en la arena, cerca del agua, mientras silbaba desafinando.

—Es un niño increíble —le dijo Callie después de un rato.

Kate sonrió, sorprendida.

—Sí, yo también lo creo.

—Siempre está haciendo algo. En las casas de acogida en las que viví, los niños siempre estaban viendo la tele.

—Por eso no tenemos televisión desde que Aaron tenía tres años. Un día, estábamos en una tienda y empezó a cantar una canción de un anuncio de detergente, eso fue lo que hizo que me diera cuenta de que tenía que deshacerme de la televisión. Solo alquilo una cada cuatro años para ver las Olimpiadas. Puede que fuera un tremendo error, no lo sé. A veces pienso que criar a un niño es como hacer un enorme experimento social sin ningún tipo de control externo.

Callie volvió a quedarse callada, pero Kate notaba que necesitaba hablar.

—¿Qué tal va todo, en el grupo y en clase?

—La orientadora dice que mi diario es un desastre —le dijo la muchacha—. Quiere que me esfuerce más al escribir lo que pienso y lo que siento.

—¿Lo has hecho ya?

Callie se encogió de hombros.

—Es muy aburrido.

—No me lo puedo creer.

—Muy graciosa. Debería llamarlo *Diario de una quejica*. Te aseguro que es muy aburrido. Niveles de glucosa, comer, trabajar, dormir… otra vez lo mismo —miró rápidamente a Kate y luego bajó la vista—. He escrito otra cosa.

—¿El qué?

—Es una tontería —apretó las manos sobre el regazo—. A veces me gustaría tener una vida como la que tenéis Aaron y tú —bajó la voz aún más antes de añadir—: Con tanto amor.

Kate contuvo la respiración y calló las palabras que tanto deseaba decir. Se dijo a sí misma que debía tomárselo con calma.

—Pronto tendrás que tomar algunas decisiones porque en otoño tienes que volver al colegio.

—De eso nada. Voy a buscarme un trabajo.

—Tu trabajo es estudiar.

—Como si eso fuera a servirme de algo.

—Desde luego te servirá más que trabajar en negro y andar escondiéndote —respondió Kate—. Sé que es duro, Callie, pero tienes que afrontar la situación. Cuando acabe el verano tendrás que decidir qué quieres hacer.

—No tengo que decidir nada, iré viéndolo día a día, como hacía antes de conoceros.

—Durmiendo en casas deshabitadas —le recordó—. Muriéndote de hambre un día y comiendo hasta hartarte al siguiente. Según la doctora Randall, eso sería fatal en tu situación.

—Estoy harta de oír hablar de mi maldita situación —espetó Callie—. Estoy harta de hablar del maldito futuro.

—¿Tienes miedo?

—Vete a paseo, Kate —le dijo, después se levantó y se alejó.

Kate no quiso ofenderse, lo que hizo fue levantarse también e ir tras ella. No la tocó, simplemente volvió a hacerle la pregunta.

—¿Tienes miedo?

Callie dejó caer los hombros.

—Todo el rato —se volvió a mirar a Kate, con la cara pálida y tensa por la preocupación—. Ayer estuve mucho tiempo con la orientadora —le dijo—. Muchísimo tiempo.

Kate se dio cuenta de que por fin estaba saliendo la verdad. Era el momento.

—Estuvimos hablando de las opciones que tengo para el año que viene. Quiere que piense en la posibilidad de vivir en una casa tutelada.

Kate no se permitió reaccionar, aunque se le encogió el corazón. No soportaba la idea de que Callie viviera con otros adolescentes, algunos de los cuales serían aún más duros que ella.

—¿Qué te parece? —le preguntó.

—Ahora hablas como la maldita orientadora.

—No es eso lo que pretendía. Solo quiero saberlo.

Callie empezó a caminar de un lado a otro frente a ella.

—He oído que no es tan malo como parece. Así no tendría que adaptarme a otra familia y eso está muy bien, porque es algo que no se me da nada bien.

Kate trató de mantener la calma. Era el momento. Trató de exponer la idea sin asustar a Callie.

—Yo podría demostrar que no se te da tan mal —le dijo.

—Gracias, pero me parece que la mejor solución hasta que pueda ahorrar y vivir por mi cuenta es vivir en una de esas casas tuteladas. La gente con la que he hablado dice que están bastante bien.

—Da igual lo que diga toda esa gente —le dijo Kate—. Lo importante es hacer lo mejor para ti.

—No sé cómo hacer eso —admitió con la voz temblorosa.

—¿Qué ocurre, Callie? —preguntó Kate—. Te preocupa algo y no se trata solo de la casa tutelada.

Callie clavó la mirada en el suelo y murmuró algo.

—¿Qué? No te he oído.

—Luke me ha dejado.

Kate trató de pensarlo con tranquilidad antes de decir nada. Hasta hacía muy poco, Callie había estado como loca con Luke, creyendo que era su oportunidad de tener una vida normal.

—No lo sabía. Lo siento.

Callie se encogió de hombros.

—No pasa nada.

—Claro que pasa.

—Es verdad.

—¿Estás bien?

—Supongo. Solo éramos amigos. No es que fuera el amor de mi vida ni nada parecido, pero es una mierda porque era el único amigo que tenía, así que ahora ya no tengo ninguno.

Kate lo comprendía. Callie estaba acostumbrada a no permitirse sentir nada por nadie. La vida le había enseñado que los vínculos emocionales eran muy frágiles, que no se podía confiar en ellos.

—Bonita…

—No es nada importante —dijo, minimizando su sufrimiento con un gesto poco espontáneo que hacía pensar que tenía el corazón destrozado—. Nunca se me ocurrió pensar que fuera a quedarse conmigo —volvió a sentarse y colocó las rodillas contra el pecho—. Nadie lo hace nunca.

—Es un idiota —dijo Kate. Intentaba ser sarcástica, pero sabía bien lo doloroso que era porque a ella también la habían abandonado—. Como la mayoría de los chicos. Si quieres hablar…

—No —la interrumpió Callie.

Kate vio que tenía los ojos llenos de lágrimas y sintió su sufrimiento, sabiendo que estaba haciendo un verdadero esfuerzo por ocultarlo. Unos segundos después, estaba llorando desconsoladamente, la tristeza le sacudió todo el cuerpo. Una par de personas las miraron, pero Callie era completamente ajena a ello y a Kate no le importaba que las miraran. Abrazó a la muchacha y le acarició el pelo mientras la dejaba llorar. En ese momento la conexión entre ellas fue tan fuerte, que Kate podía sentir toda la tristeza y el dolor de Callie, sus dudas y sus miedos.

Callie intentó volver a hablar mientras se secaba las lágrimas con la manga de la camisa.

—Solo quiero ser normal por una vez en la vida. Quiero ir al cine con un chico y charlar por teléfono con mi mejor amiga y… y ser normal.

—Tú eres mucho mejor de lo normal. Eres una persona increíble. De verdad —afirmó Kate con todo su corazón.

—Ya sabes lo que quiero decir.

Claro que lo sabía. Aunque no hablara de ello, Callie se refería a que su vida nunca le había pertenecido. Había sobrevivido a una infancia muy extraña, había pasado de una familia de acogida a otra por culpa de un sistema que le había fallado y ahora se enfrentaba al dilema de tener que vivir sola, sin ningún tipo de sistema de apoyo, con una enfermedad aterradora y unas perspectivas muy inciertas.

—Deberíamos irnos —dijo Callie y se puso en pie.

Kate llamó a Aaron, que estaba jugando con un grupo de niños, pero acudió corriendo, acompañado de Bandit. Kate se puso a la altura de Callie y caminó a su ritmo. Tenía que decir algo, ya había pasado el momento de preguntarse si era eso lo que quería, si podría hacerlo o si ella lo aceptaría.

Tenía un nudo en la garganta. Callie sería algo así como… una hija. Una hermana para Aaron.

—He estado pensando —anunció por fin. La miró de reojo, esperando no asustarla con lo que iba a decir. Ya estaba bien de postergarlo—. He presentado una solicitud para ser tu madre adoptiva. Tengo que ir a Seattle a una entrevista con el Servicio de Protección de Menores y, cuando aprueben mi solicitud, podrás vivir con nosotros.

Callie se tropezó, pero siguió andando.

Kate la miró y vio su gesto de sorpresa, de incredulidad. La muchacha no dijo nada.

—Siempre y cuando quieras hacerlo, claro —siguió hablando Kate—. Sé que no tengo edad suficiente para ser tu verdadera madre, pero puedo ofrecerte un hogar estable y mi apoyo incondicional, te lo prometo —intentó no parecer demasiado insistente, pero cuando empezó a hablar se dio cuenta de lo mucho que deseaba poder ayudar a Callie durante los difíciles y determinantes años de instituto. No sería fácil para ninguno de los tres, pero sabía que era lo mejor. Lo sentía en los huesos.

Callie aceleró el ritmo y Kate la siguió.

—Sé que te parece un poco repentino, pero en realidad ya llevo tiempo pensando en ello.

—No sé qué decir.

—No tienes que decir nada ahora, pero espero que lo pienses detenidamente.

—No voy a poder pensar en otra cosa.

—Como es lógico, tienes toda la libertad para considerar otras alternativas. Ya habrás notado que no soy perfecta, ni mucho menos. No tengo marido…

—Y te va muy bien —opinó Callie con lealtad.

—Gracias. Voy a serte sincera, no hay día que no piense en que Aaron está creciendo sin un padre.

—Como la mayoría de los niños —señaló Callie.

—No tengo un trabajo fijo —siguió enumerando Kate, haciendo de abogado del diablo.

—¿Intentas convencerme de que no lo acepte?

—Intento contarte las cosas tal y como son para que tomes la decisión más adecuada. Estoy soltera y sin trabajo.

Pensó en hablarle del alquiler que recibía por las casas que había heredado. Para Callie debía de ser toda una fantasía el tener una vivienda en propiedad. Era toda una lección de humildad. Desde que se había quedado embarazada, Kate había sentido que la vida estaba siendo muy dura con ella, pero ahora se daba cuenta de que no había sido así.

—Tómate todo el tiempo que necesites para pensar en ello —le dijo Kate—. Solo quiero decirte que serás parte de la familia hasta que tú nos necesites, y espero que sea para siempre.

Callie clavó la mirada en el suelo de asfalto de la carretera.

—No tienes por qué hacerlo.

—Quiero hacerlo —enfatizó Kate—. ¿Qué ocurre?

—Ya sabes que no me gusta encariñarme con la gente.

—¿Qué tiene de malo?

—Que es horrible cuando las cosas no salen bien.

—Entonces tendremos que asegurarnos de que salgan bien.

—No lo entiendo —le dijo, con una voz más suave—. No sé cómo consigues ser tan alegre, tan sana y tan… tan todo.

—¿Preferirías vivir con un ogro?

—¿Qué es un ogro? —preguntó Aaron, que acababa de acercarse a ellas y daba vueltas a su alrededor.

—Alguien con mal carácter —le explicó Kate y luego miró a Callie—. ¿No?

La muchacha estaba tratando de no reírse.

—Sí, supongo.

—¿Nerviosa?

A Callie le resultó enervante la voz animada de Kate, quizá porque se dirigían a una cita a la que no quería acudir. Aaron se había quedado en casa de la señora Newman, donde pasaría todo el día, por lo que hubo numerosos silencios durante el trayecto.

Dios. Kate parecía ver en su interior.

—No, ir a ver a mi madre siempre es muy divertido —respondió sarcásticamente y luego miró al exterior. Por algún motivo, la belleza del paisaje hizo que le dieran ganas de llorar, como casi todo últimamente.

Llevaba días deambulando por ahí con una extraña sensación de irrealidad, estaba abrumada ante la idea de tener que tomar una decisión tan importante. Kate y ella habían hablado durante horas sobre cómo sería la vida en Seattle, como familia. Kate le había contado cómo era el barrio en el que vivían; lo había descrito como tranquilo, con árboles enormes y casas antiguas. Lo que ella no sabía era que Callie nunca había vivido en un barrio de verdad. Tampoco había tenido su propio espacio en una casa, excepto ese verano. En Seattle tendría su propia habitación y un baño que tendría que compartir con Aaron. El instituto estaba a menos de dos kilómetros de la casa, era un centro con mil alumnos y su propia emisora de radio. Kate había prometido que la matricularía para que pudiera sacarse el carné de conducir y, con el tiempo, la ayudaría a solicitar plaza en la universidad.

La universidad. Era la primera vez que alguien le hablaba de la universidad como una posibilidad de futuro. Sin embargo a Kate le parecía algo perfectamente factible, el paso lógico después del instituto, un objetivo asequible. Quizá por eso a Callie le daba tanto miedo intentarlo. La experiencia le había demostrado que desear algo demasiado era como el beso de la muerte. Siempre que decidía que quería conseguir algo, se lo arrebataban de las manos. Luke era el ejemplo perfecto. Le había tendido la mano de la amistad, incluso había dado a entender que podría haber algo más y después la había dejado tirada. La había abandonado como si fuera una bolsa de basura.

Kate y la vida que quería ofrecerle le parecían igual de inciertas. Pero, a pesar de las muchas veces que la habían tirado al suelo, Callie deseaba desesperadamente aceptar la oferta. Desde que Kate se lo había propuesto el día anterior, tenía un nudo en la garganta y estaba todo el rato a punto de echarse a llorar. No podía evitar imaginar que podría tener un lugar permanente donde vivir junto a Kate y a Aaron. Una casa limpia y ordenada a la que llegar todos los días después del colegio, la cena en la mesa y una cama propia en la que dormir todas las noches. Era todo tan ideal, el tipo de cosas de las que se reían los niños que tenían que vivir en casas de acogida. Pero Callie sabía muy bien por qué ridiculizaban a aquellas familias, era para protegerse y no dejarse llevar por la envidia y el deseo de algo que no podrían tener.

Se hundió aún más en el silencio y Kate no la presionó porque siempre sabía comprenderla. Tampoco le pidió que no tardara en tomar la decisión. Aunque Callie sabía que acabaría haciéndolo en algún momento porque, ese mismo día, tenían una cita con el Servicio de Protección de Menores para hablar de la solicitud de Kate con un trabajador social.

Pero antes tenían otra cosa que hacer. Callie apartó la vista del paisaje y miró el sobre de aspecto oficial que descansaba en el asiento, entre las dos. Llevaba el sello del Centro Penitenciario para Mujeres del estado de Washington y contenía los pases que les permitirían entrar a visitar a la madre de Callie.

Cambió de postura con incomodidad, lamentándose de no poder salir huyendo.

—Lo siento —le dijo Kate, como si le hubiera leído el pensamiento—, sé que es difícil.

—No, no lo sabes —aseguró ella—. ¿Cómo podrías saberlo? Tienes una familia estupenda. He visto las fotos, Kate. Y he oído todas las historias. Tuviste una infancia perfecta, así que es imposible que sepas lo que se siente.

—¿Sabes lo que creo? Que ese viejo dicho es verdad. Nunca es tarde para tener una infancia feliz.

—Ya —Callie se miró las uñas, pintadas de color peonía.

—Todavía podemos echarnos atrás y no ir a visitar a tu madre. La idea fue mía, así que yo podría hablar con ella.

—No hace falta —dijo, pues, a pesar de todo, sentía una estúpida lealtad hacia su madre, la necesidad de verla y de oír su voz—. Seguramente te parezca muy raro que esté dispuesta a acercarme a ella.

—¿A tu madre? —Kate meneó la cabeza—. No es nada raro.

—¿Aunque sintiera devoción por ese asqueroso de Timothy Stone? ¿Y después, cuando todo eso se vino abajo, me arrastrara a Washington y me abandonara?

—Tú no la elegiste, pero es tu madre.

Callie no dijo nada. Había aprendido a no expresar lo que pensaba y no era fácil cambiar las viejas costumbres.

Ya en la prisión de Purdy, Kate se comportó como si fuera algo normal y sin importancia. Aparcó en la zona de visitantes y mostró la tarjeta en la caseta de seguridad. Parecía perfectamente tranquila mientras les pasaban el detector de metales por el cuerpo, que, aunque no las tocó en ningún momento, era como una intrusión. Pasaron una puerta tras otra. Callie sabía que Kate estaba nerviosa.

La primera casa de acogida en la que había estado se encontraba cerca de una cárcel, tan cerca que por las noches podía ver su intensa luz, que parecía borrar las estrellas del cielo. De camino a la sala de visita pasaron por un jardín que siempre sorprendía a todo el mundo porque estaba lleno de flores de distintos colores y olores. Incluso había un pequeño estanque y un árbol con un pájaro. El canto flotaba en el aire y hacía que aquel lugar pareciera un espejismo, un oasis perfecto que llegaba a hacer que uno se olvidara de dónde estaba.

Las internas con las que se cruzaban miraban de inmediato a otra parte. Lo hacían para no buscarse problemas, según había explicado un orientador, pues un cruce de miradas podía suponer una provocación. Sin embargo la primera vez que había ido allí, Callie había pensado que aquellas miradas bajas intimidaban mucho. Ahora no era inmune, pero también ella había aprendido a no buscarse problemas.

Miró a Kate para comprobar qué tal lo llevaba. A primera vista cualquiera habría dicho que no era lo bastante fuerte para afrontar algo así porque parecía Alicia en el País de las Maravillas. Pero había mucho más detrás de ese aspecto ingenuo y alegre, algo que se hizo evidente cuando la agarró una interna y ella ni siquiera se inmutó.

Esperaron en una sala amueblada con sillas y mesas de plástico y donde hacía más calor que en un horno. Kate se sentó y colocó el cuaderno y el bolígrafo en la mesa, frente a ella. Los colocó en línea con absoluta precisión, por lo que Callie la miró de reojo.

—No es que esté nerviosa —aseguró.

Callie sonrió.

—No te preocupes. Es normal.

Unos minutos después apareció su madre custodiada por un guardia. Kate se puso en pie, mientras que Callie no se movió de la silla, con el brazo apoyado en el respaldo. Sintió un torbellino de emociones: rabia, desasosiego, y una impresionante explosión de esperanza y de deseo, pero lo ocultó todo tras una actitud de desenfado y despreocupación.

—Hola —la saludó y finalmente se puso en pie a su pesar.

—Hola —respondió su madre mirándola de arriba abajo—. Veo que por fin has perdido peso.

—El día de mi cumpleaños me desmayé y estuve a punto de morir —le dijo Callie, preguntándose por qué se molestaba—. Me han diagnosticado resistencia a la insulina, que es un precursor de la diabetes de tipo 2.

La expresión de su madre no cambió en nada.

—No deberías haberte descuidado tanto.

Después de eso, como era lógico, no se abrazaron, ni sonrieron. Ya habían superado la fase de fingir que entre ellas había algún tipo de vínculo. Se sentaron las tres y, tal como había imaginado Callie, su madre puso cara de póquer, pero no la miró demasiado porque le interesaba más ver la reacción de Kate. A todo el mundo le sorprendía su aspecto. Era una mujer muy menuda y muy bella. Una especie de Renée Zellweger con un número enorme en la camiseta.

Kate también estaba sorprendida, aunque ya había visto la foto de su madre en el archivo de la policía, pero ocultó su reacción detrás de una sonrisa.

—Señora Evans, soy Kate Livingston. Estaba deseando conocerla.

—¿Por qué? —le preguntó la madre de Callie, haciendo música con los dedos sobre la mesa.

—Principalmente por curiosidad —Kate se recostó sobre el respaldo de la silla. Por supuesto, no iba a tratar de engañar a nadie haciendo creer que estaba allí por compasión—. Y porque estoy investigando para escribir un artículo. Esperaba que estuviera dispuesta a hablar conmigo sobre su vida con Callie.

—¿Qué clase de artículo? —le preguntó con gesto desconfiado.

—Es para una revista. Se publicará el año que viene en *Vanity Fair*.

—¿Entonces es usted periodista?

—Sí.

—¿Y si no quiero contarle nada?

Kate apretó las manos sobre el regazo, con el recato de una dama en misa.

—Tendré que utilizar los informes del juicio y todo lo que me cuente Callie.

—Entonces está escribiendo un relato de ficción.

—¿Cómo dice? —preguntó Kate con educación, pero estaba claro que era un desafío.

—La entrevista ha concluido —decidió su madre—. No tengo nada que deciros a ninguna de las dos.

Callie se dio cuenta de pronto de que aquella mujer nunca había sido una madre para ella. Kate era lo más cercano que había tenido nunca a una madre. Llevaba toda la vida esperando y deseando que su madre cambiara y se convirtiera en lo que se había convertido Kate en un solo verano. Ahora sabía que era imposible. Era como intentar atrapar la lluvia entre los dedos. Kate sí era de verdad. Lo único que le daba miedo era que no durara demasiado.

Kate se quedó callada unos segundos y Callie temió que le comentara que estaba pensando llevársela a vivir con ella. Había acordado no mencionarlo hasta que Callie hubiera tomado una decisión. Esperaba que Kate lo recordara.

La vio esbozar una sonrisa tensa, controlada. Luego agarró el cuaderno y el bolígrafo y se puso en pie.

El guardia dio un paso al frente para custodiar a la madre de Callie, pero aún tenía una cosa que decir.

—Te la acabará jugando —le dijo a Kate—. Esa niña es una mentirosa. Te la acabará jugando como me la jugó a mí y entonces veremos quién se las da de superioridad moral.

—¿Podría decirme qué quiere decir eso? —le pidió Kate.

—Ya lo descubrirá personalmente —el guardia abrió la puerta—. Pregúnteselo. Pregúntele por qué se fue e la última casa y por qué nadie intentó encontrarla.

No era habitual que en el lago hubiera tormentas de verano, pero de vez cuando las nubes hacían que el tiempo cambiara. A finales de agosto la naturaleza les dio un anticipo de la estación siguiente. El aire se cargó de humedad y un banco de nubes invadió el cielo, seguido de ráfagas de viento que silbaban entre las montañas que rodeaban el lago. Al ver que el tiempo se agitaba, Kate se acercó a la ventana y se quedó observando aquella cortina de agua. Le encantaban las tormentas; la luz tenue, la presión del aire, el ruido del viento sacudiendo las copas de los árboles y el de la lluvia en el tejado. Si bien era cierto que cualquier típico día de verano en el lago era increíblemente bello, ese tipo de tiempo tenía una fuerza especial que alimentaba su lado más melancólico y calmaba de algún modo la inquietud de su alma.

Había bajado mucho la temperatura, por lo que decidió encender la chimenea y luego siguió trabajando a la luz de color ámbar que traspasaba el cristal de la chimenea. Al otro lado de la mesa donde estaba ella, Aaron iba alternando entre dibujar mapas de lugares imaginarios y jugar con sus soldaditos. Ella hacía un alto en el trabajo cada cierto tiempo y se quedaba observando a su hijo, pero sin querer interrumpir sus fantasías. Aaron hacía que sus héroes se esforzaran mucho. Siempre lo hacía.

Callie había tenido un día muy provechoso. Había limpiado su habitación y había cambiado las sábanas de su cama, después había barrido el porche y el suelo de la cocina sin que nadie se lo pidiera. Dijo que la lluvia hacía que se sintiera encerrada y que necesitaba moverse para no volverse loca. Desde la visita a la cárcel, no había hablado de ello; ni había negado lo que había dicho su madre, ni lo había confirmado. Pero Kate tenía la sensación de que su comportamiento era una especie de castigo o de expiación y oyó de nuevo el eco de las palabras de Sonja Evans: «Pregúntele…».

Kate respiró hondo y la miró hasta que Callie la miró también.

—Estaba pensando en algo que dijo tu madre.

—¿Sí?

—En por qué tenías problemas en las casas de acogida.

—Eso ha cambiado —aseguró Callie—. Ya he dejado de huir.

—¿Qué es lo que ha cambiado entonces?

Callie miró al suelo y luego a Aaron, que parecía absorto en su mundo de fantasía.

—Esto no se lo he contado a nadie, ni siquiera a mi madre. Era por ella por la que me escapaba todo el tiempo, para poder verla. Porque la echaba mucho de menos. Sé que es una locura.

A Kate se le rompió el corazón por ella.

—No es ninguna locura.

—Sí, porque ella no se merece tanto esfuerzo. Nunca me quiso cerca y tiene razón —añadió en voz baja—, siempre lo estropeo todo.

Kate llevaba días esperando a que Callie respondiera a los comentarios e su madre.

—Eso no es lo que dijo. Me dijo que te preguntara por qué te habías ido de la última casa, pero yo no te lo he preguntado porque creo que eres tú la que debe decidir si quieres o no contármelo.

—Lo estropeé todo —afirmó—. Los Young eran buena

gente y yo lo estropeé todo. Si no me hubiera ido, me habrían echado.

Kate no dijo nada con la esperanza de que Callie viese su silencio como una invitación a continuar hablando.

Y así fue.

—Fue todo culpa mía. Mía y solo mía. Los Young querían ayudarme, pero yo no dejé que lo hicieran. Yo los aparté de mi lado y, cuando ellos me apartaron a mí, salí corriendo.

Kate podía imaginárselo. El instinto de supervivencia de Callie era más fuerte que su capacidad para confiar en la bondad de la gente. Estaba claro que había actuado para protegerse.

—Supongo que tendrás que dejar de actuar así cuando alguien te quiere y trata de ayudarte —le dijo Kate.

—Sí, claro —murmuró antes de dirigirse al cuarto de la lavadora—. Tengo que sacar una ropa de la secadora.

Kate volvió a centrarse en el artículo. La editora había dado el visto bueno al tema y a las fotografías y le había asegurado que tendría un espacio importante en el número en el que se publicaría. Y todo gracias a Callie y a la sinceridad con la que contaba su historia. Kate no había sido más que la escriba que había tomado nota de una historia de peligros y superación. Siempre había sabido que la única manera de que el artículo tuviera fuerza era conservando la narrativa fuerte y libre de juicios de Callie.

Ahora solo quedaba esperar que le gustara el resultado final. No todo lo que se decía en él era halagador, pero eso no haría que los lectores dejaran de sentir simpatía por Callie. Kate había convencido a la revista para que incluyeran un recuadro con información sobre la diabetes, pues el número de casos de diabetes de tipo 2 se había duplicado en los últimos diez años.

Mientras escribía, había veces que recordaba lo que le había dicho JD. Él se había cuestionado la moralidad de obtener beneficio del dolor de otra persona publicando su historia. Por más que le hubiese molestado en su momento, las palabras habían quedado clavadas en su mente y habían servido para obligarla a hacer bien el trabajo. Analizaba todas y cada una de las palabras y, si descubría algo que pudiese oler a sensacionalismo, lo eliminaba de inmediato. No se había permitido nada que no fuera la verdad, una verdad que salía, en la mayoría de los casos, de los labios de Callie. Kate no había idealizado ni suavizado ningún suceso. Tampoco iba a adornarlos ni a dramatizarlos.

Simplemente escribiría la verdad desde su perspectiva. A Callie le parecía bien. Cuando recordaba lo ocurrido en el pasado, utilizaba una narración realista y sin artificios que tenía el poder absolutamente devastador que Kate quería plasmar en el artículo. Resultaba irónico que tuviese que agradecer a JD esa determinación por hacer un trabajo totalmente íntegro. Cada vez que pensaba en su escepticismo y su desaprobación, más cuidado ponía en que sus palabras estuviesen siempre guiadas por la precisión y el altruismo.

Eso no quería decir que fuera a darle las gracias realmente. Ni siquiera podía imaginar la conversación. Podría decirle: «Has hecho que sea mejor escritora» o «este artículo es mejor gracias a lo que me dijiste».

Pero no podía olvidar que había subestimado su ambición y su sueño. Esa no era manera de querer a alguien.

Kate pensó en otras relaciones que había tenido. Los hombres siempre se iban sin llegar a conocerla realmente, sin darle una oportunidad. Creía que JD era distinto, pero seguramente solo lo había idealizado.

En cualquier caso, ya había decidido seguir adelante y olvidarse de él. La reunión con el trabajador social había ido muy bien, pero también le había abierto los ojos y darse cuenta de que convertirse en familia adoptiva implicaba ofrecer un hogar seguro y lleno de amor, comprometerse a dedicar tiempo, energía y cariño. Kate descubrió que no solo se sentía perfectamente preparada, además estaba deseando hacerlo.

Su madre le había advertido que no se complicase la vida,

pues sería una carga y quizá incluso un riesgo, pero Kate no lo veía así. Quería hacerlo para fortalecer el vínculo que tenía con Callie y hacer que formara parte de su vida. Después de ver su informe, el trabajador social le había asegurado que Callie no tardaría en vivir con ella legalmente. Kate deseaba con todas sus fuerzas que saliera bien porque quería y respetaba a aquella muchacha, y quería que tuviera las mismas oportunidades que cualquier adolescente. A veces, por las noches, se quedaba despierta preguntándose si tendría suficiente que ofrecerle a Callie. Eso era lo que esperaba. Aaron y ella no formaban una familia tradicional, pero el que no tuviera marido no significaba que tuviese que privarse a sí misma y a Aaron de tener otro niño en la casa.

La experiencia le había hecho darse cuenta de que tenía ante ella infinidad de posibilidades en las que nunca se había parado a pensar. Quizá contara su propia historia en el siguiente artículo, el viaje de una madre soltera que se convertía en madre adoptiva de una adolescente. La editora ya le había preguntado cuál era su siguiente proyecto. Quizá fuera ese. Eso era lo que quería hacer, contar historias de mujeres corrientes desde una perspectiva personal.

Al pensarlo sintió una oleada de calor; siempre que tenía la certeza de que algo estaba bien lo notaba hasta en los huesos, tal y como lo había notado ahora. Se puso en pie y supo que, aunque no era rompedor por su originalidad, era buena idea.

—Bueno, me alegro de haberlo decidido —dijo para sí.

—¿El qué? —preguntó Callie, entrando al salón.

Había cambiado tanto desde el día de su cumpleaños; a medida que habían ido desapareciendo los kilos y su salud había mejorado, había aflorado toda su belleza, una belleza que cada día parecía más intensa.

—Mi siguiente proyecto. Me está encantando escribir este artículo sobre ti, Callie, y cuando acabe, quiero seguir escribiendo historias sobre mujeres y decisiones.

—¿Qué mujeres?

—De todas las clases. Mujeres que tienen que enfrentarse a la pérdida de alguien, como la señora Newman. O las que tienen padres ancianos, o las que tienen que luchar por llegar a fin de mes y seguir manteniendo a sus hijos, o… —se detuvo antes de decir lo siguiente, mujeres que necesitaban seguir adelante después de una ruptura—. Cualquier mujer, de cualquier edad, que se ha tenido que enfrentar a una decisión difícil. ¿Qué te parece?

—Algo que podría aparecer en una revista de mujeres.

—Exacto —Kate guardó el documento y apagó el ordenador—. Bueno, vamos a preparar la cena. Me parece que hace el tiempo perfecto para una sopa de pollo y unos sándwiches de queso fundido.

—¿Sopa de lata? —preguntó Aaron, levantando la cabeza del juego por primera vez.

—Eso me temo, mi amor.

—¡Bien! —exclamó levantando el puño.

Kate y Callie intercambiaron una sonrisa y después se pusieron a preparar los ingredientes de la ensalada. Una vez terminada, Kate hizo la vinagreta y se la dio a Aaron para que la agitara, el trabajo perfecto para él.

—Voy a echar de menos este lugar —dijo Callie.

—Venimos todos los años —dijo Aaron de inmediato—. Así que no hay problema.

Callie estiró la mano y le despeinó el pelo.

—Tienes razón.

Kate comprendió que Callie estaba tan acostumbrada a ir de un sitio a otro, que nunca sabía lo que le esperaba.

—Vamos a hacer todo lo que podamos para que te quedes con nosotros hasta que termines el instituto —le prometió Kate.

—Eso es mucho tiempo —dijo Callie.

—Tres años —aclaró Aaron.

—Seguramente antes de eso lo habré estropeado todo —murmuró la muchacha.

Aaron movió la cabeza y se llevó de allí sus soldaditos. No tenía paciencia con el pesimismo de Callie.

—No seas negativa —Kate trataba de animarla, pero le preocupaba que estuviera tan angustiada—. Lo clave para conseguir algo es creer que es posible.

Callie esbozó una sonrisa llena de sarcasmo.

—Esa es la clave para engañarse a uno mismo.

—Eres demasiado joven para ser tan cínica.

—Me parece que me he ganado ese maldito derecho —respondió Callie amargamente.

—Todo eso forma parte del pasado. De ahora en adelante estás con nosotros y ya no hace falta que seas tan dura. Ni que uses palabras malsonantes.

Kate miró a Aaron, que estaba empapándose como una esponja de todo lo que oía.

—Escuchadme los dos —les dijo Kate—. Este verano has sido nuestra invitada, Callie, pero a partir de ahora vamos a funcionar como una familia. El trabajador social dice que tenemos que establecer unas reglas domésticas claras. La primera que quiero poner yo es no usar palabras vulgares. ¿De acuerdo?

—Está bien —dijo Callie—. Lo que quieras.

—No es mucho pedir —aseguró Kate—. Iremos paso a paso.

—De acuerdo.

—Pásame las pinzas de la ensalada.

Terminaron de hacer la cena y luego se sentaron a comer mientras veían caer la lluvia sobre el lago.

—Me aburro —anunció Aaron.

—¿Qué os parece si echamos una partida de parchís después de cenar? —propuso Kate.

—La reina del aburrimiento —opinó Aaron y después se dirigió a Callie—. ¿Va a venir Luke esta noche?

La muchacha no apartó la mirada de la ventana.

—No.

—¿Y mañana?

—No, tampoco mañana —cambió de postura en la silla—. Ya no… Luke y yo no vamos a seguir viéndonos.

—Qué latazo —protestó Aaron al tiempo que se levantaba a quitar la mesa.

Kate sonrió al ver que no había hecho falta pedirle que lo hiciera. Al comienzo del verano habría necesitado diez minutos para conseguir que se moviera. Era todo un avance.

—¿Estás segura de lo de Luke? —le preguntó Kate a Callie.

—¿Qué quieres decir?

—¿Si estás dispuesta a dejar las cosas como están, o merece la pena luchar por él? Porque te has rendido sin luchar.

—Igual que tú con JD.

Aquellas palabras la golpearon como una pedrada. Callie y ella se entendían muy bien la una a la otra.

Callie no dijo nada más antes de ayudar a Aaron con los platos. Parecía inquieta, como si tuviese energía de sobra. Después se ofreció a sacar a pasear a Bandit y Aaron insistió en salir también, protegido por una vieja capa de agua.

Mientras los observaba desde la ventana, Kate pensó que su hijo necesitaba quemar energía y así, cuando volviera, quizá pudiese convencerlo incluso para que se diera un baño. Callie estaba de pie bajo el paraguas y bajo la lluvia, con los hombros encorvados. Parecía sola, pero segura de sí misma, aunque demasiado pequeña para enfrentarse al mundo.

Una ráfaga de viento levantó el paraguas de Callie y la capa de Aaron.

«Igual que tú con JD».

Kate aguzó la vista en medio de la lluvia, pero apenas podía ver la casa de los Schroeder. Tenía el estómago encogido por la tensión. No había dejado de decirse que debía dejar de soñar y seguir adelante. Pero quizá estuviera equivocada.

Dio un par de palmadas para llamar al perro y luego se acercó a avivar el fuego.

JD vio el humo que salía por la chimenea de casa de Kate y la luz al otro lado de las ventanas como pequeños faros en medio de una extraña tormenta de verano.

Por todas partes había señales que anunciaban el inevitable final del verano. Los días eran más cortos y aquella tormenta no era sino un anticipo del otoño. JD movió los hombros y el cuello y sintió el peso del cansancio acumulado durante las horas que había estado con la solicitud de admisión en Medicina. Sí, iba a intentarlo. Había un plazo máximo para presentarlo todo, incluida la «descripción personal», algo que llevaba postergando demasiado tiempo. Pero finalmente había decidido hacer todo lo que fuese necesario, como había hecho toda su vida. Al final del proceso, en la Universidad de California sabrían más de él que su propia madre.

Quizá no fuera la comparación más acertada, pues su madre no sabía prácticamente nada de él. Lo cierto era que apenas había mostrado interés por él durante su infancia; la adicción había hecho que a veces llegara a casa tambaleándose y lo mirara como si no recordara su nombre.

Todo eso había estado enterrado en su memoria hasta que se había hecho famoso de pronto. La recaída de su madre había sido brutal, pero ahora él podía permitirse el mejor tratamiento disponible. La visita al centro de rehabilitación había ido según lo esperado. Su madre se había mostrado decidida a recuperarse. Todo había sido muy discreto porque la clínica era muy frecuentada por famosos y estaban acostumbrados a salvaguardar la privacidad de los pacientes. Algo que JD agradeció.

Una parte de él deseaba hablar de ello con Kate, pero sabía que era imposible.

Tenía que volver a California. Le había prometido a su madre que lo haría y, esa vez, sí tenía la entrevista de admisión en la universidad. De todas maneras, el verano estaba acabándose y, aunque no le gustaba nada la idea de marcharse del lago, había llegado el momento de hacerlo. Los Schroeder iban a ir a pasar unos días en familia y él no tenía intención de quedarse a molestar, por más que le hubieran invitado. Había llegado el momento de volver a su vida y rezar para que la gente se hubiese olvidado un poco de él.

Estaba inquieto, por lo que decidió salir a trabajar un poco en la barca. Solo quedaba dar los últimos toques para que Sam y su familia la encontraran perfecta. En cuanto ajustara el timón nuevo, estaría acabada.

A pesar de lo mucho que le gustaba hacer ese trabajo, esa vez no consiguió que su estado de ánimo mejorase porque, como siempre, estaba distraído pensando en Kate. Odiaba lo que había ocurrido entre ellos y que estuviesen en un punto muerto que ninguno de los dos parecía dispuesto a romper. Ella era reportera. El enemigo. Lo mejor era marcharse.

Seguramente había sido un tonto por haberse enamorado de ella, pero por lo menos había sido un tonto feliz.

De pronto, metido en aquel cobertizo en medio de la tormenta, se sintió tremendamente solo. Eso era lo que había buscado al llegar allí al comienzo del verano y había agradecido el aislamiento que ofrecía el lago, incluso había deseado poder quedarse allí para siempre.

Pero desde que había conocido a Kate, sentía de una manera muy distinta la soledad y el aislamiento.

Una vez fijado el timón, dio un paso atrás para examinar el resultado final de su obra. Y fue justo en ese momento cuando se dio cuenta de que todo ese trabajo no significaba nada. Solo que le había dedicado muchísimas horas. Pero, ¿y ahora qué?

Tuvo la sensación de que, si bien había terminado aquel proyecto, quedaban muchas cosas sin hacer, muchas cosas sin decir. Una relación no era un proyecto.

Kate, pensó. Tenía que verla antes de irse. Y a Aaron, y a Callie.

Le sentó bien tomar la decisión. Cerró el cobertizo y fue corriendo a la casa, pero llegó empapado. Estaba temblando de frío. Kate había tenido muy buena idea al encender la chimenea. Era la única manera de calentar la casa.

El problema era que la leña estaba fuera y, por tanto, completamente empapada. No obstante salió a buscar un par de troncos y, cuando volvió, además de empapado, tenía barro y polvo por todas partes.

Se le ocurrió que quizá fuera buena idea darse una ducha antes de ir a ver a Kate. Estaba limpiándose las gafas para poder ver algo cuando los faros de un coche inundaron de luz el salón de la casa.

JD frunció el ceño. Estaba tan oscuro que no se veía quién era. ¿Se trataría de alguien que se había perdido? ¿O quizá se había confundido con la fecha de llegada de Sam?

Oyó la puerta de un coche y luego unos pasos en el porche. Se puso las gafas y abrió la puerta. Al otro lado estaba Kate, envuelta en una chaqueta enorme y con un paraguas descolorido en la mano. Lo sacudió, lo cerró y lo dejó junto a la puerta.

Apenas podía contener las ganas de abrazarla, apretarla contra su pecho y decirle todas las locuras que había pensado.

—Kate…

—JD, yo…

—Pasa —le pidió y luego cerró la puerta, dejando fuera la agresividad del viento. La miró unos segundos; estaba despeinada y guapísima. Pero parecía preocupada—. ¿Ocurre algo? ¿Los niños están bien?

—Ah —dijo con una breve sonrisa—. Sí.

—¿Callie está bien?

—Perfectamente.

—¿Y Aaron?

—También, de verdad —añadió, reconociendo quizá su mirada de profesional de urgencias.

—Entonces debería decirte, «¿Dónde le duele, señora?»

—Mejor no, porque podría decirte la verdad.

—Podré soportarlo.

—La verdad es que sí que me duele. Me duele mucho lo que ha ocurrido entre nosotros. Y no verte también duele.

—Lo sé. Dios, Kate, lo siento.

Ella se cruzó de brazos, como protegiéndose, y JD no la culpó.

—Estás hecho un desastre.

—Es que he salido a buscar leña y me he empapado —le explicó él—. Hace frío esta noche.

—Sí —miró a su alrededor—. JD…

—Kate… —empezó a decir, pero se detuvo. Los dos estaban tan nerviosos que no podrían mantener una conversación normal, así que lo que hizo fue estrecharla en sus brazos—. Te he echado de menos —dijo antes de besarla con la impaciencia que había acumulado durante días.

Ella le puso las manos en el pecho y lo apartó. JD la miró a los ojos y se preguntó qué había en ellos, no sabía si quería protestar, si se sentía insegura o furiosa, o qué. Siguió mirándola, como desafiándola a protestar. En lugar de eso, lo agarró de la pechera de la camisa, se puso de puntillas y lo besó con la misma pasión que lo había hecho él.

Cuando se separaron para tomar aire, JD le confesó:

—Iba a ir a verte.

—¿De verdad? —la sonrisa que apareció en su rostro le alegró el corazón.

—Iba a darme una ducha antes.

Volvió a sonreír, pero de otro modo.

—¿Qué te parece si lo hacemos ahora?

Resultó ser una ducha de larga duración, que se prolongó hasta que se quedaron sin agua caliente. Después colocaron unas mantas frente a la chimenea, que habían conseguido encender, y se tumbaron juntos. Mientras hacía el amor con Kate, JD se preguntó cómo había podido estar sin ella. Kate hacía el amor con una mezcla de pasión, placer y cariño, un cariño sincero que ninguna otra mujer le había transmitido jamás. Mientras la tenía en sus brazos comprendió, por primera vez en su vida, lo que era ser feliz.

Mucho después, se quedaron descansando y escuchando la lluvia. JD la apretó contra sí aún más fuerte que antes mientras una alegría desconocida iba creciendo en su interior hasta el punto de hacerlo estremecer.

—¿Tienes frío? —le preguntó ella, acurrucándose contra él.

—No —pero se arropó y la tapó también a ella—. Me habría gustado ser yo el que fuera a verte.

Kate se dio la vuelta en sus brazos para poder mirarlo a la cara. La luz del fuego iluminaba sus rasgos.

—No era una competición.

—Lo sé. Soy un idiota.

—Supongo que es parte de tu encanto —le dijo con un beso.

—¿Sí?

—Sí. Eres irresistible.

—Te he echado de menos, Kate —le dijo de nuevo y luego pensó en decirle que la amaba. Necesitaba decírselo.

—Yo tampoco soy muy lista —admitió ella—. Supongo que empecé todo esto esperando lo peor y no dejaba de buscar la manera en la que iba a terminar. Estaba convencida de que era demasiado bueno para ser verdad, así que decidí que no eras de verdad. Qué tonta, ¿verdad?

—Kate…

—No debería haberme puesto tan a la defensiva —siguió diciendo ella—. Tú solo querías proteger a Callie y ser sincero conmigo. Eso es algo que me encanta de ti. Tu sinceridad —le dio un beso que le encogió el corazón, después lo miró a los ojos fijamente y añadió—: Te amo, JD.

¿Y ahora qué? ¿Qué podía decir a eso? Finalmente optó por lo más sincero.

—Yo a ti también, Kate. Te amo.

Kate sonrió dulcemente y quizá con un poco de arrogancia.

—Acuérdate de que lo dije yo antes.

—¿Importa eso?

—A mí no. Era una broma.

Debía decirle muchas otras cosas, pero era tarde, seguía lloviendo y no le apetecía hablar. No quería estropear el momento, ni borrar la alegría que había en sus ojos. Ya habría tiempo para hablar.

Se quedaron dormidos. JD no sabía qué hora era cuando algo lo despertó, pero aún no había amanecido. Seguía lloviendo y el fuego aún no se había consumido del todo. Su luz tintineante iluminaba el rostro de la mujer que tenía al lado. Aquella belleza inocente lo conmovió. «Te amo». Decirle aquellas palabras había sido lo más fácil que había hecho en su vida porque era lo único en el mundo que sabía con absoluta certeza. Y oírselo decir a ella… eso era un milagro, así de simple. Lo último que habría imaginado, lo que menos merecía y lo único que deseaba. Decidió ser feliz por lo menos esa noche. No quería preocuparse sobre el futuro.

Le dio un beso en la sien y se quedó quieto a su lado, escuchando la lluvia y los latidos de su corazón. Le sorprendía tanto el amor y la confianza que le entregaba tan abiertamente, que no sabía muy bien qué hacer con ello.

La vio despertarse y sonreír nada más verlo. Se apoyó en un codo y miró hacia fuera.

—Está empezando a amanecer.

—Aún no —aseguró él—. Duerme un poco más.

—Va a salir el sol. Tengo que irme.

—¿Por qué? ¿Te conviertes en piedra cuando sale el sol?

—No, es peor que eso. Me convierto en una madre irresponsable. No quiero que mi hijo se entere de ando por ahí con hombres.

—No andas con hombres —bajó la manta para dejarle el hombro al descubierto—. Solo conmigo.

—Me vas a meter en un lío.

—¿Esto te parece un lío? —tenía que tocarla, pasear las manos por el cálido terciopelo de su piel—. Las pecas son muy sexys —le susurró al oído.

Ella se estremeció, pero no tardó en reaccionar.

—Ya está bien —protestó Kate al tiempo que intentaba ponerse en pie—. Me largo.

Se puso un sujetador rojo que volvió a despertar en él las ganas de hacerla suya, pero era obvio que estaba impaciente por volver a casa.

JD se levantó sin apartar la mirada de ella.

—Esa ropa interior tuya… me vuelve loco.

—Vístete —le ordenó, ruborizada.

La obedeció a regañadientes, pero no dejó de observarla en ningún momento, mientras se ponía la ropa de deporte y la enorme chaqueta con la que había llegado y unas botas de agua de jardinero.

—Tenemos que hacer algo con tus habilidades para conversar —le dijo ella—. No te gusta nada hablar de ti mismo, ¿verdad?

No tenía la menor idea.

—Te diré todo lo que necesites saber.

—Bien. Voy a hacer que cumplas la promesa —dijo mientras se peinaba el pelo con los dedos, lo que hizo que se le quedara más alborotado y más sexy.

—Estás preciosa, Kate.

Ella se observó un instante, luego lo miró y sonrió.

—Debe de ser amor verdadero. Estás loco —ya en la puerta, se detuvo y lo miró—. A lo mejor puedo venir esta noche y podemos hablar.

Lástima.

—Yo no estoy esta noche.

—¿Ya has cambiado de opinión? —le preguntó, frunciendo el ceño.

JD se acercó a abrazarla.

—Ni mucho menos. Tengo que volver a Los Ángeles y Sam viene a pasar el fin de semana con su familia. Hoy me voy a Seattle y mañana por la mañana salgo de allí a California.

Eso hizo que le cambiara la expresión de golpe.

—¿Mañana? Pero si acabamos de…

—Lo sé y lo siento —quería decirle que iba a volver, que podría solucionar las cosas y que se lo explicaría todo, pero no estaba acostumbrado a hacer promesas.

—¿Entonces te vas ya?

—Sí. Nunca pensamos que esto fuera a ser permanente.

—Ya. ¿Y tenías pensado volver?

—No.

Kate cerró los ojos un instante. JD volvió a abrazarla.

—Es la verdad, Kate. No iba a volver, pero ahora —hizo una pausa para besarla—… Ahora tengo una razón para volver.

De sus labios salió un suspiro de satisfacción.

—Te cuesta demasiado decir las cosas.

Volvió a besarla y esa vez les costó más separarse.

—Tengo que irme antes de que los niños se despierten —le dijo y luego sonrió—. Podríamos ir a Seattle todos juntos.

—Kate…

—No me importa. Yo también tengo cosas que hacer en la ciudad —parecía a punto de estallar—. Tengo novedades. Pregúntame —le pidió con una sonrisa contagiosa.

—Te pregunto.

—Tengo que entregar la solicitud al Servicio de Protección de Menores. Aaron y yo vamos a ser la familia adoptiva de Callie. Estoy tan emocionada, JD. Va a ser maravilloso, ya lo verás.

Hacía que todo pareciera tan fácil y, para ella, lo era realmente. Callie necesitaba un hogar y ella podía ofrecerle uno. JD comprendió por fin por qué se había tomado tan mal que criticara su trabajo. Cuando se quería a alguien, era muy importante contar con su aprobación. Le puso una mano en la mejilla y la miró a los ojos.

—Eres increíble.

—Sí, esa soy yo —dijo—. Increíble.

La última vez que Kate le había dicho a un hombre que lo amaba, la había dejado embarazada y sola. No era de extrañar que hubiese tardado diez años en reunir el valor para volver a hacerlo. Ahora era otra persona, una mujer adulta y madre soltera, pero seguía sintiéndose tan aturdida como la primera vez. Se pasó la mañana sonriendo como una tonta. JD le había prometido ir a desayunar y después se irían todos juntos a Seattle.

Estaba tan contenta que incluso empezó a cantar una canción que estaba sonando en la radio y lo hizo tan alto que despertó a Callie, que no tardó en unirse a ella. Se pusieron a bailar y acabaron riéndose a carcajadas.

Callie seguía sonriendo mientras se medía el nivel de glucosa. Por el momento todas las pruebas habían dado resultados aceptables, por lo que no había necesitado tomar ninguna medicación.

Kate terminó de preparar el desayuno y luego llamó a gritos a Aaron para que fuera a desayunar.

—No te oye —le dijo Callie—. Está en el lago.

Kate soltó el trapo que tenía en la mano y salió corriendo. Ahí estaban. Bandit corría de un lado a otro del embarcadero, mirando a un barco que había en el agua.

—Se van a enterar —dijo Kate, pero solo con ver a JD de

lejos comenzó a sonreír de nuevo—. Los dos saben muy bien que tienen que pedir permiso.

—Vino mientras estabas en la ducha —le explicó Callie.

Kate respiró hondo y pensó que el mundo entero parecía distinto esa mañana. La tormenta lo había limpiado todo y había dejado un cielo azul y el campo más verde y frondoso que nunca.

—Entonces os habéis reconciliado, ¿no? —le preguntó Callie.

—¿Qué te hace pensar eso? —preguntó, ruborizada.

—Anoche fuiste a su casa a escondidas.

—No fue a escondidas.

—No, solo te marchaste sin hacer ruido y sin decírselo a nadie.

—Pero…

—Tranquila, Kate —le dijo, riéndose—. A mí me parece estupendo que estés con él —les hizo un gesto con la mano para que volvieran al embarcadero—. ¿Entonces está todo bien entre vosotros?

«Anoche fue perfecto», pensó Kate, que nunca se había sentido tan mimada, tan deseada y tan segura de estar en el lugar donde debía estar. A Callie se lo explicó con menos palabras.

—Ya veremos —le sorprendió su propia falta de certeza. Quizá lo hacía porque no estaba acostumbrada a que todo pareciese tan maravilloso.

—¿Entonces te ha dicho…? —Callie dejó la pregunta sin terminar.

—¿El qué? —«¿que me quiere?», pensó sin poder borrar la sonrisa de su rostro. Sí que se lo había dicho. Sí. Sí.

Callie tenía la cabeza agachada y Kate sintió algo raro.

—¿Callie?

—Me preguntaba si te había dicho lo que siente.

—Creo que nos hemos enamorado —sabía que era demasiado pronto para contarlo, pero no había podido contenerse.

—¿Crees? A mí me parece que es seguro.

—¿Cómo puedes estar tú más segura que yo?

—Porque sé lo que veo.

—¡Mamá! —gritó Aaron bajándose de la barca—. Tienes que ver el barco de JD. Es increíble, ¿verdad?

—Sí, hijo.

Ese mismo día fueron a buscar a JD para salir rumbo a Seattle. Lo encontraron esperándolos en la puerta de la casa. Al verlo vestido con vaqueros, camisa y cazadora de aviador, Kate sintió un extraño nerviosismo.

En el lago era fácil olvidarse de que ambos tenían otra vida, con otras personas. Decidió que tendrían que hablar de ello. Quería saber qué y quién era importante para él, a quién había echado de menos ese verano. Quería conocer a sus padres y presentarle a su madre.

—Me miras de un modo extraño —le dijo después de cerrar el maletero del todoterreno.

—Va a ser muy raro llevarte esta noche a mi casa —le dijo—. Desde que nació Aaron, yo no…. Nadie se ha quedado a pasar la noche.

JD se inclinó y le dio un beso en la frente.

—No creo que Aaron tenga ningún problema.

¿Y ella? Ese era el problema de ser madre soltera, estaba acostumbrada a llevar las riendas de su vida, pero ahora de pronto, había dos personas más. Estaba claro que su mundo estaba a punto de cambiar.

—¿Solo llevas esa bolsita? —le preguntó.

—Me gusta viajar ligero.

Kate pensó que era buena señal, que entonces tendría que volver.

El viaje hasta Seattle eran poco más de ciento cincuenta kilómetros, pero parecía que estuviesen cambiando de continente y de zona horaria. Los densos bosques de la península de Olympic dejaron paso a las casas de fin de semana de Hood

Canal y luego a la isla de Bainbridge, donde tomaron el ferry en el que hicieron la última parte del trayecto. Callie y Aaron fueron a recorrer el interior del enorme barco mientras Kate y JD subían a cubierta. Estaba lleno de turistas aprovechando los últimos días de sol del verano, de niños jugando y de gente haciendo fotos del paisaje. Kate observó a un grupo de muchachos de la edad de Callie, todos ellos con tatuajes, piercings y fumando. De pronto se sintió inquieta ante la tarea de criarla, pero, por mucho que le inquietara, ya estaba decidida e iba a hacerlo.

Observó también a un hombre de negocios fumando y hablando por teléfono al mismo tiempo. «Bienvenida a la ciudad», pensó. Ya se sentía que el ritmo de vida se había acelerado, incluso allí.

Se acercó a la barandilla para disfrutar del paisaje y tratar de imbuirse de aquella calma. Aquellas aguas que reflejaban los edificios de Seattle, también eran el hogar de ballenas, focas y salmones.

—Algunos de mis primeros recuerdos son de este ferry —le dijo a JD—. Una vez hice que mi familia lo perdiera porque me entretuve buscando a mi hámster. Mi hermano se pasó toda una semana sin hacerme caso para hacérmelo pagar. Entonces había muy pocos ferrys al día, así que perder uno era toda una tragedia.

JD le agarró la mano y se la besó.

—Siempre hay otro barco, Kate.

—Eso dicen —le encantó que le besara la mano. Se sentía como una adolescente que hubiera salido a presumir de su novio. La idea la hizo reír y abrazarse a su cuello.

Varias personas los miraron y sonrieron. Kate se dio cuenta de que JD y ella se parecían a los amantes que tantas veces había mirado con envidia.

Una pareja acompañada de un grupo de niños que estaban jugando con unos muñecos de soldados se colocó cerca de ellos para hacerse una foto.

—Deberíamos ofrecernos para hacerles la foto —dijo Kate.

—Ya se la hará otra persona.

¿Cómo podía ser tan tímido? Kate se acercó sola y preguntó si querían que les hiciera la foto.

—Muchas gracias —dijo el hombre y fue corriendo junto a su familia.

El padre agarró en brazos al hermano más pequeño, pero los mayores no dejaban de pelearse por los muñequitos vestidos de Boinas Verdes.

—Una sonrisa —les pidió Kate.

Les tomó varias fotos y luego comprobó que habían salido bien. Pensó que, dentro de unos años, al ver la foto, la madre no recordaría lo cansada que estaba o lo mal que se portaban sus hijos, solo pensaría que eran muy jóvenes y que había sido un día precioso.

—Tienen una familia preciosa —le dijo a la mujer al tiempo que les devolvía la cámara.

—Gracias. Es nuestro primer verano juntos. Acabamos de casarnos —señaló a los niños—. Los hay míos, suyos y de los dos.

A veces el amor no era fácil, pero merecía la pena, como diría Aaron.

—¿Quieren que les hagamos una foto a ustedes dos? —le ofreció la mujer—. Hacen muy buena pareja.

Pareja, pensó Kate. «Somos una pareja». Una buena pareja.

—No hemos traído cámara.

—No pasa nada. Se la mandaré por e-mail —la mujer levantó la cámara—. Vamos, sonrían.

Kate sintió la tensión de JD y de pronto pensó que era todo mentira. En realidad no eran nada el uno del otro, pero la mujer se había entusiasmado tanto, que le había seguido la corriente. Agarró del brazo a JD y, siguiendo el impulso, le quitó las gafas y le dio un beso en la mejilla.

—Finge que te gusto —le dijo, sorprendida por su tensa reacción, pero con aquellas palabras consiguió hacerle sonreír y rezó para que fuera eso lo que apareciera en la foto.

Después de apuntar su dirección de correo, la mujer se quedó mirando a JD.

—¿Nos conocemos? Su cara me resulta familiar.

—No, señora —respondió él—. Y gracias otra vez —añadió con una fugaz sonrisa y se dio media vuelta para seguir mirando el paisaje.

El bebé se había puesto a llorar y la familia se alejó. Kate se preguntó qué pensaría JD de los hijos y si querría tener alguno. Eso le hizo pensar en su familia. ¿Cómo serían? ¿Los echaba de menos? ¿Les habría hablado de ella?

—¿Qué miras? —le preguntó.

Kate se dio cuenta de que la había sorprendido mirándolo fijamente, con los ojos llenos de sueños.

Le pasó el brazo por la cintura y sonrió.

—A ti. No puedo creer que te haya encontrado —le dijo, con el corazón lleno de felicidad.

—No sabía que estuvieras buscando.

—Muy gracioso. Sabes lo que quiero decir.

—Sí, lo sé.

«Pregúntaselo», se dijo a sí misma. Era el momento. Así que respiró hondo y sintió el viento en la cara.

—¿Qué va a pasar? ¿Qué vamos a hacer cuando termine el verano? —aclaró, estremeciéndose por dentro por la lástima que debía de dar.

Se dijo a sí misma que había estado veintinueve años sin JD y tenía una vida maravillosa. Así que podría vivir sin él.

—¿Qué te parece tan divertido? —le preguntó él y Kate se dio cuenta de que se había reído en voz alta.

—Que en lo que tú has tardado en pensar qué responder a mí me ha dado tiempo a tener toda una historia de amor y a romper contigo.

—¿Sí? ¿Y cómo fue?

—Estábamos de maravilla juntos. La ruptura fue horrible, pero sobrevivimos.

—Es bueno saberlo.

—Aún no has respondido a mi pregunta.

—Esperaba que no te dieras cuenta.

—¿Por qué no quieres hablar de ello?

JD respiró hondo, le pasó los brazos alrededor de la cintura y miró a su alrededor, a las decenas de cámaras que había haciendo fotos por todas partes.

—Sí que quiero hablar de ello, Kate. Tengo que explicarte algunas cosas…

—¿Qué cosas? —se le pasaron por la cabeza miles de posibilidades. Estaba casado, estaba enfermo, había cambiado de opinión respecto a ella.

—Es una larga historia —le dijo—. Déjame que te lo cuente esta noche mientras cenamos. Elige el restaurante que quieras e iremos allí.

En su mente aparecieron otro tipo de posibilidades. Una noche de amor, una confesión, una propuesta de matrimonio.

—¡Mamá! —le gritó Aaron desde el centro de cubierta—. ¿A qué no sabes una cosa?

Se separaron rápidamente y Kate sonrió.

—Los peligros de ser madre —murmuró antes de dirigirse a su hijo—. ¿El que, Aaron?

—No te vas a creer quién está en el barco —anunció.

Callie apareció corriendo, casi sin aliento.

—No es para tanto, Aaron.

—Sí que lo es —Aaron agarró a su madre de la mano y tiró de ella—. Ven tú también, JD. Ven a ver.

Los condujo hasta una parte de la cubierta escondida tras los tubos de ventilación y señaló a un grupo de gente con un gesto grandilocuente.

—*¡Testigos de las noticias!*

Era el equipo de un famoso programa de televisión, a su alrededor se habían congregado unas cuantas personas. Kate reconoció a la presentadora, micrófono en mano, ensayando lo que iba a decir mientras uno de los ayudantes le retocaba el pelo.

Al mirar a JD le sorprendió comprobar que, en lugar de impresionado, parecía sentirse culpable.

«Soy la peor periodista del mundo», pensó.

Parecía que iban a hacer otra toma, esa vez con la presentadora caminando hacia la cámara. Aaron y Callie estaban fascinados.

Mientras Kate pensaba cómo plantearle a JD algunas preguntas difíciles, se oyó un grito. Kate tardó en darse cuenta de la procedencia del grito. Era una mujer.

El equipo de televisión acudió rápidamente.

—¿Qué ocurre? —le preguntó Kate a JD, que, como era más alto, vería mejor.

—No lo sé. Debemos de estar a punto de llegar. Volvamos al coche.

—¿No quieres ver qué pasa?

—No podría interesarme menos —respondió al tiempo que se dirigía a las escaleras que conducían al aparcamiento.

—Yo sí quiero verlo —dijo ella y agarró a Aaron de la mano para ir a ver qué pasaba—. ¿Dónde está Callie?

—No lo sé.

Aaron se subió a un banco para poder ver mejor y descubrió que había un hombre que no se encontraba bien. Kate se subió también al banco. Era el ejecutivo estresado al que había visto antes. Parecía que no podía respirar.

Kate llamó a JD al tiempo que el sistema de megafonía reclamaba la presencia de algún médico. JD estaba ya en la escalera y, aunque no parecía tener muchas ganas de volver, no titubeó antes de hacerlo.

Fue Callie la que abrió camino entre la gente.

—Dejen pasar —ordenó con autoridad—. Este hombre es técnico de urgencias.

Todos se apartaron gracias a aquellas palabras mágicas, todos excepto un cámara de televisión algo agresivo.

—¿Qué ha pasado? —preguntó JD—. ¿Alguien ha visto qué ha pasado? —mientras hablaba, se quitó las gafas de sol y se arrodilló junto al hombre.

Ahí estaba de nuevo el profesional eficiente y seguro que Kate había visto el día del cumpleaños de Callie.

—¿Saben si hay algún desfibrilador en el barco? —siguió preguntando y, sin esperar la respuesta, le aflojó la corbata y le abrió la camisa al paciente.

—Estaba hablando por teléfono y se desmayó —le explicó uno de los adolescentes tatuados.

—¿Cómo se llama?

—No lo sé. Creo que viaja solo.

Kate tenía a Aaron de la mano, pero no apartaba la vista de JD, igual que todo el mundo. Todo el barco, incluso el equipo de televisión, estaba fascinado.

—¿Está muerto? —le preguntó Aaron.

—JD está atendiéndole.

Tras comprobar que no había desfibrilador, JD comenzó con el masaje cardiaco mientras todos los demás contenían la respiración como si estuviera pidiendo para que JD salvara a aquel hombre. Las cámaras de televisión estaban grabándolo todo, pero JD no levantó la mirada en ningún momento.

Estaban llegando a puerto y parecía que allí esperaba una ambulancia para trasladar a aquel hombre. No obstante, JD siguió con el masaje en todo momento.

A Kate le sorprendió ver que algunas de las personas que estaban presenciando la escena estaban sacando fotos. No podía creerlo. Hacía falta tener mal gusto.

Seguía teniendo a Aaron agarrado de la mano, pero no sabía dónde estaba Callie, seguramente observándolo todo.

Por fin atracaron y pudo entrar el equipo de emergencias. Kate vio desde lejos que JD estaba hablando con ellos y después se despidió de ellos dándoles la mano. Se llevaron al enfermo y una de las cámaras de televisión los siguió. Kate esperaba que el resto de la gente hiciera lo mismo, pero de pronto ocurrió algo increíble.

En lugar de irse, todo el mundo rodeó a JD.

Las cámaras le apuntaban y la gente le gritaba para captar su atención. Se oyeron gritos que decían:

—¡Sargento Harris!

JD parecía a punto de ahogarse en ese mar de gente.

—¿Qué pasa? —le preguntó Aaron.

Kate no respondió, pero se bajó del banco y trató de llegar hasta JD. Le resultaba muy agobiante pasar entre tanta gente, así que los rodeó, mirando desde fuera del círculo. Al pasar junto al equipo de televisión, oyó hablar a la presentadora:

—Noticia de última hora desde el ferry de Seattle. Hace unos segundos el sargento Jordan Donovan Harris acaba de salvarle la vida a otro hombre....

Kate llamó a JD sin poder salir de su confusión. Era imposible que pudiera oírla. De camino hacia él, se cruzó con la madre de familia que les había hecho la foto.

—Ya me parecía a mí que lo conocía —le dijo—. Pero claro, está tan distinto vestido de civil.

Kate tenía la sensación de estar perdiendo la cabeza. ¿Por qué todo el mundo le llamaba sargento, como si fuera…? De pronto se quedó helada, pero sin soltar la mano de Aaron.

¿Y si JD no era la persona que ella creía? Había aceptado sin dudarlo que fuera amigo de los Schroeder, que se había tomado un descanso del trabajo y que tenía la intención de estudiar Medicina. No había cuestionado su historia en ningún momento.

—Mamá, ¿volvemos al coche o no? —le preguntó Aaron.

Callie apareció en ese momento y, con solo mirarla, Kate se dio cuenta de que la muchacha lo sabía todo.

Por fin, JD consiguió librarse de todo el mundo después de una eternidad. La presentadora lo seguía haciéndole preguntas, los niños querían que les firmase autógrafos. Él hacía caso omiso a todas las peticiones. El hombre que iba hacia Kate, con los ojos llenos de rabia y determinación, era exacto a JD, pero todo lo demás era distinto. No era JD. Nunca había sido JD.

¿Qué sabía de él realmente?, pensó, atolondrada por el shock «He estado acostándome con el héroe de América?».

Había estado todo el verano con él mientras se escondía. Nunca le había llamado la atención que supiera hacer tantas cosas, no solo de medicina, sino también de ingeniería, de orientación o de francés.

Estaba en una situación surrealista. El hombre que iba hacia ella era el sargento Jordan Donovan Harris, héroe de todo el país y un completo desconocido para ella.

No podría haber tenido peor suerte, pensó JD con frustración mientras se dirigía al coche. Era como un flautista seguido por un club de fans. La única manera en la que podría huir sería tirándose por la borda. Ni siquiera cuando consiguieron meterse los cuatro en el todoterreno de Kate dejaron de hacerle preguntas y fotos.

—Echa todos los seguros —le pidió a Kate.

—¿Qué…?

—Echa los malditos seguros —repitió él.

Pero ella no fue lo bastante rápida. Alguien abrió la puerta de atrás y trató de subirse junto a Aaron, pero JD se volvió y le cerró la puerta en las narices. Esa vez Kate sí cerró los seguros. El perro estaba como loco, ladrando a todos aquellos curiosos. Era una tortura estar allí metidos, atrapados como peces en una pecera, esperando a poder salir del ferry.

Cuando por fin empezó a moverse la fila de coches, Kate clavó la mirada en el exterior.

—¿Por qué no me lo dijiste?

Hasta los trabajadores del ferry, que se suponía debían dirigir el tráfico, los saludaban al pasar.

—Por todo esto —respondió JD con pesar.

—Es genial que seas tú —dijo Aaron—. Leímos un artículo sobre ti en una revista —se puso a dar botes en el asiento.

Callie tuvo que pararlo poniéndole una mano en el hombro.

—Tranquilo.

—Está bien —respondió Aaron, imitando el tono de voz de Callie.

—Es posible que alguien intente seguirnos —le advirtió JD—. A lo mejor prefieres dar un rodeo.

—Esto es una locura.

JD no respondió.

—Esta gente esta loca —añadió ella—. No pienso dejarme intimidar.

Estupendo, pensó JD. Él también había reaccionado así al principio, pero no había tardado en descubrir que no servía de nada rebelarse o pensar que no podían arrebatarle su derecho a la intimidad.

Apenas habían salido del ferry cuando un coche negro se les acercó tanto que estuvo a punto de chocar con ellos.

—Dios mío —protestó Kate, mirando por el retrovisor—. Retiro lo que he dicho. Sí que me intimidan.

—Lo siento mucho, Kate.

—No lo dudo —murmuró ella.

JD comprendía que estuviera enfadada, que se sintiera traicionada. Intentaría explicárselo lo mejor que pudiera, pero era una situación tan desproporcionada, que no sabía si podría hacérselo comprender.

—Oye, JD —dijo Aaron—. ¿Seguimos llamándote así?

—Claro —respondió él—. Así es como me han llamado siempre mis amigos.

—Entonces ese tipo intentó matar al presidente y tú lo impediste, ¿no? ¿Era terrorista?

—No… solo era alguien muy confundido, estúpido y que quería llamar la atención.

Mientras Aaron le hacía más preguntas, Kate miró a Callie por el retrovisor y adivinó el significado de su expresión.

—Tú lo sabías, ¿verdad?

—Sí —confesó Callie, visiblemente aliviada de liberarse del secreto.

Kate apretó el volante.

—¿Se lo dijiste a ella y a mí no? —le preguntó a JD.

Pero respondió Callie.

—Lo descubrí yo sola.

—Habría sido genial que nos lo contaras —opinó Aaron—. Deberías habérnoslo dicho.

JD sintió de nuevo el agotamiento que lo había llevado a escapar al lago. Se le pasaron por la cabeza decenas de cosas que decir, pero ninguna le pareció bien, así prefirió guardar silencio. La discusión quedaba en suspenso, amenazándolos como una nube negra de tormenta.

Miró una vez más por el espejo retrovisor para ver si los seguían. No parecía que lo hubieran hecho, pero eso no quería decir nada. No sería difícil que alguien averiguara la dirección de Kate, buscándola a través de la matrícula del coche.

Cuando llegaron al barrio en el que se encontraba la casa de Kate, el ambiente había cambiado. Lo importante de pronto era la llegada a casa de Callie. A pesar de lo sucedido en el ferry, debían concentrarse en hacer que Callie se sintiese como en casa. JD detestaba haberle robado la atención de la peor manera posible, pero así era la fama. Kate también parecía dispuesta a olvidarlo por el momento y prestar atención solo a Callie. Ese era su objetivo común.

En cuanto vio la casa de Kate, JD supo que no tendría por qué haberse preocupado por ella. Igual que la casa del lago, aquella vivienda parecía sacada de un cuento. Las calle estaba flanqueada por dos hileras de arces altísimos, era una preciosa calle sin salida con solo cuatro casitas, de una de ellas salió un vecino que le dio la bienvenida a casa a Kate.

Una vez dentro, Aaron comenzó a enseñarle la casa a Callie, con nerviosismo y alegría. Kate iba delante abriendo puertas y ventanas que lo llenaban todo de luz. Las habitaciones estaban decoradas con fotografías familiares, libros y todas las comodidades de un verdadero hogar.

—¿Crees que a Callie le gustará vivir aquí? —le preguntó en voz baja—. ¿Qué? —añadió al ver el gesto de JD.

—Esta casa parece de una película de Disney, Kate. ¿Cómo no iba a gustarle?

—Tiene razón —dijo Callie al alcanzarlos.

No se ofendió, estaba demasiado fascinada con su nuevo hogar. JD sintió verdadera admiración por ella; a pesar de todo lo que le había pasado, seguía aferrándose a la esperanza.

—Es genial —le dijo a Kate—. Increíble.

—¿De verdad te lo parece? —preguntó ella, con una emoción que enamoró a JD un poco más.

—Claro —Callie seguía mirando a su alrededor y de pronto aparentaba la edad que tenía; era joven e inocente—. Llevo tiempo queriendo deciros algo. Ahora que estáis juntos, creo que debo hablar.

Kate dejó de sonreír.

—¿Estás bien?

—Sí, sí. En realidad es eso. Veréis, al principio lo de la enfermedad me pareció una tortura, el mayor desastre del siglo. Pensé que mi vida se había acabado y que a partir de entonces todo sería horrible —hizo una breve pausa—. El caso es que al final no ha sido así. No voy a engañaros diciendo que me alegro de estar enferma. La verdad es que odio esta enfermedad, odio tener que controlarme tanto y comer siempre a la misma hora. Odio no poder tomar azúcar, ni comer cuando quiera. Y odio el ejercicio —hizo una pausa porque le temblaba la voz—. Pero también es cierto que, si todo eso no hubiese ocurrido, no os tendría a vosotros.

JD sabía lo difícil que era para Callie decir esas cosas, pero también sabía que necesitaba hacerlo. Tenía la impresión de que Aaron y Kate le habían dado lo mismo que le habían dado a él, la esperanza de poder formar parte de una familia y de que la vida fuera mejor que hasta ese momento.

Callie respiró hondo antes de continuar.

—Bueno, eso es lo que quería deciros. Que… gracias. Pero no os emocionéis, eh.

Kate se acercó a ella y la abrazó por sorpresa.

—Acuérdate del dicho, nunca es tarde para tener una infancia feliz.

Aunque la frase era para Callie, Aaron también se sintió identificado con aquellas palabras. Sí, pensó. Claro que sí.

—¿Podemos salir al jardín? —preguntó Aaron, desde el umbral de la puerta.

—Ahora mismo voy contigo —le aseguró Callie mientras se secaba los ojos. Se acercó a darle un abrazo a JD que él aceptó, aunque ambos se sintieron algo incómodos—. Fue tu fundación la que pagó mis medicinas, ¿verdad? —le preguntó.

—Para eso está —no esperaba nada a cambio, pero Callie se lo dio de todos modos, le dedicó una mirada de gratitud tan sincera que a JD le alegró el alma.

—A mí no me importa esa tontería de que eres el héroe de América. Tú eres mi héroe —Callie se puso de puntillas y le dio un beso en la mejilla para después apartarse rápidamente—. Será mejor que me vaya con Aaron si no queremos que alguien sufra una coma diabético por exceso de azúcar.

Kate soltó una carcajada mientras se secaba los ojos de llorar, también. Una vez a solas con JD, le dijo:

—Tienes una fundación.

—Sí.

—Maldita sea, JD, ¿no te das cuenta de que esto no puede volver a ocurrir? No quiero más evasivas, ni respuestas de una sola palabra.

—No ha sido una evasiva, ha sido una respuesta muy directa. Sí que tengo una fundación.

—Ahora me estás tomando el pelo a propósito.

—¿Qué quieres de mí? —le preguntó él.

—Respuestas —dijo Kate—. Explicaciones. La verdad. ¿Es que no me merezco la verdad?

—Kate, te mereces mucho más de lo que yo puedo darte —aquella confesión tenía el sabor amargo de la verdad.

Eran las consecuencias de haber tenido esa infancia, de haber crecido sin seguridad alguna. Sencillamente no sabía cómo ser lo que necesitaba una mujer como Kate, cómo darle lo que merecía.

—¿Por qué demonios dices eso?

—Porque es cierto. Yo no sé tener una relación. Solo sé hacer mi trabajo. Si buscas un marido, no vas a encontrarlo en mí —las palabras salieron de su boca impulsadas por el pánico y la inseguridad y enseguida se dio cuenta del daño que le hicieron a Kate. ¿Cómo podría explicarle que no tenía ni idea de cómo convertirse en marido, en padre? ¿Que prefería marcharse ahora antes que hacerle daño a ella o a Aaron?—. Lo que ha pasado en el ferry significa que tengo que volver a irme y desaparecer durante más tiempo. No sé qué otra cosa hacer, pero sé que no puedo vivir así.

Kate dio un paso atrás.

—Por eso reaccionaste así cuando te conté lo del artículo de Callie —comprendió con profundo dolor—. Pensaste que vendería tu historia. No confiabas en mí. Por eso no me lo contaste.

—No se lo conté a nadie. Estaba harto de mí mismo y de tanta atención.

—Podrías haber confiado en mí.

—No confié en nadie.

—Pero no tuviste ningún problema en acostarte conmigo —le reprochó.

Se hizo un incómodo silencio durante el que JD tuvo la impresión de estar viendo un naufragio a cámara lenta. No había manera de salvar lo que había entre ellos y Kate también lo sabía aunque no lo dijese.

—Kate —dijo él, intentando darle la explicación que merecía—. Yo no puedo ser lo que tú necesitas.

—¿Cómo sabes tú lo que necesito?

Señaló a su alrededor, a aquella casa de ensueño situada en un barrio ideal.

—Mi vida es un caos y no tengo ni idea de cómo acabará.

—Te comportas como si no se pudiera convivir con la fama —le dijo—. Piensa en todos los cantantes y actores que lo hacen a diario.

—Hay una gran diferencia entre ellos y yo —señaló JD—. Yo no busqué hacerme famoso, mientras que esas personas se esforzaron por conseguirlo. Yo no quería todo esto y, créeme, Kate, tú tampoco lo querrías.

—Dices todo eso solo por un motivo. Tienes miedo.

JD sintió su rabia y no le gustó. Como tampoco le gustaba recordar el dolor y la vergüenza que le provocaba el pasado de su madre. Tenía que largarse de allí antes de que la prensa averiguara dónde estaba. Quizá aún cabía la posibilidad de que no descubrieran a Kate.

—Voy a llamar a un taxi. Seguro que puedo tomar el avión a Los Ángeles hoy mismo, sin tener que esperar hasta mañana.

—¿Así de simple? —le preguntó, con la voz rota.

—Supongo que tendré que comprar un billete stand-by —respondió antes de darse cuenta de a qué se refería ella. ¿Creía que no quería luchar por ella? Claro que quería, pero lo que él quisiera no importaba, lo importante era hacer lo más correcto—. Voy a hablar con Aaron y Callie y luego me marcharé.

Se quedaron el uno frente al otro, separados por un abismo infranqueable. JD recordó de pronto el día que Kate le había quitado un anzuelo del dedo. «Si te das prisa, sobreviviré», le había dicho. Ahora Kate tenía la misma expresión. Pasaron unos segundos más. Finalmente, JD salió a buscar a los chicos.

—Dijiste que nunca me abandonarías —le recordó Aaron al tiempo que le lanzaba la bola de béisbol con golpe certero.

Como no tenía guante, JD la agarró directamente con la mano y sintió el picor que le causó el impacto.

—Me refería a que no te abandonaría en el monte ese día —le devolvió la bola.

La única manera de conseguir que Aaron lo escuchara con atención era jugando con él. El taxi ya no tardaría en llegar.

—Pues vaya. Eso no es una promesa —Aaron volvió a lanzarle la pelota a JD, ante la atenta mirada de Bandit, preparado para atraparla en cualquier momento.

—Debería habértelo explicado —admitió JD al tiempo que atrapaba la bola. Aaron tenía mucha fuerza para ser un niño. Aquel pequeño partido iba a provocarle un dolor que duraría días.

—Es una tontería que te vayas.

Probablemente, pensó JD y en ese momento apareció el taxi. Aaron lo miró a los ojos fijamente y, sin dejar de hacerlo, llamó a su madre:

—Mamá, se marcha.

Kate y Callie no tardaron en salir. JD deseó poder encontrar la manera de quedarse.

—Llévate esto —le dijo Callie, dándole un sobre grueso—. Para que tengas algo que leer en el avión.

Kate la miró y frunció el ceño, pero no dijo nada.

—Que tengas buen viaje —le dijo a él.

Aquellas tres personas eran muy importantes para él. Aquel verano habían sido su familia, lo más cercano que había tenido a una familia de verdad. En el lago habían estado lejos de cualquier peligro, pero allí, en el mundo real, no podía protegerlos de la prensa y de las preguntas insidiosas a las que tendrían que enfrentarse si él se quedaba.

—¿Cuándo vas a volver? —quiso saber Aaron.

—No lo sé —admitió y después les dio un abrazo a cada uno. Abrazos en los que encontró bastante resistencia. Era extraño. Y, aunque dijo que no sabía cuándo volvería, no era así.

—No deberías haber permitido que se fuera —le dijo Callie nada más entrar en su despacho, en camisón.

Era tarde. Aaron ya estaba dormido, pero parecía que Callie estaba tan insomne como Kate.

—No dependía de mí.

—Podrías haberlo impedido.

—¿Y entonces, qué?

—Pues que estaríais juntos.

—Eso me parece imposible.

—¿Por qué?

—Podría darte toda una lista de razones, pero la única que importa es que él no quiere estar conmigo. Puede que no quiera estar con nadie, no lo sé.

—Eso es una tontería. Está tan enamorado de ti que no piensa con claridad. Recuerda que sé más de su vida que tú.

Kate sintió un escalofrío al oír aquello, pero trató de no pensarlo siquiera. Trató de imaginar el momento en el que JD le había contado a Callie quién era en realidad. Seguramente habían mantenido largas conversaciones de las que ella había quedado excluida, lo que le provocó un sentimiento muy feo, la envidia.

—Bueno, ¿no tienes curiosidad? —le preguntó Callie, sentándose frente a su mesa.

—Supongo que si JD hubiese querido que tuviese esa información, me la habría dado él.

—Vamos, Kate. No es ningún secreto —se inclinó hacia ella y habló en tono de conspiración—. Seguro que no sabes por qué se metió en el Ejército.

—No —claro que no lo sabía. Era una de las miles de cosas que no se había molestado en contarle.

Callie le relató la infancia de JD y lo que lo había conducido a alistarse en el Ejército. A pesar de la rabia que le daba que no se lo hubiese contado a ella, Kate no pudo evitar imaginar la clase de vida que había tenido. Antes de conocer a Callie y escribir su historia, no habría podido imaginar algo así, no habría podido concebir que una madre descuidara por completo a su hijo por un motivo tan egoísta. Ahora empezaba a comprenderlo. Era lógico que JD no supiera lo que era una familia, ni cómo funcionaba. Igual que Callie, no se creía capaz de formar parte de algo así. Pero no era ningún tonto y podría aprender.

—Estás enfadada —le dijo Callie, observándola.

—Pero no contigo. Debería habérmelo contado él —le explicó Kate.

—Sí, claro. ¿Crees que es divertido admitir todas esas cosas? A mí me lo contó porque yo me estaba viniendo abajo y necesitaba saber que se podía sobrevivir a una madre así.

Kate consiguió esbozar una sonrisa, pero por dentro estaba destrozada. JD se había rendido tan pronto, no había luchado por lo que había entre ellos. Pero de pronto se dio cuenta de que tampoco ella lo había hecho.

Callie se acercó a ella y miró a la pantalla del ordenador.

—¿Qué estabas viendo en Internet?

—Lo que dice de Jordan Donovan Harris. Mira esto —le dijo antes de agrandar una foto.

—Dios, la verdad es que estaba…

Buenísimo, pensó Kate. Esa era la palabra. Había visto varias imágenes antiguas e incluso el vídeo del incidente que lo había catapultado a la fama.

—¿Cómo te diste cuenta, Callie? —le preguntó mientras seguían viendo cosas sobre él.

—La primera vez que fui a trabajar a su casa me encontré con una revista en la que salía él. Ni siquiera intentó negarlo.

—¿Por qué no me lo contaste?

—Porque le prometí que no lo haría. Le di mi palabra.

Y, por supuesto, el que tendría que haberla informado de que el hombre al que amaba no era quien ella creía era JD.

Kate apretó los dientes y siguió leyendo. Esa vez se trataba del relato de lo sucedido en las pasadas Navidades, un incidente que había puesto a todo el país en estado de alerta, creyendo que se trataba de un acto terrorista. Al descubrir que el culpable no representaba una amenaza extranjera sino que era un estadounidense más, el país había pasado del miedo a la tristeza. Terence Lee Muldoon era un jugador de fútbol americano, procedente de una familia humilde, que se había alistado al Ejército y se había preparado para formar parte de un comando secreto de élite.

Debería haber tenido una larga carrera llena de éxitos y condecoraciones, pero había resultado herido en un accidente de circulación durante una misión en Oriente Medio y había perdido un riñón, lo que lo había dejado inválido para siempre. Aún estaba recuperándose de la operación cuando le habían informado de que, al no haber cumplido con el contrato, tendría que devolver el dinero que le habían dado por alistarse.

Era fácil comprender que se hubiera puesto furioso. Pero nadie habría imaginado lo que iba a hacer.

Muldoon había llegado a la conclusión de que la situación en la que se encontraba era culpa del presidente de los Estados Unidos y, por tanto, debía pagar por ello y con tal propósito había preparado el ataque minuciosamente.

Los médicos que lo habían evaluado tras el intento de magnicidio habían llegado a la conclusión de que sufría un desorden de personalidad que explicaba su absoluta confianza en que podría hacer algo así el solo. Pero había cometido un error;

no había caído en que en el centro Walter Reed trabajaba gente como Jordan Donovan Harris, personal militar tan preparado y peligroso como el propio Muldoon.

Mientras leían todo aquello, Kate comprendió que lo ocurrido hubiese fascinado a todo el país. A todo el mundo le gustaba una historia en la que el bien vencía al mal y, cuando conocieron a los protagonistas, se enamoraron de JD. Era la personificación del sueño americano; un muchacho criado en los suburbios de Baltimore, hijo de una madre trabajadora que había tenido una triunfal carrera en el Ejército como técnico de emergencias médicas de los Boinas Verdes. Eso quería decir que tenía la preparación de cualquier Boina Verde y, además, el conocimiento necesario para salvar vidas.

De la noche a la mañana, los medios lo habían convertido en el héroe perfecto. Preparado, fuerte, inteligente, abnegado y modesto. Y, por encima de todo eso, había estado en el lugar justo en el momento adecuado. La gente de todo el país había rezado por la recuperación del sargento Harris y algunos seguían creyendo que lo que lo había salvado había sido el poder de esas plegarias, que le habían permitido despertar del coma y volver a caminar. Otros lo atribuían a los esfuerzos del personal médico.

—Si te vas a tirar encima de un tipo cubierto de explosivos, no hay lugar mejor para hacerlo que el Walter Reed —dijo Callie mientras leía.

Kate siguió leyendo. Mientras Jordan Donovan Harris estaba en coma, la gente había permanecido en vela, los templos de todas las religiones habían pedido por él. Kate recordaba haber leído algo sobre él y haber dado las gracias por que existieran hombres como él.

Seguía dando las gracias, y ahora además se sentía una privilegiada por conocerlo. Pero al mismo tiempo sentía una profunda tristeza porque precisamente su condición de héroe era lo que se había interpuesto entre ellos.

—Es raro leer todo esto —comentó Callie—. Es sobre él, pero a la vez no es él.

—Lo que se lee en la prensa siempre es una parte de la persona, solo una parte —explicó Kate mientras pensaba que no importaba lo que ella hubiera escrito sobre Callie, los lectores nunca la conocerían realmente. Quizá era eso lo que había intentado decirle JD.

—Me voy a la cama —anunció Callie—. Pero tú deberías seguir leyendo. Lee lo que le ocurrió a su madre, para que entiendas por qué no quería que nadie supiese quién era.

Kate no podría haber hecho otra cosa que seguir leyendo, pues estaba tremendamente inquieta. Trató de no sentir celos cuando leyó que había tenido una novia llamada Tina que había sacado a la luz todo lo que había podido sobre él, incluyendo sus preferencias sexuales. «Espero que te abandonara de inmediato», dijo en voz alta, como si tuviera delante a aquella aprovechada que parecía haberse hecho rica a costa de JD. Leyó también la historia de Janet Harris y como, en su caso, el intentar aprovecharse de la fama de su hijo había supuesto su perdición.

En ese momento vio que tenía un aviso de que tenía correo nuevo. No reconoció la dirección de quien le enviaba el e-mail, pero lo recordó en cuanto vio la foto. Parecía que hubiera pasado una eternidad desde que JD y ella habían estado disfrutando del paisaje desde el ferry como un par de jóvenes enamorados. Ahora comprendía lo que había estado ocultando, entendió su tensión y su incomodidad delante de la cámara.

—Ha sido un honor conocerlos a Jordan y a usted —había escrito la mujer.

Kate estaba de acuerdo. Era un honor conocer a JD. Antes de conocerlo, había creído saber lo que era la soledad, pero ahora se daba cuenta realmente de lo que era.

El teléfono comenzó a sonar a las 5:45 de la mañana. Acostumbrada al silencio del lago y a la completa ausencia de tecnología, el susto estuvo a punto de tirarla de la cama.

—Siento despertarte —le dijo su cuñada, Barbara, que la llamaba desde la Costa Este—. Pensé que querrías saber que estás saliendo en *Buenos días América*.

Kat se sentó en la cama y parpadeó para despertarse.

—¿Qué?

—Seguro que todavía está en antena. Que alguien te deje una tele para que puedas verlo.

—¿Qué demonios…

—¿Está contigo ahora?

—¿Quién… —por fin comprendía lo que ocurría—. Te refieres a JD.

—¿Es así como lo llamas? Dios, Kate, ¿hace cuánto que lo conoces?

Lo suficiente.

—Cuéntame qué has visto en la tele.

—Primero han puesto un reportaje sobre él y luego han puesto las imágenes en las que está haciendo un masaje cardiaco a un hombre en el ferry de Seattle.

Su cuñada le contó las especulaciones sobre que había desaparecido para grabar un reality show y que ella había sido la elegida para él. La idea le revolvió el estómago. Kate le aclaró cómo lo había conocido.

—Es increíble que no nos lo hayas contado.

Le costaba admitir que había dejado que la engañase de ese modo. Todo el mundo sabía la mala suerte que tenía con el amor, pero ahora, además de parecer poco afortunada, parecía tonta.

—Ha aparecido en las noticias metiéndose en el coche contigo —le contó Barbara.

—No debe de haber noticias importantes.

—Cuéntame cómo es.

—Callado —se limitó a decir Kate, incapaz de decirle que se había ido.

Recordó todos y cada uno de los momentos que había vivido con él, desde que lo había conocido y le había demostrado ya la clase de persona que era. Estaba acostumbrado a ayudar a todo el mundo, ya fuera pagando la cuenta de un supermercado, haciéndose amigo de un niño con problemas, acostándose con una mujer sola o salvándole la vida a alguien. Al menos no le había ocultado del todo su personalidad. Aunque le había ocultado muchas otras cosas.

Pero, Dios, qué feliz había sido con él.

—Me muero de ganas de conocerlo —dijo su cuñada—. La verdad es que parece demasiado bueno para ser verdad.

—Así es —era demasiado temprano para contarle todo un verano. Kate estaba cansada y confusa—. Escucha, ¿te importa que te llame más tarde?

Después de la conversación con su cuñada, se entregó a las tareas de la casa y a los trámites relacionados con Callie. El verano llegaba a su fin, así que solo le quedaba volver al lago y cerrar la casa hasta el año siguiente.

—Buenos días —le dijo Aaron cuando bajó a desayunar.

Parecía el niño tímido e infeliz que había sido al comienzo del verano.

—Hola, amor —respondió Kate, con la bolsa de basura en la mano—. Ábreme la puerta, por favor.

Apenas habían cruzado el umbral de la puerta cuando vio un destello y se topó con algo que enseguida identificó como un micrófono. Empezó a oírse un coro de preguntas: «¿Señora o señorita Livingston? ¿Ese niño es hijo del sargento Harris? ¿Hace cuánto que lo conoce?».

Kate soltó la bolsa de basura y agarró a Aaron de la mano; parecían Bambi y su madre frente a los cazadores. En un momento de pánico, empezó a llamar al perro. Las cámaras la grabaron con la boca abierta, despeinada y la bata deshilachada.

—Vamos, guapa —le dijo un periodista de hombros anchos—. Ayúdanos un poco que estamos ganándonos la vida.

—Pues lo siento por vosotros, pero aquí no vais a encontrar ninguna historia.

—Todo el mundo tiene una historia —insistió el reportero.

—La mía no creo que le interese a nadie. Así que id a buscar a un famoso de verdad y dejadme continuar con mi vida.

Por suerte apareció Bandit y pudieron volver a meterse en casa. Una vez hubo cerrado la puerta, se apoyó en ella y respiró hondo.

—¿Estás bien? —le preguntó a Aaron.

—¡Claro! Ha sido increíble —respondió, entusiasmado.

Kate miró el teléfono y consideró la idea de llamar a la policía, pero finalmente se limitó a cerrar las cortinas y obligar a Aaron a que se quedara dentro de casa hasta que llegara la hora de salir a la reunión con el Servicio de Protección de Menores. Cuando por fin salieron, Kate dio un buen rodeo para ir a la reunión y no dejó de mirar por el retrovisor para comprobar si los seguían.

La emboscada de por la mañana no era más que una muestra de lo que debía de haber tenido que aguantar JD durante meses. Por eso se había ido de Washington tratando de huir de tanta atención. Pero no explicaba por qué la había dejado a ella.

—Mamá, aquí dice que me tuviste fuera del matrimonio —le dijo Aaron.

Kate tardó en reaccionar. Había sido una larga semana y estaba distraída. JD no había llamado, su vida era un caos y tenía el corazón destrozado.

—Dame eso —le quitó el periódico de las manos y lo tiró directamente a la papelera—. No prestes atención a esas cosas.

Estaba harta. La situación se había descontrolado por completo. Siempre había imaginado lo emocionante que sería, como periodista, seguir una historia. Ahora, sin embargo, sabía lo horrible que era verse en un periódico de chismorreo con una bata vieja y su hijo con cara de asombro.

Recibía llamadas, correos electrónicos e incluso visitas de gente que no conocía, pero quería hablar con ella. La mayoría eran inofensivos, pero algunos daban bastante miedo, como el que le había pedido que le diera unas braguitas suyas. Las prensa sensacionalista había publicado sus supuestos secretos: que había tenido un hijo fuera del matrimonio, que la habían echado del trabajo y que su abuelo había sido un radical.

Pero lo peor fue la llamada que le hizo el trabajador social que llevaba el caso de Callie. Por lo visto había aparecido en Internet una noticia en la que se especulaba que Callie fuese adicta a las drogas. Kate se sintió furiosa y, sobre todo, impotente. No sabía si negar las acusaciones o no darles importancia. Aunque la cosa no se quedaba ahí, el problema era que el trabajado social empezaba a tener dudas sobre si permitir que Callie viviera con Kate porque no creía que toda aquella atención mediática fuera buena para ella.

—No es buena para nadie —admitió Kate y recordó las palabras de JD. «Yo no quería todo esto y, créeme, Kate, tú tampoco lo querrías».

Finalmente, hizo exactamente lo mismo que había hecho él. Huyó al lago, agobiada por una fama que no deseaba.

QUINTA PARTE

El secreto de la salud, tanto de la mente como del cuerpo, es no lamentarse por el pasado, ni preocuparse por el futuro, ni adelantarse a los problemas, sino vivir el momento presente con sabiduría y honestidad.

Buda

—Última oportunidad para salir a nadar —anunció Callie.

Habían terminado todas las tareas que les había encomendado Kate mientras ella iba al pueblo a hacer algunos trámites. Para Callie era muy importante que Kate confiara en ella lo bastante como para dejarla al cuidado de Aaron. Al principio del verano no les había permitido que se acercaran al agua sin su vigilancia, pero ahora que Aaron sabía nadar y que Callie era parte de la familia, se había relajado bastante. Y trataba a Callie como una hija.

Callie y Aaron habían limpiado y guardado todos los muebles de jardín, el kayak y las cosas para jugar al cróquet. Mientras cerraba la puerta del cobertizo, Callie pensó la suerte que tenía de que su nueva familia siempre pasara allí el verano.

No les quedaba nada por hacer excepto esperar a Kate, que llevaría algo para la cena de despedida. Por la mañana cortarían la luz y el agua, vaciarían las tuberías para que no se congelaran cuando llegara el invierno y se irían.

La cara de tragedia de Aaron hizo sonreír a Callie.

—Vamos, hombre, que no se acaba el mundo. Solo el verano.

Ella no era de las que se ponían sentimentales porque acabara la temporada, más bien estaba impaciente por empezar el instituto, pero jamás lo admitiría ante nadie. Era maravilloso hacer las cosas que hacía cualquier otro niño: limpiar la habitación, escuchar música, prepararse para el primer día de clase.

—Me voy a quedar despierto toda la noche —aseguró Aaron.

—Como quieras —le dijo Callie, aunque sabía que no podría hacerlo, pues estaría agotado después de limpiar, jugar y nadar y se quedaría dormido de pie. Era una de las cosas que le encantaban de Aaron, era muy predecible: comer, jugar, hablar, dormir y vuelta a empezar.

—¡Te echo una carrera hasta el agua! —la retó Aaron.

Callie salió corriendo tras él, aprovechando su nueva agilidad. Antes de perder los catorce kilos que había perdido, apenas tenía energía para caminar y mucho menos correr. Ahora llevaba un bikini y no le quedaba nada mal. Bueno, quizá un poco al estilo Kelly Osbourne.

Llegó en el momento justo para agarrar de la mano a Aaron antes de tirarse juntos al lago. Salieron a la superficie los dos riéndose a carcajadas. Como de costumbre, el agua estaba helada, pero la sensación era increíble. Nadaron y bucearon juntos y Callie no perdía de vista a Aaron ni un momento.

—¿Qué miras? —le preguntó.

—A un niño que nada como una nutria —bromeó y luego le dijo algo que jamás había dicho aunque lo había pensado—. Estoy orgullosa de ti.

—Yo también estoy orgulloso de ti.

Volvieron a reírse a carcajadas y luego se sintieron un poco raros, así que Callie le echó agua a la cara y se zambulleron de nuevo. Se salieron del agua cuando el frío empezaba a ser insoportable. Se sentaron en el embarcadero y se secaron al sol.

—Me da lástima que mamá esté tan triste por JD —admitió Aaron un rato después.

—Se pondrá bien.

—Yo también estoy un poco triste.

—No serías humano si de vez en cuando no te pusieses triste, así que bienvenido a la raza humana.

Callie cerró los ojos y levantó la cara hacia el sol. Había sido un verano increíble. Había comenzado desesperada, pero acababa llena de esperanza y con un plan de futuro. El pasado siempre estaría ahí, y la resistencia a la insulina también, pero ahora estaba segura de poder hacer frente a ambas cosas.

Unos minutos después oyó pasos sobre la madera del embarcadero e inmediatamente una sombra le tapó el sol. Al abrir los ojos tuvo que parpadear varias veces antes de identificar la figura de Luke Newman.

—Luke —Aaron se puso en pie—. ¿Dónde te habías metido?

—He estado ocupado.

Callie se levantó también y estuvo a punto de taparse con la toalla, pero decidió no hacerlo. Así era ella, no tenía nada que esconder y no iba a volver a hacerlo nunca más.

—Hola —lo saludó con voz neutra.

—Hola.

—Me muero de hambre —afirmó Aaron con una diplomacia sorprendente—. Voy dentro a comer algo. Vamos, Bandit.

Una vez solos, hubo un largo silencio hasta que Luke habló por fin.

—Estás muy bien.

Eso ya lo sabía ella, pero era evidente que la imagen con la que se había encontrado Luke distaba mucho de la de la chica que había conocido al comienzo del verano.

—Me encuentro bien.

Otro largo silencio durante el que Callie se preguntó qué querría de ella.

—Me alegro —dijo él—. Escucha, Callie… —la miró como si pretendiera que lo ayudara.

«Que espere», pensó Callie.

—¿Sí?

—Quería que supieras que siento haberte tratado como te traté. ¿Vale?

—No, no vale —respondió a pesar de la alegría que sentía—. Se suponía que éramos amigos, buenos amigos, pero solo los sabíamos tú y yo —aún sentía escalofríos al recordar el día que se lo había encontrado en el pueblo con sus amigos y había descubierto que no le había contado a nadie que era amigo suyo. Se avergonzaba de que lo vieran con un bicho raro como ella.

—Fui yo el que salió perdiendo —reconoció—. Y no tengo excusa salvo que soy un imbécil. Tú eres especial, siempre lo has sido.

—Es verdad que fuiste un imbécil —Callie agarró la toalla y se dispuso a marcharse.

—Espera —la agarró de la mano para que lo mirara—. Te echo de menos.

Aquellas palabras le envolvieron el corazón del mismo modo que su mano envolvía la de ella.

—¿Lo dices en serio?

—He venido a preguntarte si querías venir conmigo a la bolera esta noche. Hemos quedado unos cuantos amigos.

Por fin, después de todo el verano, se ofrecía a presentarle a su grupo de amigos. Pero cuando abrió la boca, dijo:

—Esta noche voy a quedarme aquí, es nuestro último día.

Luke se quedó callado y la miró con cara de decepción.

—¿Estás segura?

—Sí —no pudo evitar sonreír al decir—. Me voy a Seattle a vivir con Kate.

—Pareces contenta.

—Estoy muy contenta —le resultaba raro oírselo decir porque, por primera vez en su vida, era cierto.

—Yo también tengo noticias —dijo él—. Voy a trabajar con los guardacostas.

No se lo imaginaba afeitado, peinado y de uniforme, pero parecía orgulloso.

—Es genial, Luke.

—Sí, estoy entusiasmado. Bueno, solo quería verte y pedirte que me perdonaras.

Una ligera brisa le apartó el pelo de la cara.

—Gracias.

—También había pensado que podríamos escribirnos y mantener el contacto por e-mail.

—Sí, ¿por qué no?

—Quiero que sepas que me siento fatal por lo que pasó. Fue todo culpa mía y espero… —fue como si quedara sin fuerzas para terminar la frase y parecía muy incómodo.

—No te preocupes, no te guardo rencor —dijo Callie y supo que lo decía de verdad. Solo eran dos niños. Tenían mucho que aprender.

Kate pasó por la oficina de correos a comunicar el nuevo cambio de dirección y recuperar la de Seattle. Mientras esperaba a que la atendieran, se fijó en una pareja que estaba hablando y riendo, mientras los observaba sintió una punzada en el corazón. El amor podía ser algo tan sencillo y al momento siguiente volverse tan complicado y, en su caso, tan imposible. La presencia de esa pareja multiplicó por veinte su sensación de soledad e hizo que se le llenaran los ojos de lágrimas.

Justo en ese momento, el hombre se volvió y la sorprendió mirándola. Kate bajó la cabeza rápidamente para disimular, pero no consiguió hacer desaparecer las lágrimas.

—¿Kate? Kate Livingston… soy yo, Sam Schroeder.

Consiguió sacar una sonrisa de algún lugar. A pesar de los años, Sam apenas había cambiado; seguía pareciendo un chico alegre y sencillo.

—Dios mío, Sam Schroeder. Hace años que no te veía.

Una vez entregado el impreso del cambio de dirección, Kate salió con ellos de la oficina.

—Te presento a mi mujer, Penny. Hemos venido a pasar el fin de semana. Es la primera oportunidad que he tenido de traerla a ella y a los niños.

—Encantada —le dijo Kate, aunque nunca le había apetecido menos conocer a alguien y entablar una conversación—. Habéis elegido la mejor época para venir.

—Gracias. A los niños y a mí nos está encantando. Por cierto, voy a ver qué tal están. Te esperamos en el coche —le dijo a su marido antes de dejarlo a solas con Kate.

Podría haber resultado incómodo encontrarse con Sam después de sus aventuras adolescentes, pero no fue así. Había pasado mucho tiempo y era como si no se conocieran ya. En lugar de sentirse rara, se sintió vacía.

—Veo que tienes familia —le dijo.

—Sí. Y un trabajo y una hipoteca. Soy todo un adulto. Escucha, deberías venir a casa y traer a tu hijo para que conozca a los míos.

—¿Cómo sabes que tengo un hijo? —quiso saber de inmediato.

—Me lo dijo JD —respondió con sencillez—. A veces hacerle hablar es más difícil que sacarle un diente, pero cuando se trata de ti…

Kate sintió que le ardían las mejillas.

—JD te ha hablado de mí —era tan extraño tener una conversación tan personal después de tantos años. O quizá no tanto. Al fin y al cabo, las revistas habían publicado hasta su talla de ropa interior.

—Es mi mejor amigo —le dijo Sam—. Por eso voy a decirte esto. Eres muy importante para él, Kate, y es algo mutuo, ¿verdad?

—¿Te lo ha dicho él?

—No, me lo ha dicho tu cara.

De pronto recordó que, quizá porque tenía tres hermanas, Sam siempre había tenido una especial habilidad para entender a las mujeres. Parecía que no había cambiado.

—Nosotros no… nunca… —dejó de hablar al sentir que no podía controlar las lágrimas.

—Lo siento. Veo que te afecta.

—Soy tonta por dejar que me afecte.

—No, no lo eres. ¿Entonces te enamoraste de él?

—Me voy —dijo y echó a andar hacia el coche.

Pero Sam fue tras ella.

—Entonces déjate llevar y deja de lamentarte.

—No me estoy lamentando. Sam, tú ya no me conoces y esto no es asunto tuyo.

—JD es mi mejor amigo, eso lo convierte en asunto mío. Escucha, Kate, todas las mujeres que ha conocido en su vida o se la han jugado o lo han abandonado. Para él es imposible creer que pueda haber otra cosa.

—A lo mejor no la hay.

—Tú sabes que sí.

Kate meneó la cabeza.

—Ni que fuera una experta.

—Lo eres —le dijo con una sonrisa que le recordó al muchacho que había conocido en otro tiempo—. Siempre lo fuiste.

Kate sonrió, esperando que no se diera cuenta de que estaba a punto de derrumbarse. ¡Qué fácil era dar consejos cuando se estaba felizmente casado!

—Adiós, Sam —le dijo con voz tranquila.

Esa noche cenaron pizza y ensalada y brindaron con agua con gas. Después estuvieron jugando hasta que a Aaron empezaron a cerrársele los ojos, momento en el que Callie se fue a su habitación a leer y Kate subió a darle las buenas noches a su hijo.

—Ha sido un buen verano, ¿no? —le preguntó Kate.

—Sí.

—Has aprendido a nadar —Aaron volvió a asentir—. Y no te has sentido solo sin tus primos —sintió la necesidad de recordarle todas las cosas buenas para que no pensara en JD.

—A veces un poco —murmuró al tiempo que se dejaba arrastrar por el sueño.

Kate le acarició la espalda un rato antes de salir de la habitación y volver a la cocina a echar un último vistazo a los armarios. No tenía sueño, quizá porque el encuentro con Sam la había dejado algo nerviosa.

Encontró una botella de vino abierta. La llevó al fregadero para tirar lo que quedaba, pero de pronto pensó que una copa de vino le sentaría bien.

Siempre había intentado ver el mundo con optimismo, ocurriera lo que ocurriera. Pero aquello era distinto, no podía dejar de sentir esa melancolía que la aplastaba. Por una noche, decidió permitirse el lujo de estar triste. Se suponía que iba a ser el verano de su independencia, de su reafirmación como lo que era, una madre soltera, escritora, hija y hermana. Había llegado allí con la intención de superar el golpe del despido y recuperar las fuerzas.

Pero había ocurrido un milagro. Había conocido a un hombre y se había enamorado de él.

Sonrió al recordarlo, a pesar del dolor.

Aquella botella de vino la habían abierto juntos JD y ella y se habían sentado en el columpio del porche a charlar. Recordó que aquella noche había pensado que era todo perfecto, recordó las conversaciones y las risas, las caricias y los susurros.

Agarró la botella y la copa y salió al jardín. Fue hasta el borde del agua. Era la primera vez que bebía sola.

—Por ti —dijo, levantando su copa hacia la luna—. Y por… lo que sea —no se le ocurría nada alegre por lo que brindar, así que se bebió el vino y perdió la mirada en el agua.

Se veían algunas luces a lo lejos y un par de barcas, una de ellas con una luz un poco más grande.

Se sirvió un poco más de vino. Tenía que ser racional y olvidarse de todo lo sucedido, que, al fin y al cabo, era bastante común para cualquier mujer. Se había enamorado y no había salido bien. Nada más.

La barca con la luz más grande parecía estar acercándose. Se fijó en la figura que la manejaba y los fuertes brazos con los que remaba.

Se quedó inmóvil en el sitio, observando el movimiento de aquella luz y, en el momento más inoportuno, las lágrimas que llevaba todo el día conteniendo comenzaron a caerle por las mejillas. Intentó secárselas con la manga de la camisa, pero no había manera de controlar la alegría y la impaciencia que las había desatado.

JD llevó la barca hasta el embarcadero y la amarró.

—He oído que no es bueno beber sola.

—No estaba sola —dijo, secándose la cara—. Estaba brindando por la luna.

—Estás loca, ¿lo sabías?

—Sí —dijo y dejó de intentar contener el llanto. Sus emociones eran parte de ella y no iba a seguir ocultándolas o disimulando—. ¿Qué haces aquí?

—He venido en hidroavión desde Seattle. Es la manera más rápida.

—No te he preguntado cómo has venido, sino qué haces aquí.

—Callie me dio una copia de tu artículo. Es magnífico, tienes que estar orgullosa de haberlo escrito.

—¿Has venido a decirme eso?

—Y muchas otras cosas. Acabo de empezar —se puso en pie y le tendió una mano para que se subiera con él—. Vamos a dar un paseo.

Kate dejó la copa en el suelo y aceptó su mano.

—Hola, guapísima —le dijo al tiempo que la besaba.

Aquel beso la hizo estremecer, no porque fuera particularmente apasionado, simplemente por el hecho de sentir su roce y el sabor de sus labios cuando empezaba a creer que no volvería a verlo nunca más.

Se agarró bien mientras JD remaba hacia el centro del lago. Aquella barca era una obra de arte, el fruto de horas, días y semanas de trabajo. La madera parecía invitar a acariciarla.

—Necesito saber la razón —le dijo Kate.

—¿Por la que me fui, o por la que he vuelto?

—Las dos cosas. ¿Por qué te escondiste como si no hubiera ocurrido nada?

—Porque estuvo a punto de acabar con alguien muy importante para mí.

Después de lo que había vivido durante los últimos días que había estado en Seattle, Kate lo comprendía bien.

—No me gustó nada que me ocultaras la verdad.

—Se la oculté a todo el mundo.

—Pero yo no soy todo el mundo.

—Tienes razón —admitió—. Eres mucho más que eso, Kate.

Parecía que le dolía reconocerlo.

—Hiciste algo maravilloso, no solo por salvarle la vida al presidente, también porque transmitiste esperanza a mucha gente. Hiciste que volvieran a sentirse seguros.

—Es demasiada responsabilidad. Yo solo quiero vivir mi vida.

—¿Era eso lo que estabas haciendo aquí, o simplemente dejabas que pasaran los días?

Estuvo unos segundos sin decir nada.

—Me quedé porque hiciste que me sintiera vivo por primera vez y luego me marché porque no quería ponerte en el ojo del huracán. Pero me temo que esto es lo que soy —dijo extendiendo las manos—. Alguien que te quiere aunque sepa que mereces algo mejor. Alguien que quiere ser tu mejor amigo y tu amante hasta que tú quieras —dejó los remos en su sitio y dejó que la barca fuera a la deriva—. Esa es la respuesta a la segunda pregunta. He vuelto para hacer todo lo que sea necesario para estar contigo. Te amo, Kate.

Sonrió a través de las lágrimas mientras le oía decir que nunca le daría el cuento de hadas. No sabía que eso era exactamente lo que estaba haciendo.

—¿Lo ves? —le dijo ella—. No ha sido tan difícil.

—Tienes razón. Es lo más sencillo que he hecho en mi vida.

—¿Y ahora que? —preguntó Kate.

Lo vio titubear y temió que fuera a proponerle una relación a distancia o algo así.

—JD…

—Me he dado cuenta de que no quiero vivir en Los Ángeles si tú estás aquí. Quiero vivir contigo, y con Aaron y Callie… puedo olvidarme de Los Ángeles y matricularme en otra universidad. Si tú quieres, claro.

—Sí —dijo de inmediato—. Claro que quiero.

—Tienes que pensar que, con el tiempo, se pasará toda esta locura, pero quizá tarde todavía. Están preparando una película que yo no puedo parar. Mi única esperanza es que no consigan estrenarla. Y no sé cuánto aguantarán los periodistas y los fotógrafos.

—Tu madre no pudo con ello, pero yo sí podré —le prometió Kate—. Y Callie y Aaron también pueden. Lo haremos juntos.

JD sonrió bajo la luz de la luna, que le hacía parecer más joven y alegre.

—Si me pongo de rodillas, volcaré la barca. Así que vas a tener que imaginártelo.

Kate estaba demasiado atónita como para hablar, solo pudo asentir.

—Esto no hace falta que lo imagines —dijo, sacando una cajita de terciopelo negro que le puso en la mano.

Kate la abrió y sacó de ella una sortija con un diamante en el que se reflejaba la luna.

—Es exactamente… ¿Cómo lo has sabido?

—Vamos, Kate. Qué pregunta.

Claro que lo sabía. Igual que sabía qué sueños albergaba en su corazón. Sabía que quería un cuento de hadas y se lo estaba dando. Era increíble que alguien la amara de ese modo.

—¿Entonces? —le preguntó—. ¿Para siempre?

Kate contuvo la respiración y pensó que aquel momento cambiaría su vida para siempre. Y no solo la suya, también la de Aaron y Callie. Lo deseaba tanto que casi le asustaba, pero eso no era nuevo para ella.

—Sí —respondió—. Sí, sí, sí —se echó en sus brazos y, aunque la barca se movió, no volcaron, solo movieron la luz de la luna sobre el agua.

Querida lectora:

Gracias por pasar este tiempo en el lago con Kate, JD y los niños. El lago Crescent, situado en la península de Olympic es uno de los lugares más mágicos del mundo. Espero que en tus veranos haya tanto amor y descubrimientos personales como los ha habido en el de Kate.

La investigación que llevé a cabo para escribir la historia de Callie fue algo que me hizo abrir los ojos. De acuerdo con los datos de los Centros de Control de Enfermedades, en los últimos cinco años se han multiplicado por diez los casos de diabetes de tipo 2 entre niños. La culpa de esto la tienen en gran parte una dieta rica en azúcar (piensa en la cantidad de refrescos que consumen algunos niños todos los días) y una vida sedentaria (pasan horas delante del ordenador, jugando videojuegos o viendo la televisión). Los adolescentes también tienden a no tener en cuenta las consecuencias que puede tener su comportamiento en el futuro y es difícil hacer que cambien sus hábitos de vida. Una enfermedad tan peligrosa como la diabetes contradice directamente la fantasía de cualquier adolescente que se cree invencible. La buena noticia es que el pronóstico de la enfermedad mejora de manera espectacular con una dieta adecuada y ejercicio. Solo con practicar algún deporte o incluso dando un paseo caminando o en bici todos los días se puede cambiar la vida del paciente. Se puede controlar la glucemia a través del ejercicio y de una dieta sana. Para quieren más información, les recomiendo la página Web www.diabetes.org y el libro In Control: *A Guide for Teens With Diabetes* de Jean Betschart-Roemer y Susan Thom.

Con cariño,
Susan Wiggs.

Últimos títulos publicados en Top Novel

Cambio de estación – DEBBIE MACOMBER
La protegida del marqués – KASEY MICHAELS
Un lugar en el valle – ROBYN CARR
Los O'Hurley – NORA ROBERTS
La mejor elección – DEBBIE MACOMBER
En nombre de la venganza – ANNE STUART
Tras la colina – ROBYN CARR
Espíritu salvaje – HEATHER GRAHAM
A la orilla del río – ROBYN CARR
Secretos de una dama – CANDACE CAMP
Desafiando las normas – SUZANNE BROCKMANN
La promesa – BRENDA JOYCE
Vuelta a casa – LINDA LAEL MILLER
Noelle – DIANA PALMER
A este lado del paraíso – ROBYN CARR
Tras la puerta del deseo – ANNE STUART
Emociones secuestradas – LORI FOSTER
Secretos de un caballero – CANDACE CAMP
Nubes de otoño – DEBBIE MACOMBER
La dama errante – KASEY MICHAELS
Secretos y amenazas – DIANA PALMER
Palabras en el alma – NORA ROBERTS
Brisas de noviembre – ROBYN CARR
El precio del honor – ROSEMARY ROGERS
Sin nombre – SUZANNE BROCKMANN
Engaño y seducción – BRENDA JOYCE

www.ingramcontent.com/pod-product-compliance
Lightning Source LLC
Chambersburg PA
CBHW030915300726

48970CB00001B/176